大
方
sight

征服密码

亚欧强盛的六大要素

张良仁 著

图书在版编目（CIP）数据

征服密码：亚欧强盛的六大要素 / 张良仁著 . --
北京：中信出版社，2025.5. -- ISBN 978-7-5217
-7491-7
　　I. K300.7；K500.7
中国国家版本馆 CIP 数据核字第 2025TC9736 号

征服密码：亚欧强盛的六大要素
著者：　　张良仁
出版发行：中信出版集团股份有限公司
　　　　　（北京市朝阳区东三环北路 27 号嘉铭中心　邮编　100020）
承印者：　河北鹏润印刷有限公司

开本：720mm×920mm 1/16　　印张：22　　字数：240 千字
版次：2025 年 5 月第 1 版　　　　印次：2025 年 5 月第 1 次印刷
书号：ISBN 978-7-5217-7491-7
定价：75.00 元

版权所有·侵权必究
如有印刷、装订问题，本公司负责调换。
服务热线：400-600-8099
投稿邮箱：author@citicpub.com

反山墓地出土的玉琮王 (P.006)

哥贝克力遗址的石柱建筑 (P.035)

乌尔塔庙 (P.062)

巴比伦伊什塔尔宫 (P.064)

陶筹与封球 (P.083)

西帕尔地图泥板 (P.091)

英国威尔士奥尔梅青铜时代铜矿 (P.122)

谢菲尔德市传统铸剑作坊的打剑房 (P.142)

居鲁士浮雕 (P.271)

波斯波利斯城 (P.279)

纳赫什·儒斯坦波斯王陵 (P.280)

菲鲁扎巴德城的阿尔达希尔宫 (P.284)

贡德沙普尔城的输水涵洞 (P.285)

舒什塔尔磨坊群

(P.286)

目录

前言   I

第一章 农业与疾病
第一节 农业不只是挖土种地   003
第二节 西亚农业的起源   025
第三节 农业与疾病：剪不断理还乱   040

第二章 文字与地图
第一节 逐渐复杂的世界——城市的起源   052
第二节 跨越时空的记录——文字的起源   069
第三节 纸张与风帆——由地图连接的世界   087

第三章 冶金与武器
第一节 中国冶金技术的起源   107
第二节 西亚冶金技术的起源与传播   117
第三节 古代钢铁的历史   132
第四节 金属武器与兵种的发展   142

第四章　游牧与骑兵
第一节　游牧民族的起源与游牧文化　　157
第二节　游牧民族的军事发展与骑兵战争　　178

第五章　迁徙与传播
第一节　新疆干尸与吐火罗人之谜　　205
第二节　印欧语系问题的由来　　220
第三节　印欧语系的故乡：三个假说　　228

第六章　帝国的终结
第一节　帝国的形成　　255
第二节　三个帝国　　268
第三节　帝国的兴起与灭亡　　297

后记　　311

前言

印加帝国是十五至十六世纪南美洲统一的君主专制帝国。它创造的印加文明与玛雅文明、阿兹特克文明被合称为"南美洲三大文明",它自己也被称为"新世界的罗马"。罗马不是一天建成的,印加同样如此。印加帝国的疆域大致为今天的秘鲁、厄瓜多尔、哥伦比亚、玻利维亚、智利、阿根廷一带,其政治、军事、文化中心则位于安第斯山脉之上。起先印加人的祖先生活在秘鲁高原,后来迁徙至库斯科(Cuzco),建立了库斯科王国,到了1438年发展为印加帝国。从1438年到1533年,印加人通过武力征服与和平同化(如通婚)等手段,在短短近100年的时间里就征服了许多不同语言、文化和民族的地区,使帝国的版图几乎涵盖了整个南美洲西部。最终国土面积达200万平方千米,统治人口达2 000万。

168名西班牙士兵打败印加帝国

但是你能想象吗,这样一个庞大的帝国竟然被一支168人的小队伍打败了!

关于印加帝国的灭亡,我们不得不提到一个关键人物,他就是来自西班牙的征服者——弗朗西斯科·皮萨罗(Francisco Pizarro)。1532年,皮萨罗与印加帝国皇帝阿塔瓦尔帕(Atahualpa)在秘鲁的高原城市卡哈马卡(Cajamarca)第一次相遇。当时皮萨罗只带了 168 名西班牙士兵（其中骑兵 62 名）；他们对印加帝国并不熟悉，对当地的居民也毫无了解。而最近的西班牙殖民地巴拿马也在 1 000 英里（1 英里约 1.6 千米）以外，皮萨罗无法与他们取得联系，也就无法获得增援。阿塔瓦尔帕是当时新大陆最大的帝国的专制君主，拥有数百万臣民和 8 万人的军队，而且他在印加人心目中是太阳神，具有绝对的权威。但是皮萨罗见了印加皇帝不到几分钟，就俘虏了阿塔瓦尔帕，把他关押了九个月，勒索了一大笔赎金。这笔赎金是黄金，他要了多少黄金呢？他要的黄金可以填满一个长 6.6 米、宽 5.1 米、高 2.4 米的房间。至于皮萨罗具体得到了多少黄金和白银，至今仍是个未解之谜。但可以肯定的是，拿到赎金以后，皮萨罗没有按照约定放了阿塔瓦尔帕，而是以杀兄的罪名处死了他。然后西班牙人继续攻打印加帝国，直到几十年后完全征服印加帝国……

一支 168 人的队伍竟然打败了拥有 8 万人军队的印加皇帝，这无疑是一件匪夷所思的事情。

那么皮萨罗是怎样打败印加皇帝的呢？我们就来详细说说这个传奇故事。皮萨罗是谁呢？皮萨罗并不像哥伦布那样，他只是一个西班牙街头的地痞流氓。自从哥伦布发现美洲大陆以后，西班牙人掀起了赴美洲探险的热潮，皮萨罗也前往美洲闯荡。他当过四年的巴拿马市长。1523 年，他率领船队沿南美洲西岸南下，开始他的南美洲探险，由此得知了印加帝国这个非常富有的地方。

1529 年，皮萨罗再次到南美洲探险。由于当时巴拿马总督不肯支持，他就返回西班牙争取西班牙国王查理五世（Charles V）的资助。查理五世同意了他的请求，并封他为秘鲁总督。1532 年，他来到印加帝国，先在海边占了一座城市，然后派了一个使者到卡哈马卡见印加皇帝阿塔瓦尔帕，相约在那里见面。皮萨罗只带了168名士兵；因为人太少，而且得不到援军，这支队伍心里充满了恐惧，但是他们不能不硬着头皮如约前往。到了卡哈马卡，皮萨罗对阿塔瓦尔帕的使者说："请转告贵国君主，欢迎他大驾光临，至于他何时来和怎样来，都可以按照他的意思办；不管他以什么方式来，我都会把他当作朋友和兄弟来接待。"

皮萨罗虽然嘴上这么说，但还是担心势单力薄，于是用了一个奇招。他把带来的168名士兵、4门炮和27匹马埋伏在卡哈马卡的广场周围。等到中午，印加皇帝坐着80个酋长抬的轿子，带了2 000个清扫工，以及酋长和卫队浩浩荡荡来到皮萨罗所在的广场。

起先皮萨罗派了一名神父和印加皇帝搭话。神父打着上帝和西班牙国王的旗号，要求阿塔瓦尔帕服从耶稣基督的权威，效忠西班牙国王。阿塔瓦尔帕气愤地回答："我决不向任何人称臣，也不会改变信仰。"然后拿起《圣经》，翻了几页后扔在地上，命令卫队准备袭击皮萨罗。此时，神父回到皮萨罗身边，大喊："基督徒们！向这些拒绝上帝福音的狗敌人冲过去！那个暴君竟敢把我的《圣经》扔在地上！"

于是皮萨罗发出信号。他的手下立即开炮开枪，同时全副武装的骑兵和步兵向印第安人冲去。他们的枪声、喇叭声让印第安人陷入了一片恐慌，纷纷逃跑；西班牙人开始砍杀，把印第安人砍成几段，把他们吓得互相踩踏，形成了一个个人堆。正所谓擒贼先擒王，皮萨罗本人一手拿剑、一手拿盾，带了20名士兵冲到印加皇帝旁边，杀死了他的护卫。可怜的皇帝阿塔瓦尔帕就这样被这些野蛮的西班牙士兵生擒活拿了。广场上的印第安人被枪炮声和马匹吓坏了,这是他们从来没有见过的东西,可以说印加人被他们难以想象的武器击溃了心理防线。谁也不会想到,印加护卫队竟然被大炮轰鸣声吓得不知所措,当时印加皇帝带来的8万士兵全都在距离卡哈马卡1英里的地方严阵以待,一动不动,没有一名士兵拿起武器来对付西班牙人。当他们看见别的印第安人逃跑时,他们也逃跑了。而皮萨罗挥舞着佩剑指挥62名骑兵冲杀,那些印加战士竟不知道如何抵抗,西班牙骑兵乘机一直追杀到夜幕降临为止。62名骑兵无一伤亡,而印加人的尸体却密密麻麻倒伏了一地。最后168名西班牙士兵一共杀了7 000人。

为什么是皮萨罗俘虏了印加皇帝?

我们为什么要讲西班牙人打败印加人的故事呢?因为这件事情太离奇了。国内外历史上以少胜多的战例不少,像希腊数万联军打败波斯10万大军的萨拉米斯战役、东汉末年孙权与刘备的5万联军大败曹操20万军队的赤壁之战、东晋8万人打败前秦25万人的淝水之战。但是皮萨罗只有62名骑兵和106名步兵,而阿塔瓦尔帕则统率着8万人的队伍,力量对比极为悬殊。于是,贾雷德·戴蒙德(Jared Diamond)问了一个有意思的问题:为什么是皮萨罗俘虏了印加皇帝,而不是印加皇帝俘虏了皮萨罗呢?

贾雷德·戴蒙德是加利福尼亚大学洛杉矶分校地理学院的一位教授。他是生理学家,不是历史学家,他为什么问这样的问题?这跟他的经历有关。1972年,他在新几内亚研究鸟类,碰到了一位当地的政治家耶利（Yali）。耶利的国家现在是巴布亚新几内亚，当时是联合国的一块托管地，由澳大利亚管理，但是它迟早是要独立的。贾雷德跟他谈了自己的研究工作，说了在几百万年的过程中，鸟类是如何迁徙到新几内亚的。耶利问：在过去的几万年里，人类是如何到达新几内亚的；在过去200年里，欧洲的白人是如何开拓新几内亚的？200年以前，新几内亚还处于石器时代，土著仍然使用石器；欧洲白人来了以后，建立了近代化政府，带来了各种物资，从钢斧、火柴和药品到服装、软饮料和雨伞。耶利问他："为什么你们白人制造了那么多的货物并将它运到新几内亚来，我们本地人却几乎没有属于自己的货物呢？"当然，近现代的殖民史不限于这些故事。我们知道，澳大利亚、美洲和非洲的土著，已经不再是自己土地的主人，而是遭到了欧洲殖民者的屠杀、征服，有的甚至被斩尽杀绝。于是贾雷德·戴蒙德在他的《枪炮、病菌与钢铁：人类社会的命运》（*Guns, Germs, and Steel: The Fates of Human Societies*）一书中，提了一个发人深省的问题："为什么不是印第安人、非洲人和澳大利亚土著杀害、征服或消灭欧洲人和亚洲人？"

无论在国内还是在国外的战争史上，卡哈马卡战役都是最让人不可思议的一场战役，值得我们深思，值得我们寻求答案。沿着前面的那个问题——为什么是皮萨罗俘虏了印加皇帝，而不是印加皇帝俘虏了皮萨罗呢，我们可以追问：皮萨罗为什么能来到印加帝国？皮萨罗为什么能打败印加皇帝？贾雷德·戴蒙德给了五个答案，其中几个答案是出人意料的。

一、刀剑和盔甲

皮萨罗的胜利确实让人不可置信，但同时也在情理之中。为什么这么说呢？

皮萨罗的第一个优势在于他的钢刀、钢质盔甲、枪炮；而印加人没有这些先进武器，只有石头、木棍、狼牙棒、短柄斧头、石球和护身软垫，以及少量的金属武器（如青铜投枪、长矛和弓箭）。对于穿戴钢质盔甲的西班牙人来说，印第安人的这些武器没有什么杀伤力，更不能致命。西班牙人虽然拥有枪炮，但当时的优势还不够明显，因为那个时候的枪炮打一次，就要填充一次弹药，耗时较长，所以杀伤力不大，但是它的声音相当吓人。威力最大的武器是锋利的刀剑，它们很容易切开印加人的血肉之躯。所以印加人在卡哈马卡战役中毫无招架之力，而西班牙人可以所向披靡。冶金技术最早在公元前5000多年就在伊朗高原起源，一开始是红铜，然后是青铜，后来有了铁和钢。人类既用这些金属制作装饰品和工具，也用来制作武器。在冷兵器时代，锋利的刀剑占有很大的优势。虽然西班牙征服印加帝国时已经进入热兵器时代，但是枪炮的威力不大，还没有成为战场利器。

二、马匹

皮萨罗的第二个优势就是马匹。马匹是公元前四千纪晚期或前三千纪初在黑海北岸大草原上首先被驯化的；大约公元前1000年，骑兵开始出现，成为草原民族应对农业民族的利器。在历史上，亚欧大陆的游牧民族经常凭借骑兵袭扰东亚、中亚、西亚和欧洲的农业民族；而上述区域的农业民族也在同游牧民族的连年战争中，培养了自己的骑兵。哥伦布和皮萨罗来到美洲大陆时，印第安土著没有见过马匹这种庞然大物，一见到西班牙的骑兵就不知所措。同时，西班牙骑兵速度快，而印加哨兵没有马匹，靠两条腿跑；西班牙骑兵可以轻易超越他们，让他们来不及报信，从而发动突袭。马匹高大，冲击力强，可以撞倒并踩死印加人。战马冲锋时的冲击力量、机动能力和进攻速度让空旷地带的印加步兵毫无招架之力。由于这样悬殊的武器差距，皮萨罗的队伍在之后的4次战役中，都以区区几十人打败了数千印加人，逐渐征服了印加帝国。

三、病菌的传播（天花）

说到这里，大家可能有一个困惑，就是为什么印加帝国的皇帝要去见皮萨罗呢，躲在皇宫里不就没事啦？皮萨罗与印加皇帝为什么会在卡哈马卡见面呢？说来大家可能不信，这是西班牙人无意中带来的一种武器：天花。这件事情说起来像是天方夜谭，贾雷德·戴蒙德也费了不少笔墨讲述事情的原委。有一天，印加帝国的哨兵跑到皇宫向皇帝卡帕克（Huayna Cápac）报告，说一种疾病正在蔓延。得了这种疾病，人们的身上会出现可怕的疮，直至死亡。而且这种疾病已经传到了当时的印加帝国首都基多（Quito），甚至传染了皇帝和他的卫队。卡帕克收到消息后马上将自己隔离，但是为时已晚。所以在1526年前后，印加皇帝卡帕克和他的大多数大臣都得病死了，很快，他的继承人（也就是我们中国人说的太子）库尤奇（Ninan Cuyochi）也死了。

可能有人要问，天花和皮萨罗八竿子打不着啊？别急，我们继续说，其实印加帝国的这种疾病就来自西班牙人。这就要追溯到1492年的时候，哥伦布来到加勒比海，给这片地区带来了天花。天花逐渐传到了印加帝国，直接导致印加皇帝卡帕克的死亡，从而引发了阿塔瓦尔帕（也就是后来的印加皇帝）和兄弟的皇位之争。印加帝国并没有所谓的长子继承制度，经常发生争夺皇位的事情，而且他们期待皇子们争夺皇位，这样争得皇位的强者就能带领印加帝国继续征战。阿塔瓦尔帕和他兄弟同父异母,而他们的母亲分别属于不同部落。这些部落因为支持他们争夺皇位,就卷入了内战,导致印加帝国四分五裂,元气大伤。当皮萨罗到达卡哈马卡时,阿塔瓦尔帕刚刚赢得内战,返回首都库斯科途中正好路过那里,于是就有了皮萨罗与阿塔瓦尔帕的会面。

这种具有极强传染力的天花病是西班牙人带来的。因为西班牙人有免疫力,所以他们没有问题;而印第安人没有免疫力,所以很快就感染并死去。近代史上人类的主要杀手是天花、流行性感冒、肺结核、疟疾、瘟疫和霍乱,它们是从动物的疾病演化而来的传染病。亚欧大陆因为人口密集,牲畜众多,历史上多次经受了这些传染病的洗礼,已经具有了应对这些病菌的抗体;而那些北美洲、南美洲和大洋洲的土著没有这些病菌的抗体,也就没有免疫力。所以当欧洲人在征服世界各地的时候,就给各地带去了天花、麻疹、流感、伤寒和腺鼠疫等传染病,通过病毒毁灭了其他大陆的许多民族。在整个美洲,欧洲人带来的传染病从一个部落传到另一个部落,速度非常快,使哥伦布来到前的美洲土著人口减少了约95%。

四、文字和航海技术

1492年,哥伦布发现了中美洲,大约30年后皮萨罗和其他西班牙探险家跟着来到了中美洲。哥伦布和皮萨罗都将自己发现的地方通过文字和地图记录下来,然后传回西班牙;但是印加帝国并没有书写的文字,他们只有结绳记事,而后者可以传递的信息很有限。用文字来传播信息,要比用口头传播来得广泛、准确和详细。哥伦布和其他探险者传回欧洲的消息吸引了大量的西班牙人,他们的信件和小册子激发了人们探访新大陆的兴趣;他们测绘的地图和记录的航海日志也提供了必要而详尽的航海指导。皮萨罗的同事为皮萨罗的业绩写了一份报告，公开发行，成了畅销书，从而让一批又一批西班牙移民前往秘鲁。此报告还被迅速译成欧洲其他语言。印加帝国因为没有文字，不仅对西班牙一无所知，而且对西班牙所征服的中美洲其他印第安国家也不甚了解。

西班牙人为什么能来到印加帝国呢？为什么是皮萨罗到印加帝国来，而不是印加皇帝到西班牙去俘虏西班牙国王呢？皮萨罗依托的是他们的航海技术，可以横渡大西洋来到美洲；而阿塔瓦尔帕没有这种技术。你们可能有个疑问，强盛如印加帝国难道没有海军？就这样任由西班牙人进入？印加帝国的造船航海技术如何呢？印加帝国有个大湖叫的的喀喀（Titicaca），湖边树木不多，但是长满了芦苇，所以人们就用成捆的芦苇来造船，形状类似于独木舟。虽然听起来有点像天方夜谭，但是这些船的确可以在的的喀喀湖及其支流上航行，运输重达几吨的石材和乘客。不过，这样的船也只能在的的喀喀湖上航行。所以，虽然印加帝国的领土覆盖了安第斯高原和西侧的太平洋沿岸，但是印加人没有掌握航海技术。

五、西班牙帝国

除此以外，皮萨罗之所以能够到达印加帝国，还得益于西班牙帝国调动船只、水手、枪炮、资金等各种资源的能力。1485年，来自意大利热那亚的探险家哥伦布带着他从东往西横跨大西洋到达远东的宏伟计划来到西班牙。经过多年的游说，终于在1492年得到了西班牙国王费尔南多二世（Fernando II el Católico）和女王伊莎贝拉一世（Isabel I la Católica）的资助。那一年他们刚刚打败摩尔人，统一了西班牙；他们受马可·波罗的启发，对富饶美丽的远东非常垂涎，于是接受哥伦布的计划，资助他开辟去远东的航线；但是哥伦布没有到达远东，而是发现了美洲大陆。后来哥伦布又几次航行，都没有到达中国，也没有找到预期的黄金与财宝，还把殖民地搞得一团糟。因此，西班牙国王费尔南多二世就不再资助他了。但所谓前人栽树，后人乘凉，后来的西班牙探险家根据他开辟的航线陆续来到美洲，占领了今天波多黎各、古巴和巴拿马所在的地区，得到了土地、黄金和白银。后来，国王查理五世为皮萨罗提供资金、海船、士兵和武器，建立了世界上第一个"日不落帝国"。虽然印加帝国也有一个集权制政府，但是这个政府维系于皇帝，一旦皇帝被俘，这个政府也就分崩离析了。

当然西班牙人在征服新大陆时，还充分利用了当地印第安各部落之间的内斗局面。这种智慧当然是西班牙人经过几千年的战争积累下来的。此前，哥伦布就曾经拉拢一个部落，打败了联合起来造反的部落。皮萨罗故伎重演，抓住印加国内王位争夺的时机，拉拢一方，打击另一方，最后消灭两方。他约印加皇帝在卡哈马卡见面，就是想联络内斗的一方。

本书要写什么？

贾雷德·戴蒙德提供的五个答案，让我们不禁想详细探寻亚欧大陆的几个优势是怎样形成的。为此，本书将主要用考古资料来追踪西亚农业、文字与地图、冶金技术、亚欧大陆骑兵、帝国的起源和演变过程，以及由此带来的技术优势。除此之外，我们还将讲述贾雷德·戴蒙德没有谈到的一个问题，那就是人类迁徙和扩散。亚欧大陆之所以拥有上述优势，人类迁徙和扩散起了很大的作用。在此过程中，外来人群不仅与本土人群争夺土地和其他资源，发生战争，而且与他们交流文化和技术，从而刺激了人类文化和科技的快速发展。这样的人类迁徙与扩散从200万年前"人类走出非洲"就一直在上演，但是在亚欧大陆发生得格外频繁。我们将着重讲述迷雾重重的印欧语系人群的起源和迁徙。这个语系的人群在迁徙和扩散中，向各地带去了先进的冶金技术和驯化的马（家马）；也正是他们的后人，也就是葡萄牙、西班牙、荷兰人和英国人等欧洲人从十五世纪末开始不断探险殖民，来到了非洲、美洲、大洋洲和亚洲，上演了无数"西班牙人征服印加帝国"的故事。

当然，人类社会发展到今天，"落后"不一定"挨打"和"被征服"；虽然世界上战争仍然此起彼伏，但是大国和小国和平相处已经成为当今世界的主旋律。在这个巨大的转变过程中，既有人类自身的反思，也有联合国等国际机构的保障。所以在本书的后记中，我们还将讲述联合国的形成。

第一章：农业与疾病。农业的出现不仅带来了人口的激增和城市的出现，也带来了病菌等问题。在中国，大规模水利工程、城址与大型建筑、高等级墓葬和大量的玉器构成了辉煌璀璨的良渚文明；而它们的出现离不开稻作农业的发展。在世界上，农业的出现同样改变了各地人类的命运。世界各地的经济生活大约在距今13 000年开始分化，一些区域从狩猎采集经济转变为农业经济，然后进入快速发展轨道。这种转变在世界多个区域都发生过，包括我国的长江流域和华北。我们将目光转向西亚，因为这个区域的史前遗址保存得最好，考古和研究工作历史最久，研究成果也最多。通过观察后旧石器时代和新石器时代的重要遗址，我们将揭示西亚农业起源的详细过程和由此导致的社会变革。最后，我们将探讨由家畜饲养和人口激增带来的病菌等问题。

第二章：文字与地图。农业使定居人群的规模越来越大，城市逐渐产生。与此同时，文字诞生。在国际学术界，中国文字的起源是个聚讼纷纭的问题。其原因是关于文字的定义是西方学者做出的，而西方学者根据的主要是西亚楔形文字的起源过程。本章将从城市革命，西亚文字起源的神话、图画起源说、陶筹说，追溯到楔形文字的出现，揭示西亚文明的演进过程。

随着活动范围的扩大，人类探索未知区域的欲望也越来越大，地图应运而生。随着中国、阿拉伯和欧洲航海技术与地图测绘技术的蓬勃发展，葡萄牙、西班牙探险家开启了大探险时代，先后发现了非洲大陆、美洲大陆，开通了印度航线，而这些发现又带动了欧洲人的探险热潮。

第三章：冶金与武器。我国商周时期的青铜冶铸技术非常发达，制造出来的鼎簋等青铜礼器以个体庞大、质地厚重、纹饰精美而举世闻名。但是中国冶金技术的起源还是一个悬而未决的问题。国际上的一部分学者认为中国冶金技术来自亚欧草原，而亚欧草原的冶金技术又来自西亚。我们将考察西亚冶金起源的三大阶段：铜矿石的利用、天然金属（黄金、铜）的利用、铜矿石冶炼和锡青铜的出现；然后探寻冶金技术的传播路径，从西亚到东南欧，再到东欧（俄罗斯、乌克兰等地）和西伯利亚，以及中国北方。进入钢铁时代后，我们将梳理中国和欧洲从块炼铁到生铁，再到钢的钢铁发展史。从铜冶金到钢铁冶金，金属工具、装饰品和武器的制造技术也突飞猛进。用钢铁生产出的盔甲、刀剑和枪炮，成了西班牙殖民者征服印加帝国的有力武器。

第四章：游牧与骑兵。2003年，新疆吐鲁番洋海墓地出上了世界上第一条羊毛裤子。这条裤子及这座墓地出土的马鞍、弓箭和取火棒，引起了我们对亚欧草原游牧民族的关注。我们将从家马的起源出发，追溯从家马到战车，再到骑兵的发展过程。同时我们也将透过斯基泰与波斯帝国、匈奴与汉朝、突厥与唐朝之间的战争，蒙古征服亚欧的历史，揭示游牧民族与农业民族之间千丝万缕的爱恨情仇，以及亚欧各国的农业民族如何向游牧民族学习，引进骑兵，发展骑兵和热兵器，战胜游牧民族的过程。正是借助骑兵带来的优势，西班牙殖民者在中美洲和南美洲所向披靡，高歌猛进。

第五章：迁徙与传播。从直立人走出非洲以来，人类群体就在不断地迁徙，寻找新的土地，开发新的资源，近现代欧洲人的殖民扩张只是其中比较耀眼的一个篇章，古代的印欧语系人群的起源和扩散也是一个突出的例子。十八世纪以后，欧洲的语言学家发现，分布于欧洲和亚洲的439种语言和方言，包括波斯语、印度语、俄语、英语等，都同属于这个语系。此后，语言学家和考古学家孜孜以求，寻找印欧语系人群的发源地和迁徙路线。在迁徙和扩散的过程中，印欧语系人群不仅拓宽了自己的生存空间，而且将家马和冶金技术传播到了亚欧大陆的各个角落。本章将考古学和语言学相结合，从新疆塔里木盆地发现的干尸和吐火罗语文书说起，追寻印欧语系人群的来源与迁徙。而西班牙人发现新大陆，也大大推动了文化和物产的传播。西班牙殖民者把小麦、猪、葡萄树和冶金技术带到了美洲，也把美洲的玉米、木薯、甜椒带到了欧洲，后来又扩散到了亚欧各地，丰富了亚欧各国的农作物种类，提高了亚欧各国抗击灾荒和饥饿的能力。

第六章：帝国的终结。当哥伦布来到海地的时候，当地的印第安土著还处于组织松散、生产力低下的部落阶段。随着西班牙殖民者深入中美洲和南美洲，他们遇到了等级森严但是生产力仍然低下的酋邦和帝国。在这一章，我们将探讨社会的复杂化，从非洲的游团、北美洲的部落、太平洋岛屿的酋邦制度，再到国家的形成。了解国家的形成和演变过程有助于理解帝国的崛起与灭亡。我们将以阿契美尼德帝国、萨珊帝国、西班牙帝国为例，通过探究帝国的征服、管理和崩溃，分析帝国兴亡的多方面原因。随着帝国制度的消亡，人类自身在不断反思，人类文明在不断进步，共和制、联邦制等当代政治制度也应运而生。

后记：落后不再挨打——联合国的诞生。在人类历史的长河中，像西班牙人征服印加帝国，把印加帝国变为殖民地，"落后"就要"挨打"，就要"受屈辱"，殖民地反抗欧洲列强的故事在不断上演。但是到了第一次世界大战以后，人类就开始反思，开始探索一种机制，通过协商来维护全球和平与安全。虽然"一战"以后形成的国际联盟并不太成功，未能有效阻止第二次世界大战的爆发。"二战"后，昔日的殖民地纷纷独立，新成立的联合国通过国际合作及多边协商有效地维护了世界和平，保障了弱国和小国的生存权利。虽然战争在全球范围内仍此起彼伏，但是历史上的征服与殖民不再发生。相反，伊拉克战争、科索沃战争等，展现了联合国在处理国际争端和危机时的重要作用。

参考文献

[1] 贾雷德·戴蒙德著，谢延光译. 枪炮、病菌与钢铁：人类社会的命运[M]. 上海：上海译文出版社，2006.

[2] Kim MacQuarrie. *The Last Days of the Incas*[M]. New York, London, Toronto, Sydney: Simon & Schuster Paperbacks, 2007.

第一章
农业与疾病

在前言部分，我们以印加帝国覆灭的故事为例，挖掘了西班牙人征服印加人背后的"真相"。在这一章，我们来关注一些亚欧强国征服其他地区的原因之一：农业起源及由此带来的人口增长、文化腾飞和致命病菌。

我们先从古代中国出发，通过新石器时代著名的良渚文化，看看繁盛的农业经济能够构建起多么庞大的社会。接着我们追根溯源，探寻我们国家的稻作农业是如何起源的，以及稻作农业给先民的生活带来了哪些变化。随后我们便可以放宽视野，看看我们的邻居日本。那里的稻作农业是由中国传过去的。经过了多年系统性的考古发掘与研究工作，我们可以完整地观察到农业出现前后整个日本社会发生的变化。之后我们要重点探讨两个非常重要的问题：农业为什么会起源？农业如何起源？我会详细介绍几个关于农业起源问题的主流假说，让大家认识到探索这些问题的过程是有趣且迷人的。

接着，我们便要把目光聚焦到西亚。这里是世界上开展农业起源研究最早、最充分的地区。这里的先民在地中海东岸的山地、托罗斯山脉和扎格罗斯山脉的山麓地带求生，最早驯化了小麦和大麦。现在每当我们闻到面包的香味、尝到啤酒的清甜时，都应该感谢西亚最早的那批农民。当然，除了小麦与大麦之外，西亚的农民还驯化了许多重要的动植物，我们当今的社会便立足于他们的成果之上。因此，我将用比较多的篇幅讲述西亚农业起源的过程，介绍这个地区两万多年来的文化发展过程和重要的文明成就。了解这些内容之后，我想大家就能理解农业经济对人类文明的重要性了。

第一节　农业不只是挖土种地

我们都学过陶渊明的诗，他在《归园田居》中写道："种豆南山下，草盛豆苗稀。晨兴理荒秽，带月荷锄归。"陶渊明是贵族后代，家底殷实，他不需要像普通的农民一样为生计发愁，所以在他的诗中，农业劳动带有浓厚的浪漫色彩。而唐代诗人李绅曾发出"四海无闲田，农夫犹饿死"的感叹，农业仿佛成了束缚农夫的镣铐，使他们劳碌一生，却难以获得温饱。从另一个角度看，同时代身居高位的白居易作诗曰"吏禄三百石，岁晏有余粮"，指出大唐的繁荣强盛是建立在农业发达的基础上的。

可以发现，农业对于社会中不同的个体有着不同的意义，是一项复杂多样的生产活动。就其定义来看，狭义的农业是指种植业，包括生产粮食作物、经济作物、饲料作物和绿肥等农作物的生产活动。而广义的农业则包括种植业、林业、畜牧业、渔业等产业。我们在这里讨论的"农业起源"，并非只是为了探究人类的挖土种地行为是如何起源的，而针对的是其广义的定义。我们要回顾人类社会在工业革命之前发生的一次飞跃性的变化——农业革命，即人类从以狩猎采集为生逐渐转变为以种植作物与饲养动物为生的过程。

在英语中，文化（culture）的词源即耕作（cultivation）和农业（agriculture）。在从事农业生产之后，人类社会发生了翻天覆地的变化。如果要找一个词来形容这种变化的话，那便是科幻小说

《三体》中提到的"技术爆炸";农业技术的发明使人类社会的生产力提升了几个量级,人口数量和社会复杂程度都有了质的飞跃。了解了这个前提之后,我们再到我国史前时代的长江下游,看一看发达的农业经济可以支撑起多么复杂的社会。

一、神王之国竟由稻米堆起?

2019年7月6日,在阿塞拜疆首都巴库举行的第43届世界遗产大会通过决议,将位于浙江省杭州市余杭区的"良渚古城遗址"列入了世界遗产名录,将良渚带到了全世界人民的视野之中。世界遗产委员会这样介绍良渚古城,"位于中国东南沿海长江三角洲的良渚古城遗址(约公元前3300—前2300)向人们展示了新石器时代晚期一个以稻作农业为支撑、具有统一信仰的早期区域性国家。该遗址由4个部分组成:瑶山遗址区、谷口高坝区、平原低坝区和城址区。通过大型土质建筑、城市规划、水利系统及不同墓葬形式所体现的社会等级制度,这些遗址成为早期城市文明的杰出范例。"

这段介绍很好地概括了良渚古城遗址的重要性,不过我们可以更深入一些。良渚古城遗址位于良渚文化分布的核心区域,而整个良渚文化的遗址在中国的东南沿海地区成片分布,每个片区都有一个中心聚落,例如浙江余杭莫角山遗址、江苏武进寺墩遗址和上海青浦福泉山遗址等。这些遗址或者有大型公共建筑,或者拥有大量精美随葬物品的墓葬,有着与周边小型村落截然不同的地位。目前,在环太湖地区已发现的良渚文化时期遗址有600多处,遗址数量之多之密,表明当时人口大幅度增长集聚,形成了大量不同层级的聚落。由这些聚落组成的良渚社会以稻作农业为基础,发展出了令人叹为观止的早期国家。

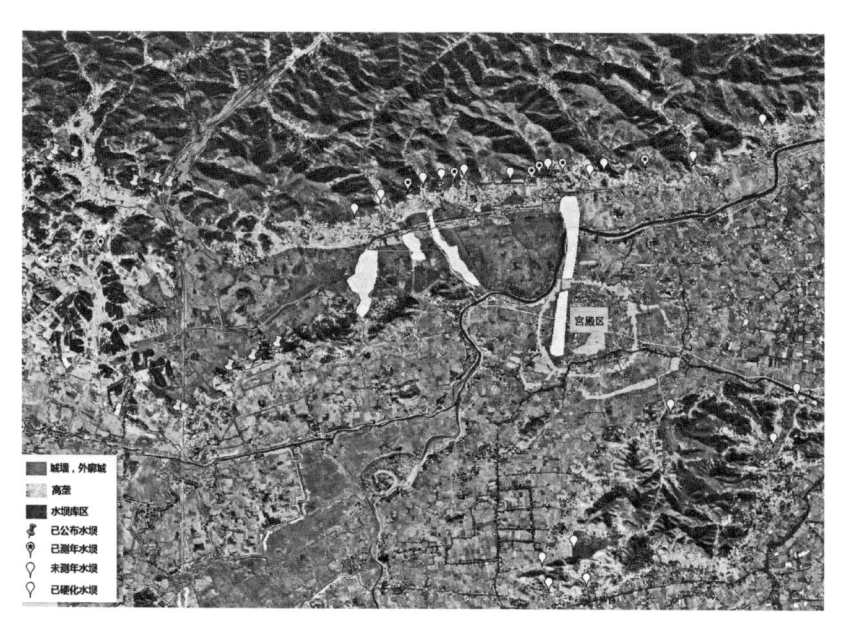

良渚遗址群分布示意图

    我国考古界对良渚文化的研究开始于二十世纪三十年代，在之后的 40 年间做了零散的考古工作，发现了许多精美的玉器。这种中华文明的礼制重器居然大量发现在距离中原如此遥远的"蛮夷之地"，引起了许多学者的关注。他们认为其文化发展和社会分化已达到了相当高的程度。1986 年，考古学家发掘了著名的余杭反山墓地，在那里发现了 11 座排列有序的大墓。这些墓葬呈现出清晰的等级划分，反映出较高的社会分化程度。墓葬出土的大量玉器，包括琮、璧、钺、三叉形器和冠状器等，构成了一套完整的玉礼器组合。人们在部分玉器上发现了雕刻技术出神入化的神人兽面纹，其线条最细处仅 0.1～0.2 毫米，这种纹饰由此被认为是良渚人崇拜的"神徽"。

反山墓地出土的玉琮王

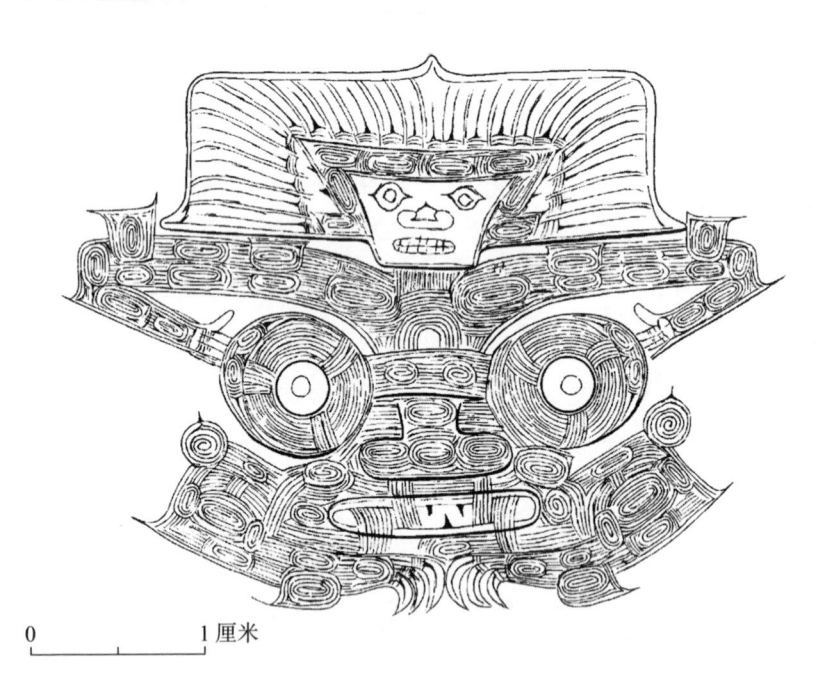

0　　　1厘米

良渚玉琮上的神人兽面纹

在发现反山墓地后，良渚文化的考古工作步入了新的阶段。此后，考古学家又发现了瑶山和汇观山等墓地。1987年开始，位于良渚遗址群核心位置的莫角山开始受到关注。数年的发掘工作表明，这里是良渚文化城址所在。在其中心部位发现多处大型宫殿基址，之后又发现了内外两重城墙。到目前为止，我们可以确认良渚古城遗址的面积达800万平方米。

从考古材料来看，我们发现，如此辉煌壮阔的神王之国，竟然是建立在一粒粒看似不起眼的稻谷之上的。考古学家在良渚古城发现了巨量被火烧焦的水稻，仅池中寺遗址一处就分布有5 000余平方米的稻米遗存，换算得出的稻米多达40余万斤。如果不太清楚这个数字代表什么，我们可以做一个简单的计算，《中国居民膳食指南（2022）》建议每个成年人每天食用200～300克谷物，这样看来这些稻米可以供约三万个成年人吃一个月。

良渚古城为什么有这么多存粮？这是因为它的居民广泛应用了石犁来翻耕稻田，改变了稻田的土壤物理结构，是史前农业发展史上的一次重要技术革命。该时期出现了连续成片的大面积稻田和较为完善的稻田灌溉系统，大大提升了稻作农业规模化的生产水平。据测算，良渚古城的水稻亩均产量高达140余千克。事实上，稻米已经成了古城居民的主要食物。

良渚古城的居民在发展稻作农业的过程中意识到，生存的当务之急便是解决频发的水患，他们决心倾一国之力修筑一组"超级水坝"。一些善于观察地形地势的居民注意到古城以西的山脉丘陵此起彼伏，只要在山体间修建水坝，就能轻松阻挡从山上流下的雨水，形成水库。于是，他们动员民众，修建了20余座水坝。这是当时世界上规模最大的水坝系统，整个系统的蓄水量相当于3个杭州西湖。水坝与古城周边的溪流、湖泊相结合，形成了一套高效的防洪和水运系统；更重要的是，它提供了稳定的水源，为稻田提供了源源不断的灌溉用水。

由此，良渚文化社会的水稻种植给小村庄和大都城的居民都提供了充足的粮食。在百姓都能吃饱肚子的情况下，统治者的地位空前稳固，从而可以追求更加宏大的目标，发展出了灿烂的早期玉文化，形成了史前中国一套独特的信仰体系，并延续到后世。

从良渚文化的文明成就我们可以看出，如果一个史前时代的文明能熟练掌握农业这种生产方式，就相当于走上了发展的快车道，其中的幸运儿更可以在人类文明的发展史上留下深深的足迹。良渚文化稻作农业的水平极高，但这并不是它的最初形态，要探究我们国家稻作农业的起源问题，还得追溯到万年前的那片浩瀚泽国。

二、水稻的驯化："干饭人"的胜利

稻作农业就是以种植水稻为主的农业生产方式，但是为什么这种生产方式直到中国新石器时代晚期才发展成熟呢？这是因为稻作农业的起源与发展需要"天时""地利"。

何为"天时"？从古气候研究的结果来看，全世界在距今25 000至18 000年，处在名为"末次盛冰期"的寒冷期，在冰期结束后，气候并未立即转暖，而是冷暖不停交替，古人难以招架，只能不停地跋涉，寻找温暖的庇护所。直到大约距今10 000年，冷气消退，进入所谓的"全新世大暖期"，全球气候变得比现在还要温暖湿润，并且在一段时间内相当稳定。全球各地区农业起源的进程，包括水稻的驯化，在此之后才得以开始。

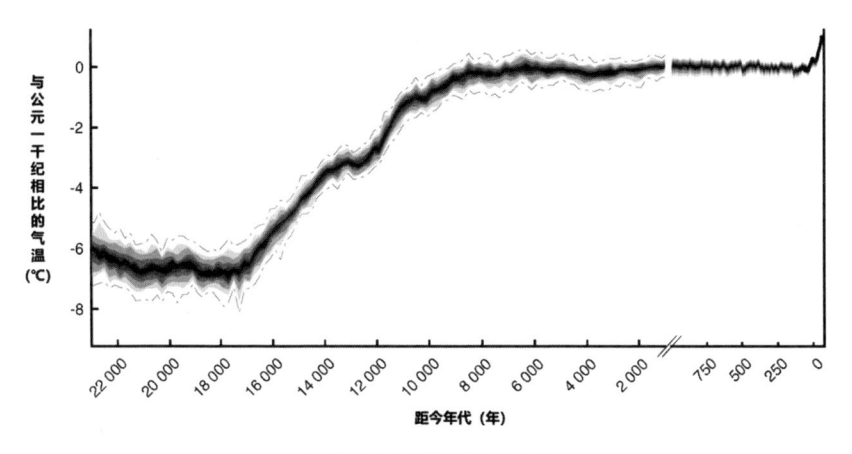

两万年以来全球地表温度的变化

何为"地利"？稻作农业的起源地——长江流域——位于北纬30°。世界同纬度的许多地区受副热带高压的影响而形成干燥的沙漠环境，但长江流域因为有亚热带季风，反而有着适宜的降水、气温和日照条件，加之长江中下游平原的地势平坦低洼，形成了大片湿地与沼泽。而野生稻的祖先原本依靠其在水中发芽的本事占据了独特的生态位，全盛时期遍布世界，但十几万年前的干冷事件使全球湿地沼泽的分布面积骤减，让野生稻从此退缩到中国南部与中南半岛。

如果远古先民只靠狩猎采集便可过得十分滋润，那为什么还要费力去种植水稻呢？考古学是研究古代人类的学问。我们对农业起源的探索，很大程度上都是为了了解当时的人的方方面面。我们在这里对稻作农业起源的探讨，就是为了回答这个问题。

稻作农业起源的关键，在于人类驯化水稻的过程。不过在这之前我们要明确一点：我们所说的"水稻"是指什么？现在我国南方的主食是米饭。现在的稻米当然是已经驯化的品种，往往粒大饱满，入口清香，吃完后有明显的饱腹感。但是在数千年前的遗址中挖到的稻谷，考古学家是没办法把它煮熟并尝试口感的。既然这样行不通，那考古学家是怎么辨别水稻是否经过驯化呢？主要有三种方法：第一种是观察水稻粒的形状。野生稻和驯化稻有着不同的长宽比，野生稻的长宽比通常大于 3.2，而驯化稻的通常为 1.6～3.2。第二种是通过显微镜观察稻谷内部植硅体的形态。植硅体是植物细胞壁、细胞内或细胞间存在的非晶质二氧化硅，它在植物死亡和腐烂之后可以从细胞中脱离出来，保存于土壤及沉积物中。即使过了成千上万年也可以保持原来的形状。通过比较古代与现代水稻的植硅体形态，研究者可以判断古代稻谷是否经过驯化。第三种是观察稻谷的小穗轴，这个结构的牢固程度决定了稻谷是否容易脱落。野生稻的小穗轴比较脆，成熟的稻谷容易自然脱落，大量落地的种子有利于它自身的繁衍，但是不利于收割。而驯化稻的小穗轴比较坚韧，有助于保存成熟的稻谷，直到被人收割。通过这几种方法，考古学家就能找到最早的水稻出现在何时何地。

水稻最早是什么时候被驯化的？这是一个极具争议的问题，原因之一是不同学者采用的辨别驯化稻的标准不同，导致结果有差异。总体来看，古人对水稻的驯化经历了多个步骤：① 以采集野生水稻为主（公元前 13000—前 8000）；② 尝试对野生水稻进行驯化（公元前 7000）；③ 同时利用野生水稻与驯化水稻（公元前 7000—前 6000）；④ 驯化水稻大量种植，广泛传播（公元前 6000—前 3000）。

在了解了水稻驯化的时间线之后，我们看看最早的驯化水稻出现在哪里。二十世纪上半叶，有学者认为，水稻驯化最早发生在喜马拉雅山麓，包括印度东北部到中国西南部。到了二十世纪七十年代，在我国长江下游地区发掘了河姆渡、草鞋山等出土水稻的遗址，这些遗址的年代大约为公元前5000年，于是有学者提出水稻驯化的起源地为长江下游。二十世纪八十至九十年代，在长江中下游公元前6000年之前的仙人洞、玉蟾岩等遗址发现了处于野生稻与驯化稻中间状态的稻谷，由此该地区成为起源地的重要候选对象。进入二十一世纪，在钱塘江流域的上山、跨湖桥遗址，更是发现公元前8000年左右的稻谷遗存。这样一来，虽然也有一些学者认为驯化水稻起源于淮河或珠江流域，但多数学者认为水稻的驯化最早发生在长江中下游和钱塘江流域。

上山遗址出土的炭化稻谷

我们锁定了水稻驯化的时间与空间，但是这到底是怎样一个过程呢？我们可以尝试站在当时狩猎采集者的角度来回望，看看他们怎么驯化水稻，这种行为又为他们带来了什么。

在大约一万年前的某个秋日，湿地之上一片寂静。一艘小型独木舟上坐着一位渔民和他的孩子，渔民来这里捕鱼，他让孩子留意那些成熟的野生稻谷。小舟缓慢行驶，孩子一声呼喊打破了寂静，他看到船边有数丛稻穗。渔民还没来得及阻止，孩子便急匆匆下船踩到泥地上，用力扯住了稻穗。但只这一下，他便立马像摸到刺猬一样收回小手，疼得哇哇大叫，手上已经扎了几根稻芒。稻穗上的谷子经这一番碰触，也都扑簌簌地落到泥地里。渔民忙把孩子拽上小舟，这才发现他腿上还趴着几只蚂蟥，心里叹道：还是不能让小孩子找稻谷，这差事还是很费力的。于是他自己下船，拿起贝壳做的小刀，动作熟练地把稻谷砍断，收到腰间的皮囊里。今天晚上回去煮鱼羹吃，应该能吃饱，渔民心想。数十年后，当时的孩子已经长大，他来到这片湿地，又看到了大片水稻。回想起父亲的教导，他熟练地割走一部分，然后把之前剩的稻谷丢到水里。又过了几十年，孩子带着他自己的孩子来到这片湿地，放眼望去，水面上遍布稻子。这时的孩子在小舟上伸手碰触时，稻芒不再扎人，稻谷也没有那么容易掉落了。自从有了这些稻子，我们好久都没饿过肚子了，孩子心想。

上面这个故事有可能是当时长江中下游的先民亲身经历过的，只是这个过程不可能在两三代人的时间内完成。在驯化水稻这件事上，先民们真正践行了"子子孙孙无穷匮也"这句话。驯化后的水稻的稻芒消失，谷粒增大且不易脱落，成了当时先民们可以依赖的主食。公元前 6000 多年的一阵暖风，带来了"仰韶温暖期"，中国北方地区驯化的小米借着这阵风扶摇直上，使北方地区加速进入了农耕文明时代；而华南地区变得更加炎热干燥，秋冬季节常为旱灾所困。要是换了其他作物，这时候就该退出历史舞台了，但水稻恰巧撞了大运，在雨季它刚好需要在水里发芽，在旱季它又刚好需要在旱地上开花抽穗。后来驯化的水牛也是人类种植水稻的好帮手。有这么多得天独厚的条件，又遇上爱吃大米饭的勤劳先民，水稻能够崛起可以说是偶然中的必然。河姆渡遗址出土了厚度超过半米的稻谷堆积，还出土了大量的骨质农具，先民爱米的程度可见一斑。吃饱肚子的长江流域先民开始创造出更加辉煌灿烂的文化。他们修建古城、堆筑水坝、制造白陶、琢磨美玉、敬奉自然与神灵，成为中华文明的重要组成部分。

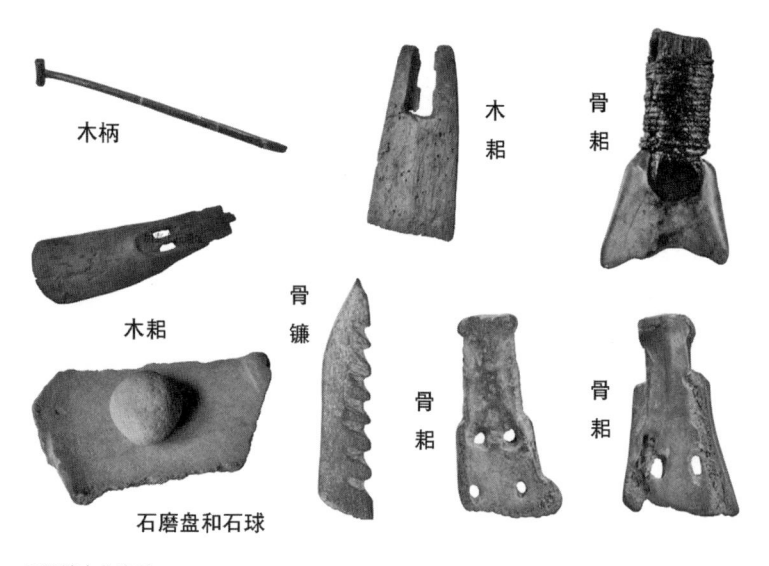

河姆渡文化农具

水稻并不甘于只填饱南方人的肚子，于是快速向北传播，在公元前6000至前3000年到达黄河流域，让北方人也吃上了大米饭；向西南方向传播，到达中南半岛与印度，在那里形成了米粒细长的籼稻，这就是现在印度手抓饭的主要原料；之后它继续向西，经两河流域到达北非与欧洲。后来籼稻又从印度传回中国，成了制作米粉的主要原料；还有一些喜暖的水稻向南传播至东南亚，促进了亚洲"稻米文化圈"的形成。更重量级的事件大约发生在公元前2200年，此时中国人培育出一种更加耐寒的粳稻。于是这种水稻很快就东传朝鲜与日本，尤其使日本的社会形态发生了剧变，直接跑步进入了文明阶段。下面我们就看看水稻传入日本以后是怎样改变日本社会的。

三、水稻东传与日本的万年之变

水稻影响着日本的节庆习俗与信仰。奥能登定期举办"田神祭""插秧祭"等活动，为的是祭祀守护水稻的田神；许多地方为88岁的老人庆祝"米寿"，希望老人能获得像大米一样的生命力；日本相扑选手登场时用力踏地面的动作，代表的是驱赶害虫、疾病，或是留住带来丰收的田之神。可以看出，水稻深刻地影响了日本人的物质与精神世界。毋庸置疑，水稻的传入是日本文化发展史上的关键事件。在水稻传入之前，这里的人们过着狩猎采集生活，依靠自然的丰厚馈赠度过了漫长的岁月。

日本旧石器时代出土的动植物很少，所以我们对于这个时期的狩猎采集经济了解不多。我们了解比较多的是绳纹时代，也就是日本的新石器时代。绳纹时代的标志是陶器的产生，因这些陶器上往往装饰绳纹而得名。在考古学上，绳纹时代可以分为五个时期，包括草创期、早期、中期、晚期与末期，年代从公元前11000至前900年。这种有陶无农的生活持续了整整一万年。绳纹人以狩猎采集为生。狩猎采集人群仰赖大自然馈赠的动植物食物为生，而地球上许多区域这种食物并不丰富，所以这些区域的狩猎采集人群为了获得足够的食物，经常需要迁徙，过的是小群体、高流动、很简单的生活。日本绳纹人靠着陆地、河流和海洋提供的丰富的食物资源，得以过着定居且有滋有味的生活，有着丰富多样的仪式活动，还生产精致的绳纹陶器。我们可以通过几处重要遗址，了解日本绳纹人的生存之道。

在绳纹时代的草创期（公元前11000—前4500），有两处需要着重介绍的遗址。第一处是福井（Fukui）遗址，位于九州西部。这是一处岩棚遗址，在这里发现了目前所知日本最早的陶片，这些陶器主要用于烹煮和盛装食物。绳纹时代的一个重要特征是丰富的食物遗存。日本火山活动频繁，火山喷发的火山灰酸性很强，所以大多数古代遗址的食物难以保存下来，但是在一些被水淹没的遗址，保存下来的食物非常丰富。第二处要介绍的夏岛（Natsushima）就是这样的遗址。这里出土了超过一万片陶片，大量的石器、骨器和蚌器，以及许多鱼骨、鸟骨、哺乳动物骨骼和贝壳，表明当时人们的食物十分多样而充足。

进入绳纹时代中期（公元前2500—前2000）以后，人口显著增加。这个时期位于本州中部的茅野尖石（Togariishi）遗址群最具代表性。人们在其中的茅野遗址发现了33座半地穴式建筑，形状有方有圆，面积为16～25平方米，相当于现代商务酒店一间标准客房的大小。房屋内部有石砌火塘、大型柱洞和小坑；其中的一些小坑或许用来储藏物品。遗址内发现了磨损严重的石磨盘、石臼和石磨棒，可能古代居民用它们加工过许多植物的根茎、坚果和谷物，然后将其和肉煮在一起食用。该遗址群的一处名为井户尻（Idojiri）的遗址也很重要。除了200多座地穴式房屋，该遗址还发现了丰富的动植物遗存。有趣的是，在这里发现了一种厚而扁平的饼，外表面被烧焦，带有叶子印记，它们显然是用磨得很细的野生谷物制成的。这些用叶子包裹的饼可能是煮熟或干燥后再储存的。之后发掘者在同一地区又发现了许多这种饼，说明绳纹人已经有了丰富的加工野生谷物的经验。

在绳纹时代末期（公元前1600—前1000），本州北部成为文化发展最发达的地区。龟冈（Kamegaoka）遗址是迄今为止发现的遗存最丰富的绳纹时代遗址之一。发掘者在这里发现了许多大型空心陶塑像，被称为"土偶"。塑像描绘的是戴着护目镜的人，穿着带有装饰的束腰外衣和朴素的紧身裤，有些塑造出精致的头饰、项链和吊坠，胸部有女性特征。这个形象在一些日本经典动画作品里出现过。哆啦A梦剧场版《大雄的日本诞生》中反派角色的形象便来自这种土偶。

绳纹人利用各种野生资源为生，因此发展出了"绳纹历"。根据这个历法，绳纹人在四个季节从事不同的采集和狩猎活动：在春季采集贝类，在夏季捕鱼和狩猎海洋哺乳动物，在秋季采集植物，在冬季狩猎陆生哺乳动物。

日本绳纹时代可能已经出现了自给经济和定居生活，这种狩猎采集经济是繁荣富裕的，但绳纹人只能过着"小村寡民"的生活，没办法形成更加庞大复杂的社会组织。日本的农业和复杂社会是何

绳纹陶器（大阪博物馆藏）

时出现的呢？这就要说到之后的弥生时代了。

前面我们提到，稻作农业起源于中国南方，后来经过东海、黄海或朝鲜半岛传播到了日本南端的九州。之后从九州向东北方向的本州和四国传播，最后到达本州中部。弥生时代与绳纹时代的区别便在于是否诞生了稻作农业；冶金技术也于此时传入。这两项关键技术使弥生时代出现了高等级聚落和社会分化。这一时期从公元前900年延续至公元250年，相当于我国从西周到汉末三国的这段时间。下面我们介绍三处重要遗址，让大家了解日本的弥生时代，观察稻作农业来到以后的变化。

弥生时代早期（公元前九至前四世纪）的代表遗址是板付（Itatsuke），位于九州福冈市。这里是一处农业村落，整个建筑群被内外两重护城河包围。紧邻住宅区的内护城河似乎一直在保护村庄，让它免受野兽的攻击。发掘者在这些护城河的填土和一些储藏坑中发现了烧焦的稻谷；还有些稻谷嵌在陶器底部，印痕显示其与现代日本种植的粳稻相似。遗址还出土了用于收割谷物的半月形石刀，石刀一端带有两个穿孔，可以穿过绳索以便于抓握，从而提高收割谷物的效率。

弥生时代中期（公元前400—公元50）的代表遗址是登吕（Toro），位于静冈市。这是一处村落，从弥生时代中期到末期一直有人居住。在这里共发现了12座房屋、2座仓库和大面积的稻田，出土了动植物遗骸及数千件陶器、木材和纺织品等，留下了关于日本早期家庭农耕生活的完整资料。村落位于小丘上，俯瞰着南面的稻田。房屋面积达30～50平方米，地面中央有火塘和长凳；房屋上部结构由柱子和茅草组成。稻田总面积约六万平方米，其间有网格状的田埂；田埂由木桩构成，既可以用来控制水流，也是人们在田间劳作的通道。在该遗址还发现了人造水渠，目前不清楚这些水渠是用于灌溉还是排水。村民主要种植水稻，也在地势较高、干燥的土地上种植旱作作物，在家庭园圃中种植葫芦和瓜类。其他水果来自野外采集或园圃种植。该地区的多种哺乳动物、鱼类和贝类是登吕居民主要的蛋白质来源。遗址内出土了多种工具，包括木制的锄、耙、犁、镐、铲等农业工具和弓、骨鱼钩和石网坠等渔猎工具。研磨工具包括石磨盘、木杵与木臼。遗址内还出土了一艘小型独木舟，宽约0.5米，长3～4米，可能用于运输耕种材料和工具。此外，该遗址出土的家庭用具包括竹托盘和篮子，可能用于收获和准备食物。

弥生时代的另一个重要遗址是九州岛佐贺县的吉野里（Yoshinogari）遗址。该遗址坐落于一座小山岗上。其早期村庄有一层环壕包围，从中期开始，村庄规模显著扩大，有内外两层环壕，发掘者在其中发现了100多座建筑；在外环壕内发现了一座大型封土墓葬，呈椭圆形，长约40米，宽约30米，现高2.5米，原高4～5米。该墓葬建于公元前一世纪，采用来自中国的夯土技术建造。封土下发现了八座瓮棺墓，其中最早的一座位于封土中心，瓮棺内发现了青铜匕首和人类牙齿。墓主是一名30多岁的成年男性，似乎是此地的首领。另外七座瓮棺墓内发现了从朝鲜半岛进口的青铜匕首和来自中国的圆柱形玻璃珠。除了土堆墓葬之外，在该遗址还发现了2 000座瓮棺墓和380座土坑墓。对墓葬人骨的研究表明，这些墓主不是日本绳纹时代的人群，可能是外来的。

弥生时代的遗址众多，我们只介绍了其中三处，但管中窥豹也足以看出，随着稻作农业的传入与发展，日本弥生时代农民的生活变得逐渐安定，人们开始有多余的粮食可以储存下来。同时，日本开始与整个东亚的其他国家进行复杂的交流往来，大幅推动了日本社会的发展，最终促成了国家的出现。

四、农业起源理论：人类为何种地？

在对农业起源这一问题进行详细剖析前，我们可以回顾一本名著——《鲁滨孙漂流记》。这是英国作家丹尼尔·笛福（Daniel Defoe）在十八世纪初出版的一部小说，讲述了鲁滨孙意外流落到加勒比海的一座小岛上，并在那里孤独生活了28年的传奇经历。虽然是小说，但它是根据一位水手的亲身经历创作的。我提及这本书的原因，在于这个故事几乎复刻了人类农业起源的整个过程。鲁滨孙流落荒岛后急需找到食物来源。他发现岛上有野生的葡萄、酸橙、柠檬和甘蔗等水果和木薯等含淀粉的植物，还有野山羊、海龟和飞禽等动物。最初，他可以轻松地靠采集和打猎度日，但随着时间的推移，他每天需要跋涉更远的距离获取食物，精疲力竭。在一些空手而归的夜晚，鲁滨孙只能饿着肚子唉声叹气。一天，他忽然意识到他可以种植粮食、养殖山羊，这样就能获得稳定的食物来源。说干就干，他把船上剩下的谷物撒在地上，一个月后地面上冒出了绿色的小麦秧，于是他继续种植小麦。经过多次试错，他成了种地好手，能够区分雨季和旱季，一年可以收获两次粮食。同时他在打猎时抓了3只小山羊，把它们驯养起来，几年后他就有了43只山羊。之后他就再也不缺食物了。

鲁滨孙仅靠自己就实现了食物自由，原因在于他拥有关于驯化动植物的知识储备。现实中的古人没有这些条件，那农业起源到底是怎么完成的呢？现在我们能够在这里探讨这个问题，得益于从二十世纪初以来，考古学家们提出了大量关于农业起源的理论。

在各种关于农业起源的理论中，我们最关注的是农业为什么会起源？如果再进一步追问，那就是农业为什么会在距今一万年之后才起源？毕竟我们人类诞生已经超过百万年，为什么在农业诞生之前的漫长时光里，我们的祖先会"坚定不移"地过着饥一顿饱一顿的流浪生活呢？让我们从头开始，了解学者们是怎么看待这些问题的。

1908年，在中亚发掘安诺遗址的庞佩利（Rafael Pumpelly）提出，土库曼斯坦南部的气候干旱化迫使古人退缩到水文条件较好的区域，古人在那里发明了灌溉技术，并最终发明了农业。1936

年，柴尔德（Vere Gordon Childe）正式提出了"绿洲理论"。他认为，在距今一万年左右，西亚的气候干旱，因此人和动物只能生存于河谷和绿洲地带。在这种情况下，人类开始种植并食用当地的谷物，又用这些谷物的秸秆喂养动物，从而完成了动物的驯化。总的来讲，柴尔德认为农业起源的关键在于环境恶化给人类生存带来重大的压力，为了应对这种压力，人类便迁居至绿洲地带，驯化了动植物，农业就此起源。在"绿洲理论"的基础上，柴尔德还提出了"农业革命"说，描述了农业起源的影响。他认为由于这场革命，人类栽培了农作物，养殖了家畜，食物快速增长，于是出现了村落与城市，产生了文字、手工业、艺术、宗教和集权政府。

到了二十世纪四十至五十年代，罗伯特·布雷德伍德（Robert Braidwood）发掘了伊拉克扎格罗斯山麓距今约9 000年的耶莫（Jarmo）遗址，由此提出了"山麓理论"，从而反驳了柴尔德的"绿洲理论"。他在耶莫遗址发现了大麦、小麦及家养的山羊和狗，遗址的人口规模在150人左右，可以算得上是当时所知世界上最早的农业村落。据此，布雷德伍德认为，在气候没有发生明显变化的情况下，这批山地居民开始栽培以前一直采集的植物并驯化动物。因此，他指出农业起源不是由于环境压力导致，而是人类文化发展和知识积累的结果，并且这种变化最早发生在"山麓地带"，而不是柴尔德所说的"绿洲地带"。

二十世纪六十年代，刘易斯·宾福德（Lewis Binford）提出"边缘区理论"，他的着眼点是人口增长。宾福德发现，在一万年前，西亚的人口密度非常高。他们居住在自然资源丰富的地区。全球气温升高导致海平面上升，淹没了大量用于居住的土地，迫使一些人迁徙到那些不是很适合居住的边缘地区。为了满足食物需求，人们将谷类移出其原本的生长环境，从而形成了对植物的选育和最终的驯化。

到了二十世纪八十年代，布赖恩·海登（Brian Hayden）提出了与"人口压力说"相对立的模式——"竞争宴飨模式"，认为农业是在资源丰富地区起源的。"竞争性宴飨"这种行为见于北美印第安人和西太平洋的某些社会中。这些社会经常举行"夸富宴"，某些社会成员热衷于通过分享食物来彰显自己的地位；若其他竞争者没办法举办相同或是更高水平的宴会，便会名声扫地。竞争性宴飨的意思不难懂，但为什么海登说它导致了农业的起源呢？这是因为海登认为，竞争性宴飨会发生在资源相对丰富的环境中，生活在这种环境的社会成员不需要为了吃饱饭而共享资源，各个家庭可以储存充足的食物供自己享用，这就导致了个人或家庭财富的积累。这时，其中一些有野心的人便会通过举办宴飨活动来增加自己的声望，以此获得更大的权力。这种活动非常"卷"，一些人为了提高宴会菜品的质量，便去寻找或培育口味更棒的动植物，由此便催生了动植物的驯化。

二十世纪九十年代，雅克·科万（Jacques Cauvin）提出了一个有趣的观点。他指出，在新石器时代经济因素并没有成为决定性因素，而人类思维观念的变化更为重要；由此产生的社会文化变革是农业革命的主要动因，而人类思维观念的变化主要体现在宗教观念和象征之上。科万曾经发掘过土耳其著名的新石器时代遗址——加泰土丘（Çatal Höyük），在该遗址发现了许多女性塑像和牛角。她认为它们分别代表女神和男神，是原始的宗教崇拜。科万指出这种宗教信仰重塑了人们的认知，使人们更加热衷于控制外在世界，其中就有动植物的驯化和栽培。

除了上面的理论，我们不要忘了还有一个最重要的理论，也就是苏联学者尼古拉·瓦维洛夫（Nikolai Vavilov）提出的多个农业起源中心说。从二十世纪三十年代开始，瓦维洛夫在五大洲做了广泛的考察，访问了 64 个国家，收集了各种植物和粮食作物标本，在列宁格勒植物研究所建立了世界上最大的植物种子中心。他提出，农作物的驯化并非偶然出现在某个地方，而是出现在世界上野生作物丰富的多个区域，也就是说，世界上存在多个农业起源中心。他提出，世界上有 8 个栽培植物的起源中心，即中国、印度、中亚、西亚、地中海、非洲、中美洲和南美洲。他的学说现在得到了考古学和古基因学研究的证实。当然，他的一些观点，如水稻起源于印度，现在证明是错误的。不过瑕不掩瑜，他的学说到今天仍然大放光芒。很可惜，这样一个成就卓著的学者后来因为饥饿早早离开了人世。

回顾了上面这些理论之后，我们现在对农业

加泰土丘女神像

起源这个问题有了一些宽泛的认识。这些理论关注的是农业起源的时间、地点、动力机制等问题。关于农业起源的时间，我们已知其最早发生在距今约一万年。一些学者认为，这个过程不是突发的、短期的，而是经过了漫长的发展。关于农业起源的地点，我们如今知道农业不是从某一地发明，然后传播到其他地方的，世界各地均有独立驯化的动植物。关于农业起源的动力机制，不同的时间、地点、环境和文化传统等要素都会对农业起源的过程造成影响，目前尚未出现放之四海而皆准的法则。好在经过多年的深入研究，我们现在能够列出下面这样一张表格。

世界各地驯化的动植物

地区	驯化的重要植物	驯化的重要动物
西亚	小麦、大麦、豌豆、扁豆、甜瓜、胡萝卜、无花果、石榴、樱桃等	绵羊、山羊、牛、猪等
东亚（中国）	水稻、小米、大豆、山药等	猪、狗、鸡、鸭等
东南亚	芋头、甘蔗、香蕉等	鸡、鸭等
中美洲与南美洲	玉米、菜豆、刀豆、南瓜、木薯、马铃薯、辣椒、番石榴、山楂、木瓜等	美洲驼、羊驼等

我需要声明的是，这张表里并没有列出世界各地驯化的所有动植物，如中亚地区驯化的驴和骆驼、南亚驯化的瘤牛和水牛等。每一种动植物的驯化，都需要一代又一代先民不断地培育；这些过程充满戏剧性，值得深挖。接下来我们便要前往西亚，看看在这个如今充满战乱的地区，史前人类是如何通过农业彻底改善自身生活状况的，同时借由丰富的考古材料，了解在农业起源前后，当时人类

的各种表现。

第二节　西亚农业的起源

我们所说的西亚，与人们过去所称的近东（Near East）近似。不过，近东是西方学者使用的一个地理概念，与远东一样，带有欧洲中心主义的味道，所以我们改用更为中立的西亚，指包括黎凡特在内的亚洲西南部。因为西方考古学家从十九世纪开始就在这里发掘史前遗址，前后持续了100多年，所以我们对这个地区的农业起源有了比较深入的认识。

现在我们知道，西亚的植物驯化发生在新石器时代，驯化的作物包括大麦、小麦、豌豆、扁豆、鹰嘴豆和亚麻等。这一时期，西亚先民还驯化了几种非常重要的动物，即山羊、绵羊、牛和猪。所谓"驯化"，并不仅仅是把原本生存在野外的动植物移种或者养殖在人类的居所周围，而是通过一代又一代的选育和培养，让这些动植物变得更加符合人类生存的需求。像我们之前介绍的水稻一样，驯化使它的谷粒不容易掉落、植株不容易倒伏，同时芒刺不那么扎人，这些性状都有利于先民采集和利用。在西亚，先民驯化这些动植物并非易事，这个复杂的过程必然伴随着他们在世界观、社会结构和社会制度等方面的深刻变化，而这些变化都能体现在丰富多样的考古发现中。在详细介绍与西亚农业起源相关的考古发现之前，我们需要明确几个核心问题。

一、西亚农业起源：时间？地点？对象？

要探究农业起源的问题，我们首先需要知道在农业起源前后，人类发生了哪些变化，这样我们才能在庞杂的考古材料中找到解决农业起源的着眼点。大量的人类学调查表明，狩猎采集人群和农业人群有着显著的差异，体现在二者的居住模式、社会组织、生业方式、人口数量和世界观等方面。

在上述几方面中，生业方式非常重要，因为它既是考古学家可以详细考察的内容，又与农业起源高度相关，因此我们在这里详细介绍。一般来说，狩猎采集者以获取野生资源为主，不种植农作物或养殖家畜，而是通过狩猎动物或采集植物来满足自己的需求。为此，他们从事各种以获取食物为目的的活动，建造临时的居所，并制造能够提高资源获取效率的工具。他们对大自然的干预通常较小，并且极少储存食物，因为他们对生存资源的消费通常是即时的，或是短期的延迟消费。他们在群体成员之间分享食物。农民则截然不同，他们拥有不同种类的植物和动物，并根据自己的需要种植和养殖。他们的目的是提高产量、积累食物，并将其储存起来以备将来消费。农业社会往往以核心家庭或扩大家庭为基本单元，成员之间的社会关系更加复杂多样。在了解这些情况之后，我们来看看西亚农业起源的几个关键问题。

首先是西亚农业起源的时间和地点。从目前的证据来看，动植物的驯化时间是前陶新石器时代B期（Pre-Pottery Neolithic B，简称PPNB）。顾名思义，这个时期虽已进入新石器时代，但未出现陶器。PPNB最早由耶利哥（Jericho）遗址的发掘者凯瑟琳·凯扬（Kathleen Kenyon）命名，年代为公元前8500至前7000年。驯化的中心地点位于黎凡特北部，即现在的叙利亚北部和土耳其东南部。大部分驯化作物最早出现在这个核心区域，随后才扩散到了整个西亚。

其次是驯化的对象及其各自的特点。我们前面提到黎凡特先民驯化了多种动植物。这里就有一个问题：为什么黎凡特居民能驯化这么多种重要的动植物呢？回答这个问题的关键在于这里的环境背景。黎凡特的地理环境多样，从西到东分别是地中海沿海平原、丘陵、河谷、草原、半干旱荒漠和沙漠。这些区域的野生植物种类非常多，仅在以色列1.52万平方千米的范围内就有2700多种野生植物，其中有许多一年生的野生谷物。同时，在北方山地又有许多种子颗粒大而无毒的野生豆科植物。有这么多野生植物摆在眼前，黎凡特先民是不愁没有培育对象的。而在动物方面，随着两万多年前末次盛冰期的到来，许多动物为了寻找适宜生存的栖息地而迁徙。到了一万年前气候改善，西亚的湿度和降水量增加，植被覆盖范围扩大，这吸引了许多动物来此栖居。就这样，一些动植物在对的时间出现在了对的地点，又刚好被人类选中，从此便走上了历史舞台。回答了上面几个问题之后，接下来我们就按照时间顺序，回溯西亚农业起源的整个过程，看看这里的人们在农业起源之前究竟过着怎样的生活，农业又给他们的生活带来了什么变化。

二、后旧石器时代：从0到1

金字塔不能一天筑成，农业也无法凭空产生。要探寻农业的起源，我们需要追溯到两万年之前，为的是了解当时的狩猎采集者们为农业的诞生做了哪些铺垫。

"后旧石器时代"（Epipalaeolithic）是西亚考古学常用的时间术语，大致从公元前23000年延续到公元前9600年，即从旧石器时代向新石器时代过渡的阶段。根据自然与文化特征，"后旧石器时代"又可以分成早期（公元前 23000—前 16500）、中期（公元前 16500—前 13000）和晚期（公元前 13000—前 9600）。此时，我们熟知的两河流域还没有成为文明发展的核心区域，反而是靠近地中海的黎凡特发展程度更高。"黎凡特"一词来自法语，有"太阳升起之处"或"东方"的含义。在地理范围上，这个区域包括了今天约旦、以色列、巴勒斯坦、黎巴嫩、叙利亚和土耳其等国的部分领土。我在写作这本书时，正值 2024 年 5 月，以色列和哈马斯之间在加沙的战争愈演愈烈，频频登上新闻头条的平民伤亡事件令人触目惊心。不过，与人类历史上发生的历次战争相比，这场战争的范围和烈度小了很多，人类社会的和平发展仍然是主流。在万年以前，这里的人们曾经同甘苦、共患难，度过了漫长的艰难岁月，创造出丰富多彩的文化，为农业的诞生奠定了坚实的基础。

1. 变化无常的气候

我为什么说黎凡特先民曾经"共患难"呢？我们可以从科学家的古环境研究结果来看。在公元前 23000 年，全球迎来了末次冰期的盛冰期，黎凡特进入后旧石器时代早期。这个时期的年平均温度比现在低得多。对于有着空调的我们来说，影响不太大，但在当时是决定先民命运的大事，因为低温不仅让狩猎采集者的活动受限，更改变了动植物的分布范围；先民们在某天外出时忽然发现，原先长在住所附近的植物不再结果，漫步于周边的动物也不见踪影，日子越来越艰难。

这样的苦日子持续了约 7 000 年，直到公元前 16500 年。末次盛冰期结束，温度终于升高了 3～5℃。在公元前 13000 年，气温再次升高，1 月平均气温达到 11℃。生活在此地的先民抓住时机，开始广泛地利用各类资源，尝试定居下来，并住在一起，形成了更加复杂的村落。

可惜的是，这个温暖时期并没有持续很长时间。从公元前11000年开始，受新仙女木气候事件（Younger Dryas）的影响，黎凡特的气温再次下降，季节不再分明。冷湿气候使黎凡特南部的资源变得短缺起来。此时的先民刚过了2 000年的好日子，这次大降温就给他们泼了一盆冷水。不过，他们已经摸到了定居农业生活的门槛，只需要再有一点机缘，便可以开启人类历史的一个新篇章。

2. 猎人之家

后旧石器时代的先民在居住方式上发生的变化十分显著。在早期，由于恶劣的气候条件，大部分狩猎采集者零散地居住在便于躲避严寒的洞穴中；此外，还有一些人会在靠近水源的地区建造小型营地，比如在奥海罗-Ⅱ（Ohalo Ⅱ）遗址发现了6间小型的用藤条和泥巴建成的小屋，屋外有用来烤火和烹饪的灶。小屋里出土了丰富的动植物遗存，出土了各式工具和生活用品，如用来切割的刀、用来磨粉的磨盘、用来捕鱼的网坠和用来盛装物品的碗等；还出土了作为装饰品的海洋贝壳珠子。这些遗存表明，在这段艰难岁月中，西亚先民并未坐以待毙。他们迁居到一些资源充沛的地区，加强利用各类资源，不仅活得有滋有味，而且加深了对各类动植物资源的认识，为之后的农业起源积累了经验。

到了中期，遗址规模出现了更加令人瞩目的变化，因为那时出现了几处大型的聚集性遗址。位于约旦东部的哈拉内-Ⅳ（Kharaneh Ⅳ）遗址面积达21 000平方米。这在狩猎采集者的遗址中算是规模最大的一处。发掘者在遗址内发现了房屋、灶、窖穴与墓葬，还发现了大量遗物。为什么这里会成为狩猎采集者的聚集地？因为它位于沙漠绿洲的边缘区域，周边有湿地和溪流等水源，动植物资源丰富。来自不同地方的狩猎采集者在特定季节聚集到这里，交换资源、沟通技术、传播知识、订立盟约。这些活动让有些先民意识到，如果有机会让许多人住在一起，整个社会可能会发展到一种前所未见的高度。

这个机会在千年之后到来了。这时期的温暖气候使得资源变得格外丰富，黎凡特狩猎采集者的数量大幅增加，并且开始过上了定居的生活。一些人居住在地中海东岸山区的洞穴中，另一些人则居住在约旦河谷地区新出现的露天营地中。营地中的房屋往往是半地穴式的石房子，呈圆形或半圆形，直径为3～5米。这是人类历史上最早的房子。考古工作者在艾因·马拉哈（Ain Mallaha）遗址发现了一间房屋，其石墙表面先涂抹了石灰，又涂了一层红色的颜料，作为屋内的装饰。人们在瓦迪·哈马赫-XXVII（Wadi Hammeh 27）遗址中发现了格外庞大的两座建筑，建筑内部的地面上有各式各样的工具和具有象征性的艺术品，其中一座建筑的内墙上带有雕刻的图案；还发现了人类

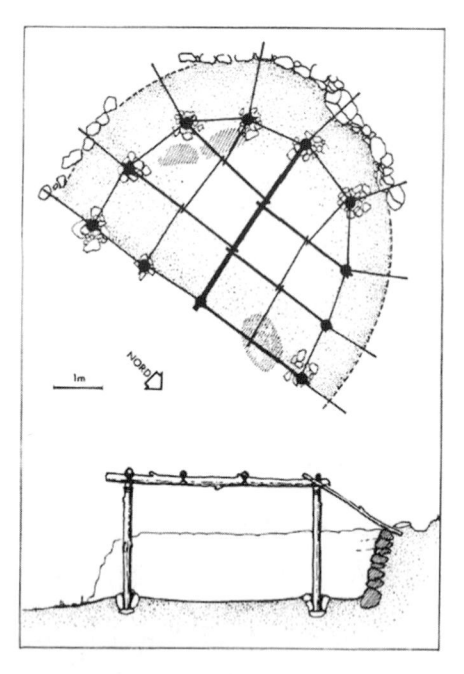

艾因·马拉哈遗址中的大型房屋

颅骨的残片。这种房屋可能具有公共属性,供人们举行各种集会活动。这个时期,大量狩猎采集者住在一起。他们发现这样的生活比先前更有乐趣,不仅生存的安全有了保障,而且社区成员似乎比以前更加亲密了。密切的合作使得各项生产活动能够高效地开展,许多以往做不好的事情如今都能顺利完成。

在新仙女木事件发生之后,狩猎采集者的生存境况变得有些艰难,定居生活难以为继;许多人只能离开以往的家园,向北迁徙。先前居住的许多地方仍然沿用,但其中的大型建筑不再使用,只新建了一些小型的建筑。此时,许多人被迫分群别居,但是仍有许多人热切地期盼着某个时机的到来。他们坚信,只要条件允许,大家一定能再次过上集体定居的生活;这一次他们一定要把握机会,再也不让大家被迫分散各地、流离失所。

3. 何以维生?

黎凡特虽然保存了西亚先民的许多遗存,但由于其土质,植物遗存很难保存下来。因此,学者对后旧石器时代人群食谱的了解并没有其他方面那么丰富。从现有的证据来看,在后旧石器时代的早期与中期,西亚先民尚未对植物进行栽培,但已经开始广泛利用各类野生植物资源。在奥海罗-Ⅱ遗址便发现了野生的二粒小麦、大麦、开心果、葡萄和橄榄。在狩猎动物方面,他们会格外关注当地常见的动物,将其作为主要的狩猎对象。在这段漫长的时光里,先民们对植物的广泛利用和对特定动物的关注,为他们的后代驯化动植物积累了关键的知识与技术。

到了后旧石器时代晚期,此时的先民仍以狩猎采集为主,但已经注意到了几种关键的植物。在该时期的阿布·胡雷拉(Abu

Hureyra）遗址中，考古学家发现了多种谷物、豆类，还有各种坚果、蔬菜和水果。人们在穆雷贝（Mureybet）遗址更是发现了具有一定驯化特征的黑麦。因此，有学者认为，这时有些人已经开始尝试栽培和驯化植物，不过还没有促成农业的诞生。在动物的利用方面，该时期的先民为了维持定居生活而扩大了狩猎动物的种类，其中既包括瞪羚、绵羊、山羊、野牛等哺乳动物，也包括多种爬行动物和鸟类。狗在这一时期可能已经被驯化，但主要作为人类的宠物，而非肉食资源。

三、前陶新石器 A 期：农业生活的肇始

二十世纪五十年代，耶利哥遗址的发掘者凯瑟琳·凯扬将纳吐夫（Natufian）文化（西亚的后旧石器时代文化，年代为公元前13000—前9600）之后的 1 000 多年命名为"前陶新石器时代 A 期"（Pre-Pottery Neolithic A，简称 PPNA），年代大约为公元前 9600 至前 8500 年。PPNA 的开始伴随着全新世暖期的到来，西亚的许多野生植物迎来了生长繁育的黄金期。定居的先民自然不会放过利用这些植物的机会，他们将其移种到聚落周边，开始了驯化的过程。在 PPNA 时期，南方的黎凡特与北方的安纳托利亚分别形成了两个文化繁荣的地带，二者在文化发展程度上有一定相似之处，但在文化面貌上又存在一些差异。

1. 南方：庞然巨塔与萨满之屋

此时，南方出现了一些空前庞大的遗址，例如耶利哥遗址。这里在 PPNA 时期是一处村落，外围有石墙和壕沟，还发现一座高约 8 米的石塔。学者对于石塔的用途看法不一，认为其或是储藏设施，或是用于防御的瞭望塔，又或是村落居民的"神龛"。遗址内还有一些圆形房屋，直径在 5 米左右，墙体用草拌泥土坯和灰泥砌筑，屋顶覆盖树枝和泥；有些房屋的地板下埋着墓葬。据推算，这一时期耶利哥遗址的人口有 2 000~3 000 人。要维持这么多人的生活，对野生植物的强化利用至关重要。

在南方还有另一处名为瓦迪·费南-Ⅺ（Wadi Faynan 16）的遗址值得一提。考古学家在其中发现了三个阶段的遗存。在第二阶段（公元前 9300—前 8800），先民修建了大量半地穴式的建筑。其中一座规模颇大，可能是聚落中的聚集场所；有学者认为，可能是萨满举行治疗活动或驱魔仪式的地方。对遗址出土鸟类骨骼的分析表明，此处有一小批人全年居住；春季则属于狩猎采集者或种植者的聚集地，他们在此捕猎迁徙至此的各种鸟类。值得一提的是，人们在遗址内发现了大量带有几何图形和人类形象的刻画物品和小塑像，可能是萨满的圣器或服饰配件。研究者如此强调萨满教的存在，是因为他认为：在人类从狩猎采集转向定居农业生活的过程中，萨满教的各种仪式活动能够帮助人们适应不断变化的自然与社会环境，缓解因此而产生的冲突，有效地增强一个群体的凝聚力。

2. 北方：石阵崇拜与泛灵信仰

在北方，多数遗址的房屋是小型的半地穴式建筑，但聚落中往往有一个规模略大的公共建筑，居民可能在此举行某些仪式活动。与南方不同的是，这里出现了许多仪式性遗址，例如哥贝克力（Göbekli Tepe）遗址。这里的文化堆积可分三层，第三层堆积属于 PPNA 晚期至 PPNB 早期。人们在其中发现了数个由石柱围护的建筑，直径为 10~30 米。石柱最高可达 5.5 米，最重可达 15 吨，多由石灰岩制成，其原材料来自周边地区的天然石灰岩岩床。石柱表面往往带有浮雕，以动物形象为主，有蛇、羊、牛、瞪羚、野驴、野猪、狐狸、鹤、鸭、秃鹫、蜘蛛、蝎子等，体现出的是万物有灵的信仰体系。"T"字形的石柱被认为是一种拟人化的表达，因为有些石柱上刻有人类的手臂和手掌，有些石柱在肩部、颈部还会雕刻出代表装饰品或衣物的图案。考古学家在遗址中发现了较多哺乳动物的骨骼碎片，也发现了一定数量的鸟类骨骼，如乌鸦、鹰、鹤等，意味着哥贝克力遗址存在季节性的狩猎活动。遗址中未发现驯化的植物遗存。该遗址在使用一段时间后，被有意地迅速掩埋。

除了哥贝克力之外，这里还发现了其他带有石柱的遗址。许多学者推测这些遗址属于狩猎采集者的圣地，因为建造它们需要开采和移动重达数十吨的巨大石块，这就需要动员和组织许多劳力；在石柱上雕刻各类图案也需要花费许多时间和精力。如果我们回顾西亚的后旧石器时代的发展历程，就会注意到，在后旧石器时代的早中期，许多狩猎采集人群也曾进行大规模的聚集活动，但由于当时种种因素的限制，并未能建造出复杂的仪式性建筑。有一种说法是，西亚先民在哥贝克力等遗址开展的聚集活动之一便是交流驯化动植物的技术与知识。这种"头脑风暴"直接导致了当时人们对农业的理解突飞猛进，在其后短短1 000年间便促成了农业的产生。

3. 定居生活与尝试驯化

从整体上看，虽然不是所有的PPNA先民都成功开始了定居生活，但大规模的定居生活无疑推动了农业经济的诞生。正如前文所述，PPNA时期聚落的规模大幅增长。新增的人口需要吃饭，以往的狩猎采集不再能完全满足需求，因此人们对种植作物的依赖程度变得越来越高。与此同时，我们可以从这一时期的丧葬行为看到农

哥贝克力遗址

哥贝克力遗址的石柱建筑

业即将产生的端倪：PPNA时期出现了大量移除墓主颅骨的行为。人们在这些颅骨抹上灰泥，摆在某些房屋内供人祭拜。在民族志记载中，祖先往往与血统世系相关，而血统世系往往与某个粮食产地的所有权相关。当人口越来越密集时，土地的所有权必须通过某种方式来确认，而我们在PPNA遗址中发现的大量颅骨似乎起到了这种作用。

我们再来看这一时期的生业方式。我们需要明确一点，虽然以往有学者认为在PPNA时期已经出现了农业，但目前还没有发现足够多的关于驯化动植物的证据。在植物的利用方面，PPNA先民主要以采集野生植物为主，可能出现了少量的栽培和选育行为。该时期最明确的驯化植物的证据出现在阿斯瓦（Aswad）遗址，在此处发现的大麦62%为野生种，26%为驯化种，另有12%为中间状态。这一时期动物驯化方面的资料更为单薄，人们主要通过狩猎来获取肉类。在黎凡特南部主要狩猎羚羊；在北方，人们常常猎取野牛、野生的绵羊和山羊。在北方一处名为哈兰·切米（Hallan Cemi）的遗址中，考古学家发现了对野猪进行培育的迹象，可能是早期的驯化行为。

四、前陶新石器B期：驯化动植物的崛起

前陶新石器B期（PPNB）出现了驯化动植物的明确证据。西亚社会也由于农业技术的应用而变得十分繁盛，礼仪活动日益复杂，巨型遗址出现，各地之间的交流互动也更加密切。PPNB期的遗址分布范围较前一时期又有了增加，除南方的黎凡特之外，人们在北方的安纳托利亚高原和东方的扎格罗斯山脉都发现了大型的城镇。

1. 南方：祖先之颅与石膏神像

在南方，该时期出现了规模较大的遗址。规模可达 PPNA 最大城镇的 2～3 倍。此时的耶利哥遗址出现了一些变化，房屋从以圆形为主变成以方形为主。有的建筑物可能是"神殿"，其后墙有壁龛，放置着黏土小雕像及灰泥头骨；头骨面部涂泥并施加彩绘，眼窝嵌以贝壳，可能是祖先崇拜的象征。

这一时期南方的一处重要遗址名为艾因·加扎（Ain Ghazal），位于约旦西北部，全盛时面积达 15 万平方米。该聚落的房屋为多间的长方形建筑，大多数房间经过多次居住；此时出现了二层的建筑，一层用于居住，另一层用于储存各种食物和工具。遗址内建有"神庙"，由石块垒砌而成，平面呈长方形，分前堂和后室两个部分。在神庙地面下有两个窖藏坑，考古学家在坑中发现了 32 尊神像，其中 3 尊为双头神像。这些神像由石灰膏和芦苇塑成，有半人之高，表面可见颜料残迹，可能其埋入窖藏之前曾经用于展示。神像身上绘制有衣服、头发甚至文身，脸上突出表现了眼睛、鼻子和嘴巴；眼睛用海贝制作，上面还用沥青画出眼珠。除了这些神像，人们在这个遗址中还发现了很多人物和动物的塑像。艾因·加扎的居民往往将死者埋在房屋内的地板下，有些埋在房屋外面，也有制作灰泥头骨的行为。

2. 北方：圣地凋敝，回归日常

北方的 PPNB 先民延续了许多先前盛行的做法，并做了一些创新。但是，前一时期气势恢弘的哥贝克力遗址在 PPNB 遭到废弃，可能反映了组织这类仪式活动的社会组织解体，反映了西亚先民思想观念的转变。在圣地纷纷遭到废弃的同时，该时期的一些遗址出现了"停尸房"。在萨约吕土丘（Çayönü Höyük），大约 400 名已故社区成员的遗骸被放置在一间房屋中。在阿布·胡雷拉遗址 PPNB 时期的堆积中，考古学家也发现了专门放置尸体的房间。这些公共墓葬体现出社区中的居民具有很强的群体认同感。与先前费心劳力地前往圣地进行各种活动相比，这一时期的先民似乎不再有跨区域大范围交流的迫切需求，反而更在意自己村落或城镇周围的"一亩三分地"，过着拥挤又热闹的群居生活。

  我们可从安纳托利亚的加泰土丘遗址窥见这个时期城镇的规模扩大到了何种程度。这个遗址分为东西两个土丘，迄今为止的发掘面积为 2 000 平方米，仅占土丘面积的三十分之一。东部土丘已揭露出 18 个居住层，其中第 3～18 层处于该城镇发展的兴盛期，年代处在 PPNB 的中晚期。此时该遗址共发现了大约 1 000 座房屋，人口估计可达 8 000 人。这里的住房多呈直线排列，内部结构相似。房屋平面呈方形，面积 20～30 平方米，由土坯砌成，每一座房屋由起居室和附属房间组成；房屋为平顶，其上有长方形入口以供进出；屋内有木梯、炉灶及放燃料的柜子，另有平台和长凳以供坐卧。除一般的房屋外，遗址内还有专门的"祭室"，结构与其他房屋相同，但房屋的内墙上彩绘有人和各种动物的形象，墙上还会悬挂公牛头骨。遗址内的死者埋在房屋和祭室的平台下，有的骨骸用织物包裹，有各式随葬品。考古学家在遗址中发现了大量由黏土和岩石制成的小雕像，多为女性。雕像有站立的，也有坐着用双手托着乳房或双手放在腹部的，可能表现生殖女神的形象。加泰土丘的居民主要以农业和畜牧业为生，通过渔猎和采集补充资源。他们种植的农作物包括小麦、大麦、豌豆和十字花科的油料植物；主要饲养的动物有牛、绵羊和山羊。

3. 农业是把双刃剑

PPNB时期明确出现了驯化的植物和动物。重要的农作物有小麦、大麦、豌豆、扁豆和蚕豆。有关植物驯化明确的证据来自加泰土丘，在艾因·加扎也发现了驯化的小麦、大麦和豆科植物。在动物的饲养方面，人们逐渐依赖于绵羊、山羊和牛。绵羊在北方地区占主导地位，而山羊在南方地区更为普遍。至于黎凡特南部的绵羊、山羊、牛和猪来自北方还是在本地驯化的，目前还存在争议。但无可置疑的一点是，农业让这个时期的文化得到了长足发展。

为什么说"农业是把双刃剑"呢？比起狩猎采集人群收获的植物食物，粮食容易储存，产量更高；因为定居，女性的生育率大为提高，所以人口快速增长，而增长的人口又投入农业生产中，一代代人周而复始地进行农业生产。同时，由于出现了剩余食物，一部分人从农业生产中解放出来，成为职业工匠、祭司、武士和国王。听起来似乎都是好消息，新生的农业人群似乎比狩猎采集人群要更为富足，但事实并非如此。美国著名的人类学家马歇尔·萨林斯（Marshall Sahlins）指出，狩猎采集人群实际上是富足的人群：他们一个星期只需要工作2.5天就可以满足一家人的食物需要；剩余的4.5天可以休息或做其他事情。他们从大自然得到的动物和植物食物种类更多，营养更全，疾病也更少；而农业人群的劳动强度要大得多。在他们祖先纳凉休憩的时候，他们还要翻耕土地、播种除草、养殖家畜。他们的祖先因为常年穿梭在山河之间，熟悉自然界的草木和鸟兽，而他们因为被束缚在家园和周围的农田里，对自然界也越来越陌生。比起以狩猎采集为生的祖先，农业人群更加依赖农作物和家畜，辛辛苦苦种下了庄稼，来了一场旱灾、水灾或蝗灾，一年的收成就泡汤了；一旦发生瘟疫，他们就会失去家畜。

农业还带来土壤退化、植被消失、土地盐碱化和水土流失等"副作用"。考古材料表明，西亚先民在PPNB时期的末尾遭遇了前所未有的打击：在这个时期很少有大型遗址能够保持长期繁荣。艾因·加扎在PPNB时期的末尾阶段发展到了顶峰，但在短暂繁荣之后，房屋之间的间距扩大，婴儿的死亡率增加，种植的主要作物由小麦转变为可作为动物饲料的各种豆科植物，山羊骨骼的比例明显上升。这些迹象表明，由于环境恶化和大规模砍伐森林造成的植被退化，艾因·加扎原先以谷物为基础的农业经济崩溃，居住于此的民众只能寄希望于其他生活方式，于是转向了以放牧山羊为主的游牧生活，此后这里便无法支撑起那么多人同时生活了。这种情况并不仅见于此处，整个黎凡特的大型遗址几乎都能见到这种衰退现象。不仅如此，定居农业的生活方式还给这些农民惹来一个天大的麻烦——疾病。

第三节　农业与疾病：剪不断理还乱

从事农业生产为什么会让农民们得病？具体又有哪些体现呢？我们需要知道，人类从狩猎采集生活向农业生活的转变过程是非常复杂的。这是一种系统性的变化，会影响到当时人类生活的方方面面。离我们较近的一次类似的变化，即所谓的"信息革命"，在计算机技术广泛应用后，我们的生活也发生了许多肉眼可见的巨变；随之而来的便是副作用，其中就有我们常说的"亚健康"状态，普遍出现在生活于都市的群体之中。

由于依赖农作物和家畜而导致食物多样性减少，农民容易营养不良。美国学者马克·N. 科恩（Mark N. Cohen）通过比较全球的狩猎采集人群和早期农业人群的骨骼标本所体现的健康状况，发现农业人群更容易感染骨膜炎和骨髓炎、梅毒、肺结核、肠道寄生虫和骨质增生。其原因应该与营养不良有关；同时，农业人群的身高也有所下降。

一、西亚早期农民的农业病

所谓"农业病"指的是从事农业生产活动而导致的农民身体部位损伤，轻者挫伤肌肉，重者影响骨骼。与之前成天外出的狩猎采集人群不同，在西亚早期农民的生活中，出现了几种新的活动。最重要的当然是驯养与栽培动植物，其次便是与定居生活密切相关的一些重复劳动，比如制作土坯和石膏、砍树烧荒和研磨谷物等。这些高强度的重复劳动让早期的农民患上了一些常见病，比如关节炎。

这种情况得到了考古工作的证实，一些学者通过分析阿布·胡雷拉遗址早期农民的骨骼，发现许多农民的下脊椎发生萎缩，脚趾有患关节炎的迹象。他们认为，这种病变可能是这些农民长期研磨谷物造成的。由于当时的农民研磨谷物主要使用的是磨盘与磨棒，因此在磨谷子时需要把上半身的重量压在手部，弯腰后用脚底蹬地来发力，这就造成了脊椎和脚趾相关骨骼的严重损耗。

除了骨骼与肌肉的劳损之外，食用农产品对先民的牙齿健康也有负面影响。这是因为在以往的狩猎采集生活中，先民主要以肉食和各类采集的野生植物为食，碳水化合物的占比低。而农业诞生后，各类谷物变成了主食，大量糖分的摄入使农民开始出现蛀牙。此时，农民对谷物的磨制技术和筛选方法较为落后，也导致他们食用的谷物里掺杂了许多小石子和沙砾；这些杂质会刮擦牙齿表面，久而久之便造成了严重的磨损。

二、病毒来袭

农业疾病的另一个重要来源是病毒；病毒与人类之间的关系还要追溯到狩猎采集时期。人类进行狩猎活动的目的主要是获取肉食资源，补充自身的蛋白质和脂肪。狩猎必然与野生动物发生直接接触，就此成为病毒从野生动物向人类传播的重要途径。我们知道，处于食物链底端的动物，身上的病毒种类相对较少；而处于食物链顶端的动物，由于不断捕杀底端动物，因此被不同的病毒反复感染，身上必然聚集更多的病毒。人类的狩猎活动与一般的食肉动物不同，会对各类动物实行无差别的猎杀，这导致人类体内聚集病毒的速度远远快于其他动物。随着农业诞生，狩猎在人类生活中的重要性降低，人类慢慢堵上了病毒进入人体的第一条途径；但很快，第二条途径开启了，这对病毒来说更是一条"康庄大道"。

这第二条途径，便是定居农业。农业社会最典型的特点就是密集种植农作物，密度远超自然状态，这为病毒提供了大量宿主，造成植物病毒的广泛传播。好在这些植物病毒大多只会影响作物的产量，让人类饿肚子，并不会传给人类。不过，来自驯养家畜的动物病毒就没这么温和了，由于密集饲养，它们很容易出现大面积的病毒感染，造成家畜的大量死亡，比如非洲猪瘟和牛瘟在历史上便一直肆虐于家畜之中。除了传播自身病毒，家畜还会作为野生动物传播病毒的跳板。如今一直在东南亚地区流行的尼帕病毒最早便是从蝙蝠传到芒果上，人类用芒果喂猪后，猪身上有了病毒，之后病毒再从猪传到人类身上。1940年至今，人们共发现了200多种与新型病毒有关的疾病，其中有四分之三是由动物传播给人类的。定居农业发展后出现城市；在亚欧大陆早期的城市社会中，由于卫生意识欠缺，公共卫生建设落后，各种寄生虫和传染病得以迅速传播，导致瘟疫横行、死亡遍地。在历史上，古罗马帝国曾先后发生过4次大规模的瘟疫，包括天花、腺鼠疫、猩红热、霍乱、伤寒、麻风病和白喉等传染性疾病，每次都会造成极大的死伤。

§

在本书开头，我介绍了西班牙征服印加帝国的故事，西班牙能够轻松取胜的原因之一，在于它发达的农业经济能供养更多的人口，为其国家的发展繁荣提供了养料。另一个原因也与农业相关，农业与定居生活相辅相成。人类越是向着城市化发展，病毒与人类的关系便越是紧密。这使亚欧大陆的人们更容易患上相关的疾病，一波又一波的病毒袭来，寄宿在人类身上，那些存活下来的人抵抗力越来越强。正如我在前言中提到的，同时期的美洲大陆先民并没有经受过这些病毒的折磨，体内自然没有能够对抗这些病毒的抗体。于是，当西班牙人来到美洲后，他们身上的病毒如同干柴遇到烈火，迅速在美洲的印第安人之间传播；惨剧就此发生，土著居民大量患病而亡，十不存一。类似的情况也发生在中美洲的阿兹特克人身上，使中美洲与南美洲盛极一时的帝国文明就此崩溃。

人类文明是一个复杂的系统，充满了大大小小的蝴蝶效应，我们无法预测某一项技术的发明最终会把人类带到何处。拿我们这一章详细介绍的西亚农业为例，当时的先民也许只是想找到稳定的食物来源，希望能够吃得好一些，过得轻松一些。他们没法想到，当时他们吃起来并不美味的小麦和大麦在数千年之后成了松软可口的面包、清甜凉爽的啤酒；他们也没法想到，人类社会因为这些不起眼的植物和温顺的动物而日益庞大，人口接近 70 亿，形成多元灿烂的文化；他们更没法想到，定居农业带来的病毒将大海之外的几个文明社会推向了毁灭的深渊。

参考文献

[1] 〔澳〕彼得·贝尔伍德著,陈洪波等译.最早的农人:农业社会的起源[M].上海:上海古籍出版社,2020.

[2] 蔡新宇,毛晓伟,赵毅强.家养动物驯化起源的研究方法与进展[J].生物多样性,2022,30(4):179—196.

[3] 陈胜前.史前的现代化——中国农业起源过程的文化生态考察[M].北京:科学出版社,2013.

[4] 崔凯.谷物的故事:解读大国文明的生存密码[M].上海:上海三联书店,2022.

[5] 良渚博物院.实证中华五千多年文明史的圣地[J].求是,2022(14):35—39.

[6] 刘斌.神巫的世界——良渚文化综论[M].浙江:浙江摄影出版社,2007.

[7] 刘莉,陈星灿.中国考古学——从旧石器时代晚期到早期青铜时代[M].北京:生活·读书·新知三联书店,2017.

[8] 〔英〕马丁·琼斯著,陈雪香译,方辉校.宴飨的故事[M].济南:山东人民出版社,2009.

[9] 史钧.进击的病毒[M].北京:世界图书出版有限公司北京分公司,2021.

[10] 张修龙,吴文祥,周扬.西方农业起源理论评述[J].中原文物,2010(2):36—45.

[11] 中国社会科学院考古研究所编著.中国考古学·新石器时代卷[M].北京:中国社会科学出版社,2010.

[12] A. Belfer-Cohen, A. Nigel Goring-Morris. The Role of Networks in the Connectivity of the Levantine Epipaleolithic[J]. *Journal of the Israel Prehistoric Society*, 2021, 51: 65–81.

[13] A. Miebach et al. A New Dead Sea Pollen Record Reveals the Last Glacial Paleoenvironment of the Southern Levant[J]. *Quaternary Science Reviews*, 2019, 214: 98–116.

[14] A. N. Goring-Morris, A. Belfer-Cohen. Neolithization Processes in the Levant: The Outer Envelope[J]. *Current Anthropology*, 2011, 52(S4): 195–208.

[15] C. Delage. Revisiting Rolling Stones: The Procurement of Non-Local Goods in the Epipaleolithic of the Near East[J]. *Quaternary International*, 2018, 464: 159–172.

[16] D. E. Bar-Yosef Mayer, N. Porat. Green Stone Beads at the Dawn of Agriculture[J]. *Proceedings of the National Academy of Sciences*, 2008, 105 (25): 8548–8551.

[17] D. Eitam, J. Schoenwetter. Feeding the Living, Feeding the Dead: The Natufian as a Low-Level Food Production Society in the Southern Levant (15, 000–11, 500 Cal BP)[J]. *Journal of the Israel Prehistoric Society*, 2020, 50: 44–77.

[18] D. Nadel. Ohalo Ⅱ : A 23,000-year-old Fisher-Hunter-Gatherer's Camp on the Shore of Fluctuating Lake Kinneret (Sea of Galilee)[A]. *Quaternary of the Levant: Environments, Climate Change, and Humans*[M]. Cambridge: Cambridge University Press, 2017: 291–294.

[19] E. Tchernov, F. F. Valla. Two New Dogs, and Other Natufian Dogs, from the Southern Levant[J]. *Journal of Archaeological Science*, 1997, 24 (1): 65-95.

[20] H. Taha. Two Decades of Archaeology in Jericho, 1994-2015[A]. *Digging Up Jericho: Past, Present and Future*[M]. London: Ernest Benn, 2020: 269-288.

[21] I. Hershkovitz, A. Gopher. Demographic, Biological and Cultural Aspects of the Neolithic Revolution: A View from the Southern Levant[J]. *The Neolithic Demographic Transition and its Consequences*, 2008: 441-479.

[22] I. Hodder. *Çatalhöyük, the Leopard's Tale: Revealing the Mysteries of Turkey's Ancient "Town"* [M]. London: Thames & Hudson, 2011.

[23] I. Hodder. Staying Egalitarian and the Origins of Agriculture in the Middle East[J]. *Cambridge Archaeological Journal*, 2022, 32(4): 619-642.

[24] I. Hodder. Women and Men at Çatalhöyük[J]. *Scientific American: Special Edition*, 2004, 290(1): 76-83.

[25] J. J. Shea. *Stone Tools in the Paleolithic and Neolithic Near East: A Guide*[M]. Cambridge: Cambridge University Press, 2013: 206-208.

[26] Junko Habu. *Ancient Jomon of Japan*[M]. Cambridge: Cambridge University Press, 2004.

[27] K. Schmidt. Göbekli Tepe: A Neolithic Site in

Southeastern Anatolia[A]. *The Oxford Handbook of Ancient Anatolia: (10000-323 B. C. E.)*[M]. New York: Oxford University Press, 2011: 917-933.

[28] K. Schmidt. Göbekli Tepe[A]. *The Neolithic in Turkey: New Excavation and New Research*[M]. Galatasaray, Istanbul: Archaeology & Art Publications, 2013: 41-83.

[29] Keiji Imamura. *Prehistoric Japan*[M]. Honolulu: University of Hawaii Press, 1996.

[30] L. A. Maher, J. T. Stock, S. Finney, et al. A Unique Human-Fox Burial from a Pre-Natufian Cemetery in the Levant (Jordan)[J]. *PLOS ONE*, 2011, 6 (1): e15815.

[31] L. Liu, J. Wang, D. Rosenberg, et al. Fermented Beverage and Food Storage in 13,000 y-Old Stone Mortars at Raqefet Cave, Israel: Investigating Natufian Ritual Feasting[J]. *Journal of Archaeological Science: Reports*, 2018, 21: 783-793.

[32] L. Nigro. The Italian-Palestinian Expedition to Tell Es-Sultan, Ancient Jericho (1997-2015): Archaeology and Valorisation of Material and Immaterial Heritage[A]. *Digging Up Jericho: Past, Present and Future*[M]. London: Ernest Benn, 2020.

[33] N. D. Munro, L. Grosman. Early Evidence (ca. 12,000 B. P.) for Feasting at a Burial Cave in Israel[J]. *Proceedings of the National Academy of Sciences*, 2010, 107 (35): 15362-15366.

[34] O. Bar-Yosef, F. R. Valla. *The Natufian Culture in the Levant*[M]. Michigan: Berghahn Books, 1991.

[35] O. Bar-Yosef. Natufian: A Complex Society of Foragers [A]. *Beyond Foraging and Collecting: Evolutionary Change in Hunter-Gatherer Settlement Systems*[M]. New York: Springer, 2002: 91-149.

[36] O. Bar-Yosef. *The Epi-Palaeolithic Cultures of Palestine*[D]. Jerusalem: Hebrew University, 1970.

[37] O. Bar-Yosef. The Natufian Culture in the Levant, Threshold to the Origins of Agriculture[J]. *Evolutionary Anthropology: Issues, News, and Reviews*, 1998, 6(5): 159-177.

[38] P. U. Clark, A. S. Dyke, J. D. Shakun, et al. The Last Glacial Maximum[J]. *Science*, 2009, 325(5941): 710-714.

[39] S. Abbo, A. Gopher, G. K. Bar-Gal. *Plant Domestication and the Origins of Agriculture in the Ancient Near East*[M]. Cambridge: Cambridge University Press, 2022.

[40] S. Mithen. Shamanism at the Transition from Foraging to Farming in Southwest Asia: Sacra, Ritual, and Performance at Neolithic WF16 (Southern Jordan)[J]. *Levant*, 2022, 54(2): 158-189.

[41] T. Richter, A. N. Garrard, S. Allock et al. Interaction before Agriculture: Exchanging Material and Sharing Knowledge in the Final Pleistocene Levant[J]. *Cambridge Archaeological Journal*, 2011, 21: 95-114.

[42] Marshals Sahlins. The original affluent society[A]. *Stone Age Economics*[M]. London: Routledge, 2017.

[43] Mark N. Cohen. *Health and the Rise of Civilization*[M]. New Haven: Yale University Press, 1989.

[44] 〔以〕尤瓦尔·赫拉利著，林俊宏译. 人类简史：从动物到上帝 [M]. 北京：中信出版集团，2014.

[45] 姬庆红. 古罗马帝国中后期的瘟疫与基督教的兴起 [J]. 北京理工大学学报（社会科学版），2012, 14(06): 144—148.

图片来源

[1] 良渚遗址群分布示意图：王宁远供图。

[2] 反山墓地出土的玉琮王：王宁远供图。

[3] 良渚玉琮上的神人兽面纹：浙江省文物考古研究所. 反山（上册）[M]. 北京：文物出版社，2005: 56.

[4] 两万年以来全球地表温度的变化：Osman, M. B. et al. Globally Resolved Surface Temperatures since the Last Glacial Maximum[J]. *Nature*, 2021, 599 (7884): 239-244. 笔者改绘，仅保留温度变化数据。

[5] 上山遗址出土的炭化稻谷：蒋乐平供图。

[6] 河姆渡文化农具：孙国平. 潮起东南——河姆渡文化图录[M]. 杭州：浙江摄影出版社，2018: 105—109.

[7] 绳纹陶器：作者摄。

[8] 加泰土丘女神像：张翔宇供图。

[9] 艾因·马拉哈遗址中的大型房屋：Bar-Yosef O, 高雅云, 陈雪香. 黎凡特的纳吐夫文化——农业起源的开端 [J]. 南方文物，2014(01): 185.

[10] 哥贝克力遗址：杨丹供图。

[11] 哥贝克力遗址的石柱建筑：杨丹供图。

第二章
文字与地图

在第一章，我介绍了农业对人类文明的影响。几类驯化植物与动物深刻地改变了人类社会，使许多人能过上"衣食无忧"的定居生活。随着粮食产量日益增加，人口和耕地面积越来越多，定居人群居住的村落规模也变得越来越大。因为剩余食物增加，于是诞生了一些不依靠农耕，而靠其他技能或资源为生的人群。他们可以提供多种多样的服务，使得村落里的人们的生活变得十分丰富多样，最早的城市就这样出现了。二十世纪著名的考古学家柴尔德认为，人类文明演进的第一次革命是农业革命，人们告别狩猎采集经济向农业经济过渡。第二次革命是城市革命，随着农耕经济的发展，农民大量生产粮食，并将盈余的粮食集中起来用于养活城镇居民，于是产生了城市。与此同时，文字和地图也在这个过程中诞生了。有了城市、文字，再加上发达的冶金技术等要素，西亚跨过了文明的门槛。文字和地图推动了航海活动的开展；航海活动反过来又让人类突破海洋的藩篱，不断发现新大陆。

第一节　逐渐复杂的世界——城市的起源

夏夜的风在道路两旁的大厦之间游荡，暖色的路灯与行道树的嫩绿互相晕染。我悠闲地漫步于此，思考晚上该去哪家饭店填饱肚子。城市的生活很广阔，我们可以在其中实现各种人生的可能性，不过，城市也会改变我们对世界的认知。我们认为许多事物是理所当然的，并没有什么稀奇，但如果我们细细思考一番便会发现，现在我们所过的城市生活来之不易。我们可以断言：从古至今丰富多样的文明成果，一大半都建立在城市发展的基础之上。

据我所知，现代的一些电子游戏玩的就是模拟建造城市。其中比较著名的有《模拟城市》（*Sim City*）系列和《城市：天际线》（*Cities: Skylines*）系列。在这些游戏中，玩家需要设计和运营一座城市，目标是使其繁荣发展。玩这个游戏并不容易，玩家往往需要考虑城市的选址，需要规划好城内的交通路线、给排水设施和电力系统，还需要调整城市内的功能分区。此外，玩家还需要考虑城市污染、市民教育、居民安全、绿化景观等各种与城市生活密切相关的事情。只要其中某一项出了问题，轻则整座城市的秩序出现混乱，重则市民纷纷出走，导致城市瞬间崩溃。通过游戏，我们认识到，城市是个非常复杂的系统。当然，现实的情况可比游戏要复杂得多。

人类建造了城市，城市也改变了人类。在这一节我要介绍的便是人类文明所达到的一项空前成就——建造城市。在这个过程中，我也会提到城市怎样改变了人类的社会生活。我先向大家介绍城市的定义，并且对城市出现前后人类聚落的特点进行区分，之后我们看看考古学家就城市起源问题做过哪些探索，现在又是如何看待这个问题的。我在第一章中介绍了良渚古城的独特之处，在这里我把视野放宽，通过观察几座不同时期、不同规模的西亚城市，看看这里的人们是如何迈入文明阶段，并发展出高度繁荣的城市文明的。

一、何为"城市"：开始新生活

我们知道，旧石器时代的人类主要住在洞穴中，还有些人住在环境比较适宜的露天营地。这些地方所能居住的人数有限。到了新石器时代，由于农业的发展，人口逐渐增加，人类居住的村落规模越来越大，一些人脱离了农业生产，从事政治、宗教、手工业和贸易，于是城市出现了。从考古材料来看，城市是在人类过了数千年的村落生活之后才出现的。那么到底什么是城市？它与村落有什么差别？

所谓"城市"，是由"城"和"市"构成的。"城"是指城墙，是用来保护居民人身和财产安全的设施；"市"是指市场，是城中开展贸易活动的区域。将二者结合起来的"城市"则是指以非农业产业和非农业人口集聚形成的较大居民点，通常是一个国家或地区

圣彼得堡街景

的政治、经济、文化中心。有些学者认为，只有设置了"市"的城才可以称为城市，但也有学者认为，城与城市的含义接近，无须予以刻板的区分。

长期以来，国内外学者就界定城市的标准进行过激烈的争论，提出了各种各样的观点，但至今没有形成共识。不过，前面我们介绍过的考古学家柴尔德在这个问题上做出过十分重要的贡献，因为他提出了"城市革命"的理论，从考古学的角度界定了城市。他认为城市有十项特征：一是可容纳更为稠密的人口；二是人口构成与功能呈现多样化；三是纳税及剩余财富的集中化；四是出现了巨大的公共建筑；五是出现了从事非体力劳动的统治阶级；六是发明了文字及精确的、实用的科学；七是几何学与天文学进一步精确化；八是出现了专职的艺术家；九是出现了对外贸易；十是形成了以地域为基础的政治经济共同体。

总而言之，村落与城市的最大区别不在于规模，而在于里面的社会和经济分化。如果某个地方的居民离开原本居住的土地，到一个新的地方定居；在那里他们不再是农民，而是成为职业工匠、商人、祭司或官员。许多这样的人聚集在一起之后，就会形成城市，而居民构成主要为农民的地方则是村落。

那么城市是如何出现的呢？俄国学者安德列耶夫（Leonid Andreyev）在《都市化的早期形态》一文提出了几条城市起源的先决条件：一是社会生产力达到较高水平，保障了剩余产品的出现；二是以财富和地位为标志的社会分层；三是政治整合和原始行政系统的形成；四是手工业、军事、祭祀活动等方面的职业化。这些条件涉及的是城市起源的文化背景。不过，城市起源与距今

8 000年以来持续温暖湿润的气候条件有关，优越的环境使得原始农业的迅速发展成为可能，人口也因此开始快速增长。与此同时，社会政治等各方面也发生了前所未有的变化。城市的起源，正是在这样的社会背景下发生的。

之前我介绍过西亚农业的起源。在此后的数千年内，农业技术从黎凡特北部传播至两河流域、安纳托利亚高原、高加索和伊朗高原。农民们在河流旁建立村落，安居于此。随着人口逐渐增加，村落的数量与规模开始扩大。从十九世纪开始，便有学者在两河流域进行考古发掘，在"一战"到"二战"之间更是进入了两河流域考古的"黄金时代"。这些工作加深了学者对城市起源过程与机制的认识，同时也揭开了这个区域许多古代城市的辉煌。下面我通过介绍几座两河流域古代城市的情况，来探讨城市起源和发展的问题。

二、两河流域南部：大河之畔的神庙

从农业社会发展出城市的过程，完美地诠释了"厚积薄发"这个词。从农业在前陶新石器时代B期（公元前8500—前7000）诞生以后，人们过上了数千年的定居生活。在公元前4000年，变化发生了：两河流域南部冲积平原上的小型农业村落迅速扩大；在数百年间，一些规模有限的小型村落发展成许多人口数万的苏美尔城市。这些城市拥有宏伟的宗教、政治和军事建筑，还有先进的技术和四通八达的贸易网络。

西亚早期城市的发现始于十九世纪四十年代。当时法国驻伊拉克北部城市摩苏尔的领事为保罗·埃米尔·博塔（Paul Émile Botta）。他没有任何考古发掘的资质，只是一个会说几种西亚语言、经验丰富的旅行家。他在摩苏尔期间希望找到《圣经》中提到的尼尼微（Nineveh）城。起初的发掘结果不佳，他只发现了一些刻有文字的砖块。后来恰巧有一天，他雇用的一个工人告诉他，在23千米外的一个名为豪尔萨巴德（Khorsabad）的村庄里也有许多这样的砖块。听了这番话之后，博塔派了两个工人前去调查。一周后，工人带来了令人十分振奋的消息：豪尔萨巴德的一些残墙上雕刻着各种奇怪的动物。博塔一听，顿感重要发现就在眼前。于是他纵身一跃，骑马来到了豪尔萨巴德。他在这里看到了各种浮雕，包括身穿长袍的大胡子人像、长着翅膀的动物和野兽等。激动不已的博塔立即把工作重心转移到了那里。几周之内便发现了许多带有雕刻图案的房间，这些房间可能属于一座皇家宫殿。他在日记中兴奋地写道："我相信我是第一个发现雕刻的人，这些雕刻也许可以追溯到尼尼微的繁荣时期。"我们现在知道，博塔发现的并不是尼尼微，而是亚述国王萨尔贡二世（Sargon Ⅱ）在公元前八世纪建造的宫殿。即便如此，这仍是西亚考古学史上里程碑式的事件，因为在此之后，世界各地的学者纷纷赶来此处，探索这个神秘而又充满魅力的文明。西亚早期城市的起源问题也逐渐得到了考古学家们的关注。

由于历史材料的局限，我们难以详细描绘出西亚城市起源的过程，但可以通过考古学研究的成果来勾勒出一幅粗略的图景。与西亚早期城市起源进程最相关的遗址，属于3个连续的考古学文化，最早的是欧贝德（Ubaid，约公元前6500—前3500），其次是乌鲁克（Uruk，公元前3500—前3100），再次是捷姆迭特·那色（Jemdet Nasr，公元前3100—前2700）。

欧贝德文化的主要标志是彩陶和神庙建筑，南部的代表性遗址为埃利都（Eridu）。这座古代城市规模庞大，建有宏伟的神庙。这个时期的村落一般建在平坦的区域，有的区域河流、小溪纵横交错，有的区域靠近湿地。此时，两河流域北部的建筑与南部的不同，主要使用砖和石头修筑。总体来看，虽然该时期的大部分欧贝德人住在村落中，但这些村落往往围绕着较大的早期城市分布，成为苏美尔城市的源头。

苏美尔人的早期城市集中分布于两河流域南部的沿海平原，在公元前3500至前2900年，他们开始向北方的托罗斯山脉、东方的扎格罗斯山脉的山前地带和山区扩张，其原因可能是为了获得两河流域南部所稀缺的资源。考古学家在叙利亚的西北部发现了一处该时期苏美尔人扩张的据点，名为哈布巴·卡比拉（Habuba Kabira）。这座城市坐落于幼发拉底河岸边，城内出土的陶器、印章和房屋都与两河流域南部的遗址相近。城址长约1 000米，西北两侧可见3米厚的城墙，墙面上有马面，在西墙开有两座城门，供行人出入。城内街道呈网格状分布，似乎经过了规划。城中还有规模可观的下水道和水渠等给排水设施。下水道和水渠由石板砌边，以排水管导出城外。城内的高台是神庙的所在地，这座神庙的屋顶高耸，中间是大厅，两端各有一个火塘，大厅两侧是低矮的小房间，布局与两河流域南部城市的神庙高度相似。城内其他区域为居民区，有些规模较大的房屋有明显的分间现象，包括工作间、厨房和庭院等。这里麻雀虽小，五脏俱全，是苏美尔人向外探索的前哨站。

到了公元前2900年之后，西亚进入早王朝时期，许多城市涌现，拥有自己的政治和经济权利。但在这个时期，人们因争夺土地和水源，城市之间不断发生战争，类似于我国龙山时代或春秋战国时期。无休止的战争结束后，最终的胜者是阿卡德人。来自两河流域北部的他们统一了整个两河流域，建立了阿卡德帝国。但阿卡德帝国建立之后不久，便因为穷兵黩武的征伐走向了崩溃。两河流域南部的乌鲁克率先宣布独立，其他城邦纷纷效仿。

在考古学上，这个时期的遗址属于乌鲁克文化，它们由苏美尔人创造。该时期由于气候发生变化，幼发拉底河的水量减少，沿河分布的许多村落逐渐走向衰败，居民离村而去，重新聚集在原先欧贝德时期就已形成的大型中心区。这些大型中心区在规模上迅速发展成为城镇，而且在生产和生活方面形成了与原来村落经济不同的特征和方式。为了开垦可耕地，灌溉农业得到了巨大的发展。城市的人口提供了挖掘和维护运河所需要的大量劳动力，修建和维护运河所需要的精细安排和组织工作也通过城市的管理功能得到了保证。正是在灌溉农业的发展过程中，管理权威得到了树立，权威机构逐渐完善并发挥越来越重要的作用。随着一个个大型中心区发展成为城市，苏美尔人的城邦逐渐形成。苏美尔人的城市都修建有堡垒式的防御系统，有比较清晰的区域界线。与村落相比，城市除了开垦和耕种土地的农民之外，还有大量的祭司、书吏、建筑师、艺术家、商人、手工业者、士兵，以及宗教领袖和军事领袖等。伴随着城市的形成，文字出现了，它标志着文明的开始，是迄今为止人类最伟大的发明创造之一。

乌鲁克时期最著名的便是乌鲁克城，面积达 250 万平方米。乌鲁克城的核心为东西分立的两个建筑群。西侧的建筑群以著名的

"白庙"为中心,坐落在 13 米高的台基上。白庙是天空之神安努（Anu）的神庙,其中央是一个大厅,中间有一个神坛;一端有龛,放置神像。大厅两侧各是一排小房间,其中东侧的建筑群以爱情女神伊南娜（Inanna）的神庙为中心。城内有着不同的功能区分,包括居民区、行政区、手工业区和墓地。居民区的布局比较混乱,英国考古学家伍利（Sir Charles Leonard Woolley）这样描述:"没有任何规划。没有铺设过的道路狭窄而弯曲,有些是通向一些房屋的死胡同;大房子和小房子混在一起;有些只有一层楼,但是大多数是二层楼,还有一些是三层楼。胡同上面有东西遮挡,两边摆摊,就像今天中东小镇的集市。"手工业作坊则分布于居民区的各个角落。

乌鲁克遗址

根据文献记载，在乌鲁克城市发展的早期，神庙中的祭司地位极高，政治权利则属于城内的总督和自由民。随着乌鲁克与周边城市之间的冲突加剧，同时周边的山区还有野蛮民族虎视眈眈，经常来此袭扰，军事指挥官的地位变得越来越重要，国王也就应运而生。国王一开始是选举产生的，但后来变成了世袭。此后，乌鲁克便建立了常备军，拥有大量车兵与步兵。随着时间的推移，国王的财富和权威开始超过祭司。

在乌鲁克城繁荣发展之时，城内充斥着农民、牧民、船夫、商人、医生、建筑师和工匠等民众。他们可以自由买卖土地、房屋和货物。城市内也有奴隶，他们是主人的私产，成天忙于各种劳役。在这个时期，不同的人或机构拥有不同的印章，上面刻着各种图案。人们只要用印章在封泥上印上图案，就可以标记某些财产的所有权。考古学家在城市内发现了许多用布、绳子和封泥封闭的陶罐，还有用锁和封泥封闭的储藏室，证明了这种情况的存在。

当乌鲁克人推翻阿卡德人的统治之后，苏美尔人的城邦文明再度复兴。在两河流域南部形成了十几个国家政权。这些国家一般以某个特定城市为中心，城市周围有若干个村镇。在这个时期的众多城市中，最著名的便是乌尔（Ur）。这是一处脱离乌鲁克统治的城邦，时任总督乌尔纳姆（Ur-Nammu）自行称王，将乌尔定为王国的首都。这个新王朝史称"乌尔第三王朝"，从公元前2112年持续到公元前2004年，为苏美尔文明带来了"复兴"。

乌尔位居苏美尔文明的顶点，影响力遍及两河流域全境。整座城市由高耸的城墙保护，长约1 200米，宽约700米，面积达88万平方米。乌尔城毗邻幼发拉底河，北方和西方有两座港口。城内

乌尔塔庙

的建筑主要由土坯筑成，街道方向不规则。城市北侧一处建有围墙的区域，内部建有高耸的塔庙与恢弘的王宫。塔庙由以黏土为原料的土坯建造而成，在土坯的外表用沥青贴上一层烧过的砖，塔庙的基座长60.5米，宽43米，有3层，现存高度约为20米。

乌尔的皇家墓地也位于这个区域。从1922到1934年，伍利在其中发现了2 000余座墓葬，年代从欧贝德文化时期延续到早王朝时期。伍利发掘了其中的16座墓葬，其中3座墓葬的墓主是国王或祭司，其他墓葬可能属于高级官员。这些墓葬都带有墓道，墓主就埋在墓道尽头的墓室内，随葬的车辆和殉葬的士兵及侍女被埋在墓道内。其中1237号墓有74个殉人，包括68个穿戴金饰的女性。这种殉人现象在同时期的其他城市中没有发现。这些墓葬虽然被盗，但是仍然出土了大量珠宝和金银器皿，还出土了乐器、武器和玩具。其中有一件名为"王旗"（Royal Standard）的器物，长45厘米，宽20厘米，内部为木制，表面贴满青金石片，然后在上面镶嵌马赛克，用来描绘各色人物形象。该器物的每面分为三栏，由下而上叙述国王的故事。图案的一面是战争场面，表现国王、士兵和车辆碾压敌人的场景；另一面则是和平场面，表现宴饮，还有运送动物、农产品和战利品的场面。这些图案都反映了当时乌尔强盛的国力，以及乌尔王族丰富多彩的日常生活。

总体看来，两河流域南部苏美尔人的城市都是独立的政治体。每座城市在名义上属于一个神或女神，因此神庙便成为这座城市的宗教和经济活动中心。一座城市也是一个政治中心，由一位统治者管理。为了争夺农耕土地，城市之间的冲突在早王朝时期加剧，但是没有一座城市占据上风，各座城市之间形成了一种平衡。在公元前2004年，乌尔城被埃兰人攻下并毁坏，乌尔第三王朝走向灭亡，标志着苏美尔民族正式退出历史舞台，其诸多要素被后继者阿摩利人所吸收。乌尔第三王朝灭亡之后，阿摩利人留在了两河流域南部，他们的首领们纷纷占城为王。

公元前1894年，阿摩利人的酋长苏姆阿布姆（Sumu-Abum）选择了一座城市作为首都，这座城市位于幼发拉底河右岸，占据着美索不达米亚平原的重要地理位置。它便是巴比伦城。巴比伦在阿卡德语中意为"众神之门"，是古巴比伦王国与新巴比伦王国时期最重要的城市，也被称为"古代世界最伟大的城市"。十九世纪末至二十世纪初，德国考古学家揭开了这座四方形城市的全貌。巴比伦城周长17.6千米，城墙有内外两道，有些地方有第三道城墙，

巴比伦伊什塔尔宫

外墙脚下是一条宽 20～80 米的护城河。城市有九座城门，其中伊什塔尔门最为壮观，在大门墙上装饰着蓝色的琉璃砖，上面分布着横向排列的琉璃砖组成的动物浮雕。

幼发拉底河从城中穿过，把城区分成两部分，河西为新城，河东为旧城，由架在河上的一座大桥连通着。一条"圣路"贯通旧城南北，成为城市的轴心。它宽约 7.5 米，由石板铺砌。高等级的建筑群位于旧城西北角，由厚实的墙垣环绕，内部有水池、喷泉及运河等水利设施，建筑群的东北部有一处建筑在梯形高台上的花园——它便是位列古代世界七大奇迹的巴比伦"空中花园"。它建于公元前六世纪，可能毁于公元前三世纪。在建筑群中，神殿和王宫相邻，著名的巴比伦塔庙则与神庙并列。根据记载，新巴比伦帝国的统治者尼布甲尼撒二世（Nebuchadnezzar Ⅱ）在建造这座塔庙时，通体使用"鲜蓝色釉烧制的砖"，塔体巍峨，令人望而生畏，塔高八层，第一层长宽约 90 米，整体高达 50～80 米，现今人们一般认为这座塔庙便是《圣经》中所说的没有建成的"巴别塔"。

三、两河流域北部：高丘之上的宫殿

以往的学者认为，西亚最早的城市从欧贝德文化时期开始，出现在平坦肥沃的两河流域南部，而水利系统的建设与维护是城市起源的重要标志。然而，随着两河流域北部考古发掘与研究工作的进行，新的证据不断出现，西亚早期城市的起源问题出现了前所未有的反转——两河流域北部的城市化进程更早。其中最为震撼的发现来自阿斯兰土丘（Arslantepe）。

阿斯兰土丘

阿斯兰土丘位于土耳其东部，坐落在马拉蒂亚（Malatya）平原上，距离幼发拉底河约10千米。这里地理位置优越，既是安纳托利亚中部、美索不达米亚与高加索之间的交通要道，又有托罗斯山脉和幼发拉底河环绕于周围，形成天然屏障。阿斯兰土丘在土耳其语中的意思是"狮子丘"，据说是因为当地居民曾在土丘旁发现石狮雕像而得名。土丘高约30米，面积约4.5万平方米，文化堆积深厚。数代考古学家经过近百年的发掘与研究，终于揭示出这里悠久的历史变迁。阿斯兰土丘从一个铜石并用时代晚期的宁静村落，逐渐发展为拥有复杂行政管理系统的中心聚落，再到铁器时代的帝国边境城镇，几经转折，最终在罗马—拜占庭时代，由于周边城镇的兴起而被遗弃。

该遗址中与城市起源密切相关的阶段为第Ⅶ期与第ⅥA期。第Ⅶ期的年代为公元前3900至前3400年，相当于两河流域南部的欧贝德文化时期。与前期相比，这个时期的房屋建筑明显增多。在土丘东北部较低处，普通的土坯住宅散布于此，这些住宅一般带有一到两个房间。这些住宅墙面上有壁画，屋内有烤炉；一些房屋的地板下埋有墓葬，显示出对死者的尊重。在土丘西南侧的高处，出现了高规格的建筑群。这些建筑不仅墙体厚达1~1.2米，而且建筑的功能多样，可能是社会精英的住宅。在这些住宅的南侧，有一座编号为神庙C的大型建筑，建在石板平台上。它平面呈长方形，面积达440平方米，内部为三分式布局，中央的大型房间面积约130平方米。墙面带有红黑色的壁画。考古学家在东侧的房间中，发现了数百件堆叠摆放的陶碗，还有许多带有印章印痕的泥块。在神庙C旁边，还有一座神庙D，结构相似但保存较差。发掘者认为，村落成员可能在这些神庙中举行某些仪式活动。在此期间，社会精英给普通民众分配食品作为他们工作的酬劳。种种迹象表明，此时还没有出现一个强有力的行政管理机构。

第Ⅵ A期的年代为公元前3400至前3200年，相当于两河流域南部的乌鲁克时期。前期的建筑基本被废弃，土丘南侧高处新出现了一个复杂的建筑群，内部有庙宇、储藏间、庭院、走廊、行政管理场所和贵族居室等功能不同的区域。目前已经揭露出来的面积达4 000多平方米。研究者认为，它是迄今为止西亚最早的"宫殿"。在该时期，精英和民众之间的关系发生了显著的变化。位于土丘顶部的大型建筑被称为"觐见厅"，建筑北侧是精英的住宅区，而南侧有一处庭院，通过长廊连接外部。这种布局表明，庭院可能允许民众进入，但只有精英才能通过"觐见厅"狭窄的入口，进入后方的高级居住区。

两座神庙（A与B）位于长廊两侧，平面布局和面积几乎相同，但它们的入口狭窄，且不与走廊连通，可能只供精英使用。建筑群入口附近和走廊两侧的石膏墙壁上有红黑色壁画，内容主要为几何图案或人与动物的图像，有些还描绘了复杂的场景，可能是为了让民众在进入宫殿之后产生敬畏感。宫殿曾被火烧过，屋顶坍塌后，屋内原本放置的物品大多保存在原地。发掘者在其中发现了大量由铜、铜砷合金和银制成的物品，主要为武器与牌饰，包括世界上年代最早的剑。宫殿中还有一个储存区，其中一个房间堆放了大量陶容器；另一个较小的房间可能用于分配食物，其中有数百个印纹块（印有图案或符号的黏土块）、陶碗及大型容器，陶碗可能用于保存和分配食物。两座庙宇内设有祭坛、洗涤盆和讲坛等设施，还保存了一些精致的器皿、大量动物骨骼和少量印纹块。这些发现似乎表明，两座神庙仅供精英使用。种种迹象表明，与Ⅶ期相比，这一时期的精英不再与民众一同聚集于神庙，而是经由强化过的管理机构向民众收取贡赋，然后再进行分配。有学者认为，这体现了权力的"世俗化"。

长期以来，学者们将探索西亚城市与国家起源的目光聚焦在两河流域的南部。如果以城市、文字、金属器为文明要素，似乎从欧贝德到乌鲁克时期，只有两河流域的南部才迈入了城市与文明阶段；与此同时，两河流域北部一直是城市文明发展的"边缘地带"，所能做的仅仅是为南部的城市文明提供各种资源。然而，新的发现表明，在公元前五千纪，在两河流域南部发生"城市革命"之前的数百年，两河流域北部已经开始了城市化和国家起源的进程。在阿斯兰土丘虽然没有发现像两河流域南部那样成熟的文字，但发现了大型宫殿建筑和印纹块所代表的行政管理系统，还发现了代表军事权力的金属武器。这些遗存表明，阿斯兰土丘几乎与乌鲁克一样，同时开启了向早期国家演变的进程。

前言也许给了读者一种印象，就是印加文明非常落后。如果是这样，那我要为自己的误导道个歉。与两河流域的早期城市相比，皮萨罗探险队见到的印加首都库斯科一点也不"原始"。皮萨罗的随行秘书桑乔（Pedro Sancho）深深为之震撼，认为它的风采值得让西班牙人一睹。他撰写的探险报告详细地描述了库斯科这座城市。在他的笔下，库斯科是一座长方形的城市，里面有规划整齐、呈棋盘格形状的街道。自二十世纪八十年代以来，考古学家在库斯科城做了调查，发现他的描述并不完全真实。不过，将桑乔的描述与考古调查成果相结合，我们可以得到一幅相对准确的画面：这是一座经过精心规划、富于帝国意识的形状像梭子的城市。

库斯科城坐落在同名山谷里，两条河之间的台地上。一座大广场阿瓦卡帕塔（Awkaypata）将库斯科分为上城和下城两部分；从它延伸出四条街道，将这座城市分为四个部分，象征印加帝国的四个省。由大广场向北，是印加帝国的宗教中心太阳神庙科里坎查（Qorikancha）。这座建筑同印加人的其他建筑一样，为方形院落，中央是庭院，周围是一周单间建筑。这些建筑里面供奉着雷神、电神、月亮神和太阳神等自然神。神庙的墙体用精确切割的方石垒砌而成。从这座神庙延伸出41条看不见的射线，神龛就坐落在这些射线上。再往北是一座拔地而起的山峰，上面是两层台阶式的城堡萨克塞华曼（Saqsaywaman）。在厚实的石砌城墙里面，是皇宫和太阳神庙，从这里可以俯瞰整座库斯科城。总体而言，库斯科既是印加帝国的政治和宗教中心，又是印加帝国版图的象征。

第二节　跨越时空的记录——文字的起源

在现代电影和文学作品中，经常会出现一种"巨大的沉默物"（Big Dumb Objects），比如经典科幻电影《太空漫游2001》中的黑色巨碑、《沙丘》中皇帝使节驾驶的飞船，等等。这种"巨大的沉默物"是人为制造出来的，但其制造者从不出现，它足够大、足够封闭，但永远沉默无言，用来表现人类面对未知物体的恐惧。人类早期的历史便是如此，它由人类创造，但永远静默无声。自考古学诞生以来，一代代的学者发现了数不清的物件，它们往往无言。如此一来，考古学家面对的人类历史便永远都是一汪浑浊深沉的潭水。忽然有一天，水面荡起涟漪，人类的历史有了声音。而这一切的根源，在于一些古人们开始尝试把大小事务记录在某些东西上："今天我买了一只鸡""明天我和别人有一场会面""下个月我需要买一双新鞋去参加城里的集会"。这些零碎日常的记录给历史赋予了生机，让现在的我们能够体会古人的喜怒哀乐、恩怨情仇。不仅如此，记录事物这件事，本身便是人类文明发展的一个重要推动力。

我们发现，世界各地的人类说着五花八门的语言，用着五花八门的文字，但不是所有人群都拥有文字。那究竟为什么一些人群创造了文字呢？这个过程是怎么样的？我们现在使用的是中文，但同时还有 4 000～8 000 种文字正在全球各地被使用。这些文字为何出现，又是怎样出现的？这是我在这一节想要着重探讨的问题。

我们先从中国文字起源的问题着眼，看看我们须臾不能离开的这种文字是如何出现的。然后我们需要详细说明文字究竟为何物，它为何对人类如此重要。之后我们会从人类诞生之后、语言的出现开始，回溯人类使用语言再到发明文字的整个过程，这有助于我们理解文字的发明为什么是人类文明的一个要素。最后，我们还是聚焦于西亚，这是目前学术界公认的最早发明文字的地区，200 多年来，一代又一代学者前赴后继地不断死磕楔形文字，取得了丰厚的研究成果。其中，很多有趣的研究可以加深我们对文字起源的认识。

一、甲骨或陶文：中国文字的起源

汉字是迄今为止世界上延续使用时间最长的一种文字，也是唯一使用至今的原生文字。早在古史传说中，便有与中国文字起源相关的记录，这便是家喻户晓的"仓颉造字"。在这个战国时期盛行的传说中，仓颉是黄帝的史官，他仰观天象，俯察万物，首创了"鸟迹书"，用来记录黄帝的言行。到了汉代，仓颉在传说中的地位进一步提高，可以和黄帝平起平坐了。可见，在汉代人的心目中，文字是多么重要。

我现在书写的、大家看到的这些文字是简体中文。出于普及教育、提高全民识字率等目的，我国学者从二十世纪初就着手简化繁体字。中华人民共和国成立之后，我国政府开始大规模推广简化字。一个标志性事件就是1964年中国文字改革委员会发布的《简化字总表》。从此之后，"简体中文"成了中国的官方文字。在简体中文之前，中国历代使用的汉字以繁体字为主。这种文字已发展到高度完备的程度，不单在中国使用，甚至在二十世纪以前曾经是朝鲜半岛、越南和日本等东亚和东南亚国家的书面规范文字。

了解了这些内容后，我们再来追溯汉字的源头。唐代文人创制正楷，而在汉代到唐代之间则有隶书、草书、楷书和行书，再向前追溯到秦朝和春秋战国时期，主要使用的分别是小篆和大篆。我国的传世文献中，最早的是西周文献，包括《尚书》和《诗经》等。当然还有刻在青铜器上的长篇铭文，如"籀文"和"金文"。再向前追溯，便是目前公认我国最早的文字——甲骨文。甲骨文记录的是商代国王和高级贵族的占卜活动，其上高频出现的内容有：天气、收获、日食和月食、解梦、生育、方国、战争、决策、吉日、祭祀等。

比甲骨文更早、可能是文字的东西，许多学者认为是刻画在陶器上的符号。这种符号出现的时间很早，最早的符号可以追溯到

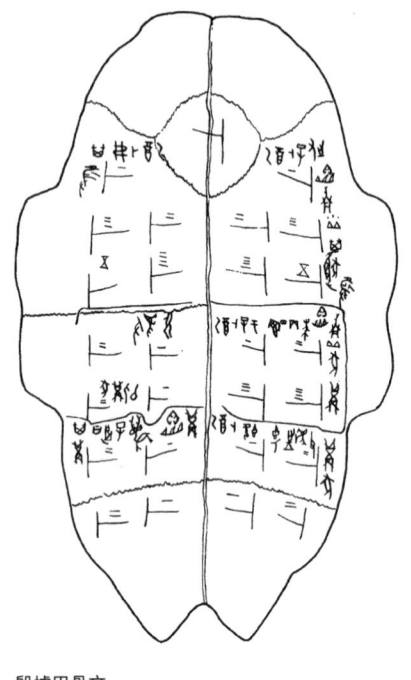

公元前 7000 至前 5800 年的贾湖遗址，只不过数量较少。从仰韶时期（公元前 5000—前 3000）开始，到龙山时期（公元前 2600—前 2000）、二里头时期（公元前 1750—前 1550）、商代一直到西周和东周，这种刻画在陶器上的符号分布范围很广，从黄河流域到长江流域都有发现。有趣的是，有些刻画符号和商代甲骨文的形态非常接近，所以有学者认为它们是早期的文字，记录着当时人们生产生

殷墟甲骨文

活的信息。因此，长期以来，人们称之为"陶文"。虽然存在歧义，但是我继续使用这个名称。从二十世纪五六十年代以来，西安半坡仰韶文化陶文、山东大汶口文化和龙山文化陶文、江西吴城商代陶

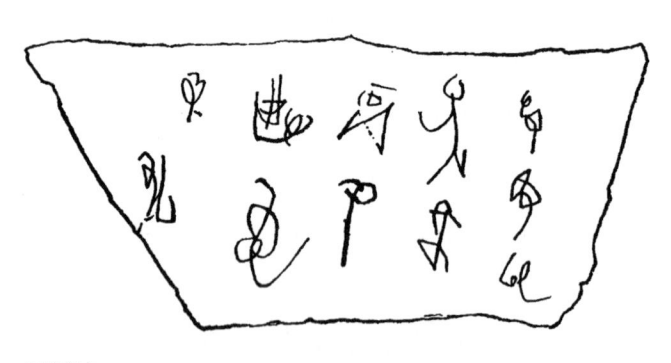

丁公陶文

文被发现之后，郭沫若、唐兰、于省吾、李学勤等古文字学家相继撰文，认为这些陶文就是中国文字的源头。

不过，反驳这种观点的学者也比较多。他们指出，刻画符号往往是单个出现，没有成句，也就无法记录语言，所以不能说它是文字。这种"以后证前"的研究方法想要成立，需要有一项基本前提，那便是已知的文字要和未知符号属于相同的文字与文化体系。虽然古文字研究中经常运用类似的方法，但往往是用在性质已相当明确的同一体系中。在文字发展早期，符号的性质确定之前，或者文化的谱系厘清之前，这样以符号形似为基础的讨论，往往会陷入循环论证的境地。美国语言学家德范克（John De Francis）就曾经颇具嘲讽意味地把新石器时代的陶文与当代美国出版界所使用的校读文稿记号相对比。他以此说明，光是形态上的相似不足以证明新石器时代的陶文就是后来商周成熟文字的前身。

二、文字是什么：记录语言还是描绘世界？

甲骨文是一种相当发达、成熟的文字记录系统，而比甲骨文更早的陶文又难以确定是文字，那汉字的源头究竟在哪儿？现在我们对这一问题的探索似乎陷入了僵局。不过我们不必灰心，接下来我们需要回过头来，看看中国的学者是怎么探索汉字起源这个问题的。解开汉字起源问题的钥匙，其实就隐藏在众多学者对汉字定义的探索与争论之中。

文字是什么呢？我们先不谈它学术上的定义，而需要提到另一种对人类文明发展至关重要的工具——语言。语言是我们口里说的话，从人类这个物种诞生之初就有了雏形，随着人类体质的不断发展而日益成熟。语言普遍存在、说完便消失、不准确、很多时候需要面对面使用；而文字是语言发展到一定程度之后的产物，它可以记录语言和知识、传播信息，也可以保存想法，以便修改完善。

我可以举一些简单的例子来说明文字的特性。蒙古国过去用蒙文，后来改用俄文字母记录蒙语，称为新蒙文。我曾经学过俄语，但是我看新蒙文时，只能根据这些俄文字母读出它的读音，但不知道这些字词是什么意思。类似的例子还有很多，比如乌兹别克斯坦过去用俄文字母作为官方文字；苏联解体后，它便改回了它并入沙俄以前使用的拉丁字母。我们的邻居韩国过去使用汉字，但后来改用韩文记录自己的语言。

大家现在几乎都会默认一点：文字的功能是记录语言。其实这种观点有着悠久的语言学传统。最具代表性的学者是瑞士的费尔迪南·德·索绪尔（Ferdinand de Saussure）。他生于1857年，在大学时主修了比较语言学和梵语，毕业之后到法国高等学校和日内瓦大学教授印欧语言和梵语。他因纯熟且富有魅力的讲课而声名鹊起。他的学生将课程讲义整理之后，于1916年出版，这本书不出意外地成了语言学科的必读书——《普通语言学教程》。本书的一个重要论述便是："*语言和文字是两种不同的符号系统，后者唯一的存在理由在于表现前者。*"这种观点在文字起源研究中有着举足轻重的地位，因为在此之后，学者们开始以是否表音作为界定成熟文字的唯一标准。

与此同时，西方学术界出现了广为流传的单源单线的文字进化论和字母文字优越论。单源单线的文字进化论最早在十八世纪便有了萌芽。当时许多学者受到了进化论的影响，认为文字由低级向高级进化，所以文字的形态便成了区分野蛮与文明的重要标志。他们把在西方殖民扩张过程中遇到的其他文化的图画文字看作文字发展过程中的最低级状态，而较高级的字母文字则是从这种图画文字进化而来的。

到了二十世纪中期，字母文字优越论甚嚣尘上，比如著名的英国语言学家戴维·迪林格（David Diringer）就说："字母文字是最发达、最方便，也是最有适应能力的文字体系。现在世界上的文明人都是用字母……人们在孩童时期就可以轻松地学会使用字母""用拉丁字母可以记录多种语言，而用汉语来记录其他语言就十分笨拙，没有效率。"

我国近代早期开眼看世界的学者也尝试运用西方语言学的观念来解释汉字起源，最具代表性的学者是清末民初的章太炎。大家可能听过他的名字，但对他的事迹不太熟悉，其实他对我们现在使用的中文做出过卓越的贡献——他是注音符号的设计者。章太炎早年便关注西方的进化论与社会学，在流亡日本期间接触到了西方的语言学。于是他提出：文字并非由仓颉所造，人民大众才是文字的真正创造者，仓颉可能只起到了整理、统一文字的作用。章太炎还把西方的文字进化论与中国传统的"六书"理论相结合，主张汉字是由繁复逐渐简化，从图画发展为文字，由象形发展为假借表音的观点。

在章太炎之后，他的学生沈兼士进一步提出：汉字在发展成为成熟的文字之前，有一个可称为"文字画"的独立发展阶段。沈兼士认为，不但《说文》中的独体象形、指事字不是原始文字，而且商周金文中的独体象形、指事字也不是。他认为商周礼器上的"族徽"才是原始文字。沈兼士主张汉字发展经历四个阶段，分别是"文字画""象形字""表意字"和"表音字"。"文字画"是原始文字的阶段；"象形字"就是"六书"所提到的象形和指事；"表意字"是人们利用现成的象形文字，将其人为拼合起来的会意字，借以表示一种抽象的意思；"表音字"则包括形声、假借和转注。这样，"六书"就和汉字进化的不同阶段结合了起来。

和章太炎、沈兼士一样，二十世纪著名的历史学家、文学家唐兰也认为文字发源于图画，进而产生象形文字、象意文字、形声文字。他认为，在文字发展的三个阶段中，最重要的是"象意文字"；真正的文字便始于这个阶段。他指出："**在象意文字极盛的时候，渐渐发生了有一定读音的倾向**。"至于象意文字怎样发展成为表音的形声文字，唐兰没有详细说明。

在唐兰之后，裘锡圭继承了唐兰关于图画与文字界限的看法，即文字是"可诵读的"表音符号，而且进一步强调文字的起源是为了满足记录语言的社会需要，主张"只有用符号记录成句语言中的词的认真尝试，才是文字形成过程开始的真正标志"。这样就排除了把仅仅表音作为划分文字与非文字的界限，而且把文字起源的决定性动机认定在是否记录成句的语言的认真尝试上，更加彻底地贯彻了"文字从属于语言"的观点。

三、画图还是计数：西亚文字的起源

我们在前文讨论了关于汉字起源的研究现状。目前，学术界只能推测汉字可能的源头是史前的各类刻画符号，而这种推测既无法完全证实，又没法彻底证伪。这不是国内学者想要看到的局面。目前看来，想要打破这种僵局，我们需要有更加丰富而全面的证据，这样才能对汉字起源的过程形成更加科学的认识。

正所谓"他山之石，可以攻玉"。自从数百年前，西亚发现楔形文字以来，西方学者就非常关注这种文字。其中一些人历经艰辛，终于将其破译。此后，许多学者便开始探索这种文字的起源过程，提出了许多有趣的观点，可以为我们研究汉字的起源提供启发。

在这里，我需要向大家厘清楔形文字的概念。许多人听到这个名称是在周杰伦2001年发表的歌曲《爱在西元前》中。其中的副歌部分提到："我给你的爱写在西元前，深埋在美索不达米亚平原，几十个世纪后出土发现，泥板上的字迹依然清晰可见。"这里提到的"泥板上的字迹"便是楔形文字，这是一种使用芦苇秆为"笔"、泥板为"纸"的文字。由于芦苇秆本身的形状，书写者在顿笔之时便在泥板上留下了如同楔子的三角形痕迹，"楔形文字"由此而得名。不过，楔形文字其实是一个统称，里面包含了西亚众多同根同源的古文字。这些古文字构成了一个庞大的楔形文字圈。这种情况在东亚也存在，例如除了汉字之外，东亚历史上还有以汉字为蓝本创制出来的契丹文、西夏文和女真文，日本的假名与朝鲜的谚文，它们都属于"方块字"。

接下来我将向大家详细介绍关于西亚文字起源的研究历程与现状。我先要为大家介绍破译楔形文字的过程，看看现代学者是如何扫去历史的尘埃，将这种失落已久的文字带回到世间的。接着我们要关注楔形文字本身的演变过程，这对我们认识它的起源问题大有裨益。之后我便要追溯楔形文字起源的过程，介绍在这个问题上十分有说服力的研究成果。相信在读完这些内容之后，各位读者一定对西亚的文字起源有所认识。

楔形文字的破译与释读经历了一个漫长的过程。早在十五世纪，欧洲便有许多探险家在西亚发现了楔形文字，但是这些文字并没有引起人们多大的兴趣，只是让人们知道了在这里还存在一种未知的文字，而使用这种文字的文明已经不知所踪。这种局面一直延续到十九世纪上半叶，当时的学者在伊朗发现了许多波斯帝国时期的楔形文字；其中最著名的便是"贝希斯敦铭文"，其内容由三种文字写就，包括阿卡德楔形文字、埃兰楔形文字与波斯楔形文字。英国的亨利·罗林森（Henry C. Rawlinson）等学者花了数十年时间破译了这篇铭文。他们先成功破译了其中的波斯楔形文字，之后破译了更早的阿卡德楔形文字。这为楔形文字释读开了一个好头，

贝希斯敦浮雕和铭文

此后的学者根据已破译的楔形文字逆推，很快便发现在阿卡德楔形文字之前，还存在一种更早期的苏美尔楔形文字。由此，楔形文字的演变过程变得清晰起来。

如今我们知道，楔形文字发展演变的过程并没有以往想象的那么简单，它的发展演变大致可以分为四个阶段。第一阶段开始于公元前4000年，当时的西亚先民在泥板上刻画了一些符号。这些符号有的与所描绘的对象十分相似，有的则是抽象化之后的事物。这种文字主要的特点是一字一意，字符数量多，属于表意文字，与甲骨文比较相似，被称为"原始楔形文字"。第二阶段开始于公元前3000年，这时苏美尔人进入了城邦文明时期，楔形文字的书写趋于规范化，很多字符变得抽象，既可表意，也可表音，代表这种文字已经逐渐发展成熟。第三阶段开始于公元前2400年，此时一个名为阿卡德的族群征服了苏美尔各城邦，他们并没有抛弃苏美尔人的楔形文字，而是将其表音的功能留下，用来记录阿卡德人自己的语言，同时也留下一些表意的符号，用来代表阿卡德语中没有出现过的词汇。这就仿佛我们汉字使用拉丁字母作为拼音，这些拼音往往不表意，只表音。阿卡德人所做的主要就是把苏美尔人的文字变成了自己语言的拼音。第四阶段开始于公元前2200年，阿卡德王朝衰落，西亚出现了众多政权，这些小国家往往有着自己的语言，但他们都使用阿卡德楔形文字来记录其语言。随着复杂的苏美尔楔形文字的消亡，主要用于表音的阿卡德楔形文字就此成了西亚通用的拼音字母。到公元前六世纪，到达此地的波斯人也开始利用楔形文字记录波斯语，就此留下了大量的历史文献和铭刻古迹。由于波斯语到现在仍然存在，所以波斯语楔形文字就成了破解楔形文字的

"关键先生",为我们揭示楔形文字演变的历程提供了至关重要的线索。

了解了楔形文字的演变过程之后,我们可以发现它是从以表意为主发展为表音、表意并重,再到以表音为主的,是一个从具体到抽象逐渐演变的过程。相比之下,汉字的造字法十分多样,包括象形、会意、指事、假借、形声与转注,可以称得上是苏美尔楔形文字的"Plus"(升级)版,凸显了中国文化的延续性和系统性。在对楔形文字和汉字的发展过程进行比较之后,我们还可以发现另一处十分值得探讨的地方,那就是商代的甲骨文和"原始楔形文字"比较相似。我们知道甲骨文是目前能确定的汉字的最早形态。那么,同样是楔形文字最早形态的"原始楔形文字"是如何产生的呢?对这个问题的探讨也许能为我们解开汉字起源之谜提供非常有价值的参考。

与汉字起源一样,西亚的文字起源也有其神话传统。两河流域的两部史诗《恩美卡与阿拉塔之王》(*Enmerkar and the Lord of Aratta*)和《伊南娜与恩基》(*Inanna and Enki*)反映了两种文字起源的观点:一是英雄造字说,二是神灵造字说。《恩美卡与阿拉塔之王》讲述了乌鲁克国王恩美卡(Enmerkar)派遣使者到相隔七重大山的国家阿拉塔(Aratta)索取建筑和装饰材料。使者一次次穿梭于两国之间,成功地履行着转达"口信"的职责。但是有一天,使者需要传达的信息太多太杂,他实在没法记住,所以恩美卡为此特意发明了文字,把信息记在泥板之上,这样使者就轻松地完成了任务。《伊南娜与恩基》讲述的是乌鲁克的保护神伊南娜(Inanna)前往埃利都,从智慧之王恩基(Enki)那里骗取了他的所有本领,包括木雕、冶金、文字等，之后成功地把它们带到了乌鲁克。

神话传说并不能说服严谨的学者。在十八世纪，一位名为威廉·沃伯顿（William Warburton）的学者提出了"图画起源说"，在很长时间内被学术界视为文字起源的金科玉律。沃伯顿曾研究过古埃及文明和阿兹特克文明的文字，依此提出所有文字都起源于图画，图画经过简化后，才出现了抽象的文字。在发现并破译楔形文字之后，有许多学者便认为原始楔形文字处在一种图画与抽象符号相结合的状态，在此之前可能还存在一个以图画为主的发展时期，但没有保存下来。

这种"图画起源说"流行了很长时间，直到越来越多新证据涌现之后，才受到了挑战。二十世纪三十年代，考古学家在乌鲁克遗址发现了公元前四千纪的原始楔形文字，但是其中的图画和象形文字数量稀少，出现频率低。之后几年内，西亚的许多遗址又发现了年代更早的楔形文字，主要由楔形、圆形、椭圆形和三角形组成，同样不是图画或象形图案。这些证据几乎推翻了"图画起源说"。

越来越多的新发现让许多人摸不着头脑：如果原始楔形文字的源头不是早期的图画，那它究竟是从什么东西发展而来的？这个问题从二十世纪三十年代开始就萦绕于许多学者的脑海中。在持续了大约40年之后，来自美国得克萨斯大学的丹尼斯·施曼特-贝瑟拉（Denise Schmandt-Besserat）提出了一套让许多人耳目一新的文字起源理论，这便是"陶筹（token）起源说"。

施曼特-贝瑟拉提出陶筹起源说的过程十分偶然。在二十世纪六十年代末，尚处职业生涯起步阶段的施曼特-贝瑟拉得到了一笔奖学金，用来研究西亚史前的黏土制品。她因此仔细考察了西亚公元前8000至前6000年的许多这类器物。在这个过程中，她意外地发现这种小玩意儿有着十分丰富的形状，包括锥形、球形、饼形、四边形和柱形等。她记录了它们的形状、颜色、工艺和其他特征，发现其中大部分是几何形的，但也有些是动物形、容器形或工具形的，于是她称其为"陶筹"。之后她又在伊拉克、伊朗、叙利亚、土耳其等国的博物馆发现了这种器物，让她十分好奇：既然这种物品有如此广泛的分布范围，那么它肯定有一种被当时先民共同知晓的用途，只是现在的人们已经不知道了。可惜早年的考古学家在发现它们之后，并没有特别留意；有些人没有把它们写进发掘报告里，而有些人则把它们归入"杂项"中。

在施曼特-贝瑟拉的思考陷入僵局之时，一些新的发现给她提供了思路。1959年，伊拉克的一处遗址出土了一颗属于公元前二千纪的空心泥球。泥球内封存着49个陶筹，泥球旁边还有一块刻字泥板，上面记录了一次交易活动，其中涉及的物品数量便是49。这个发现使人大悟，因为这表明这些陶筹可以用来计数。大约同时，法国的一名学者提出陶筹可能是代表某些实物的记数单位，并且其应用早于文字产生之前。还有学者认为，一些泥板上的符号是陶筹的印痕。由此，施曼特-贝瑟拉开始主张陶筹是一种古老的记数工具，楔形文字并非起源于图画，而是从三维的陶筹逐步演变而来。这一观点可谓"振聋发聩"，曾经似乎坚不可破的楔形文字"图画起源说"，如今让它撞开了一个口子。

施曼特-贝瑟拉梳理了西亚陶筹和早期楔形文字的资料，将楔形文字的发展过程分为三个阶段：第一阶段是使用陶筹的时期，约公元前8500至前3200年；第二阶段是使用原始楔形文字的时期，从公元前3200至前2800年；第三阶段则是使用成熟楔形文字的时

陶筹与封球

期，开始于公元前 2800 年。

在第一阶段，陶筹和语言还没有什么明显的关系，只是用来记数，其使用范围遍及整个西亚。最初的陶筹形状可分为 16 大类，包括圆形、圆锥形、柱形等几何形，容器形、动物形等其他形状，可称为"简单陶筹"。这种陶筹出现在农业村落中，与粮食的储存与消费有关。到了公元前 3500 年，随着城市的兴起和社会的复杂化，"复杂陶筹"开始出现。它们的形状更为多样，上面刻有平行线、交叉线、星纹、方格纹等纹样。这些不同形状的陶筹可能代表着不同门类的货物。简单和复杂陶筹经常被包裹在空心泥球里，而且空心泥球的外表常常有印章的痕迹，似乎是用来标记物品的所有权。后来大概是为了既能中途复查泥球中陶筹的数量和形状，同时又不打破泥球，于是有些泥球的表面印上了和里面陶筹数量和形状相同的印痕。复杂陶筹大多出现在神庙和公共建筑附近；有时也出现在墓葬中，但是只出现在地位高的墓葬中，说明它们已经成为上层社会控制货物的媒介。在此之后，人们开始意识到，泥球表面的印痕一旦干了就不能随意改变，可以和陶筹一样传递信息。于是人们开始用芦苇秆把陶筹形象刻画在长方形小泥板上，这么一来，三维的陶筹就变成了泥板上的二维符号。这种刻画符号也是图画，一种特定的符号代表一种物品，比如油罐用椭圆形表示，少量粮食用锥形表示，大量粮食用球形表示。

第二阶段是使用原始楔形文字的时期。这些最早的楔形文字泥板大多是由德国考古学者在伊拉克南部的乌鲁克城址发现的。近几十年来，有学者整理了这批材料，他们认为西亚的原始楔形文字泥板大致有三类用途：第一类只是简单的记数；第二类记录着物品种类；第三类则是字表。这种文字总共有900多个。其中抽象的记号字为数不少，有些和复杂陶筹的形状有关。大多数可以归为象形、指事或会意的表意字，如表示头、人的符号是一个人；表示走、立，画的是一只脚；牛用一个带角的牛头表示。原始楔形文字虽然能表意与表音，但还没有成熟的语法和句法。这些功能很大程度上是由非语言的因素如表格、行款、分割线等来完成。比如乌鲁克三期的泥板有复杂的格式，往往是格内分格、行内分行，以表明不同条目之间复杂的从属关系。因此，虽然楔形文字不记录语言中的语法因素，但这并不妨碍原始楔形文字的行政簿记功能。

乌鲁克文化陶球

第三阶段是使用成熟楔形文字的时期。从公元前 2800 年的乌尔王朝时期起,楔形文字开始被用来表达苏美尔语的语法,泥板上改用统一宽度的竖格来记录文字,这种格式后来成为楔形文字的统一行文格式。随着语法和句法日益丰富,各种文体相继出现;文字反映口

原始楔形文字泥板(公元前 3100—前 3000)

语的程度越来越精确，内容也越来越丰富。第一篇歌颂王权、宣扬战功的王室铭文产生于公元前2700年左右，有叙事结构的"文学"作品大约在公元前2600年问世；而到了公元前2400年前后，书信也出现了。

施曼特-贝瑟拉的学说因其缜密的逻辑和极有说服力的证据，被广泛接受。从西亚楔形文字的发展历程中，我们可以得到一些启发，比如文字可能并不都是直接由图画简化而来，或是由图画与语言结合而产生的。在文字发展的过程中，可能也没有一个独立的图画文字的发展阶段。在这个意义上，以往学者认为"文字起源于图画"的观点缺乏明显的、有说服力的证据。楔形文字的起源过程可以为世界其他地区早期文字的起源研究提供参考，比如我们的汉字、古埃及和中美洲的象形文字有可能都和楔形文字一样，是在实

尼尼微出土的大洪水记录泥板
（公元前700—前600）

用的经济和行政记录系统中产生的。只是目前在国内,这种记录的途径和形式还没有被发现。

文字诞生之后,亚欧大陆的人们便可以打破时空的界限,将信息记录下来,流传给后代,同时传播到远方。发明文字这一创举相当于点亮了文明发展的"科技树",亚欧大陆国家之后产生的许多文明成就都建立在此之上。正是因为有了文字,西班牙人才能将他们在美洲探索时遇到的种种神奇见闻通过信件传回欧洲大陆,进而吸引更多人前往美洲,最终征服了当地的文明。

第三节　纸张与风帆——由地图连接的世界

1492年8月3日,哥伦布以三艘轻快的帆船载着水手、医生等120人从帕洛斯(Palos)港起航,开启了横越大西洋的伟大探险。但是他们出发不久,船员们就开始躁动起来。虽然他们都是老练的水手,但是他们熟悉的是地中海和欧洲西海岸的航线;对于横越大西洋他们既不敢想象,又不想冒险。看着陆地逐渐消失在背后,船只进入一片茫茫无边、神秘危险的海洋,船员们陷入了恐慌的

塞维利亚黄金塔哥伦布画像

情绪之中。他们感觉再也回不到自己的国家，见不到亲人和朋友，无法回到原来的生活中去了。他们三五成群，互相倾诉着不安和愤懑，酝酿着暴动和反抗的气氛。面对这个希望与恐惧交织的局面，作为舰队司令的哥伦布看着眼前这些躁动不安的船员，却神态自如，气定神闲。

1451年，哥伦布出生于今天意大利的热那亚市，从小就喜欢航海和探险，学习几何、地理、天文和航海知识及航海制图，据说他14岁就当了海盗。1476年，哥伦布来到了当时的航海探险领头羊国家——葡萄牙，后来他在这里娶了一位航海家的女儿，得到了这位航海家的航海图和航海日志。由于葡萄牙垄断了绕非洲西海岸的航线，他就谋划另一条路线到达欧洲旅行家马可·波罗和曼德维尔（Sir John Mandeville，生活于十四世纪）笔下富庶的远东（中国、日本）。因为当时地球是球体已成为共识，于是他大胆地提出横越大西洋的设想；由于计算错误，他认为到达远东的距离不超过地球周长的三分之一。这个大胆的想法得到了很多人的支持，也遭到了很多人的怀疑和嘲笑。他从1476年就开始游说葡萄牙和西班牙，终于在1492年4月获得了西班牙国君费尔南多二世和伊莎贝拉一世的支持，获得了探险需要的船只、物资和人手。

1492年10月12日，哥伦布的船队成功到达新大陆。他以为这里就是远东，但是实际上他抵达的是加勒比海地区的海地和古巴。这条航线开通以后，新大陆就成了西班牙的势力范围，络绎不绝的西班牙探险家和殖民者来到这片新大陆并征服了当地的土著。仅仅40年之后，皮萨罗带着另一批探险者，打败了辉煌一时的印加帝国。哥伦布的航海行动直接推动了西班牙人征服印加帝国的进程，也为当今世界格局的形成奠定了基础。但是,在如此重要的历史事件中,几张看似不起眼的地图起到了关键作用。

作为一位考古学家,我平常可以接触到各种各样的地图,在开展调查寻找遗址时,我需要看某处的地形地貌图、卫星地图和历史地图,以此大致判断古代遗址的位置。在进行考古发掘时,我需要绘制遗址平面图、遗迹和遗物的分布图,否则整理资料时就没法知道哪里挖出了什么东西。甚至有时候,我还需要看气象云图,根据天气来调整发掘的进度。如果没有这些地图,我的工作根本没办法开展。即使在日常生活中,我相信许多读者也和我一样,若是缺了地图的指引,就会在城市的陌生角落里晕头转向,找不着北。

一、何为地图:我在哪?

对现代人来讲,我们早已习惯了地图所提供的便利,但如果我们细细思考,便会发现,我们所用的地图和真实世界之间有天壤之别。对于从来没有见过地图的孩子来说,他们往往只能识别出这是一幅充满各种几何图案和颜色的图画。孩子们有这种认识很正常,因为我们现在使用的地图拥有久远的发展历程,理解其内容需要具备一定的地理、数学和天文方面的知识,还需要有将具体所处的实体空间与图上所描绘的抽象空间相结合的能力,而这种能力需要经过后天学习才能获得。

约翰·布莱恩·哈利(John B. Harley)和戴维·伍德沃德(David Woodward)主编的《地图学史》中,将"地图"定义为:"帮助人们以空间的方式理解人类世界中的事物、概念、状况、过程或者事件的一种图像表达。"由此可见,这是一种人类以图像的形式理解宇宙和世界的工具。同时，地图由图像和文字结合而成，如果只有图像而没有文字，人类也难以理解地图，如果没有图像只有文字，那就只是一份地名清单。需要指出的是，地图往往不仅关乎空间，而且与时间密切相关，因为一张地图往往只能记录某个特定时刻的空间信息，可以称作"时空的切片"。

在远古时代，人类对自身所处的环境充满恐惧，依靠群聚于树上来躲避世间凶险，只能凭借经验识别身边的环境。数百万年之后，人类走向地面，尝试制造各种工具来拓展自己的生存空间，逐渐开始了解到自己所处位置的大体情况。到了一万多年以前的旧石器时代晚期，人类开始把自己所见所想刻在各种东西上，其中就包括自己对生存环境的感知。比如在土耳其距今 15 000 年前的奥库兹尼（Oküzini）洞穴中，考古学家在一件石板的表面发现了几何形的刻画图案，有人认为，这是制作者为自身居住的聚落所绘制的一幅地图，表现了有人居住的小屋或牲畜围。从一方面来看，我们需要对这类猜想保持谨慎，不过从另一方面来看，它们无疑体现出古人对空间已有一些认识。由于这个时候尚未出现系统的文字，所以我们再也没法释读他们制作的这种原始"地图"了。

二、早期地图：描绘城市与世界中心

真正的地图出现在人类发明文字之后。目前，发现最早的世界地图是西亚的巴比伦泥板地图，年代大约为公元前 600 年。伊拉克考古学家于 1881 年在巴比伦古城西帕尔（Sippar）发现了这块泥板，当时它并没有受到重视。直到十几年后，泥板上的楔形文字得到破译后，人们才注意到这是一幅古老的地图。泥板表面有两个同心圆，外圈意为"盐海"，是世界的边界。内圈中有一系列圆环、矩形和曲线。泥板中心的洞可能是使用圆规而留下的痕迹。内圈的中上部是呈横长方形的巴比伦城，城市将另一个竖长方形截断，而这个被截断的长方形代表的是幼发拉底河。地图下端的长方形代表运河，顶端的半圆形代表山脉，内圈周边

西帕尔地图泥板

的小圆环代表不同的城市，外圈之外的三角形代表遥远的省份。这是一幅世界地图，也是对巴比伦人宇宙观的全面图解。虽然这幅地图为何而制已经无法知晓，但它无疑体现出人类试图描摹和掌控已知空间的宏愿。

这幅目前已知最早的世界地图与我们认知中的地图差距过大，因为它是高度抽象化和概念化的，基本不具有实用性，主要的功能是展现巴比伦人想要描绘和塑造的世界图景。在他们眼里，世界是一个扁平的圆盘，人类居住的世界之外围绕着无边的海洋，而海洋之外则是混沌无形的边缘。

在我国，由于战争和统治的需要，地图可能早在商周时期就已经出现了，可惜没有保存下来。战国时期，出现了一些描绘特定区域的地图。《周礼·春官·冢人》中记载："冢人掌公墓之地，

091

辨其兆域而为之图。"这里的"兆域图"即可视为一种地图。其中最著名的便是战国时期中山国的"兆域图铜版",其上描绘了中山王陵墓的平面布局和建设规划等信息。与巴比伦的世界地图不同,兆域图铜版更具实用性,制作者使用了一系列符号和文字标示出王陵区域、陵上建筑、各宫室平面形状和面积。地图严格遵照比例尺绘制,比值为1:500,这体现出当时的人们拥有很强的空间计算和规划能力。这幅地图在公元前313年随中山国国王下葬,是世界上最古老的铜版地图,也是我国目前发现的最早的建筑平面规划图。

兆域图铜版和巴比伦地图一样,只描绘出制作者眼前的部分世界。实际上,真正的世界地图并非忽然出现,而是伴随着古希腊制图技术的发展而逐渐诞生的。这个故事要从公元前六世纪开始讲起。当时古希腊各城邦走向繁荣,纷纷到黑海和地中海沿岸建立殖

兆域图铜版

民地，以获取粮食和其他物资。此时，有一些学者开始深入探索世界，由此掌握了哲学与天文学等理解世界的重要工具。到公元前四世纪，亚历山大大帝东征西战，建立起一个强大的帝国，并在北非建立了亚历山大城。各种各样的技术、科学、文化与艺术都汇聚于此，此后出现的亚历山大图书馆更是当时世界上规模最大的、最负盛名的知识圣地。

就是在亚历山大图书馆，人类先贤一步步发明出制作地图的技术。最具代表性的成果出现在公元一世纪，天文学家托勒密（Claudius Ptolemy）创作了《地理学指南》。这本书用古希腊文写在纸莎草上，共有8卷，归纳了近千年来的先人对世界的认识与思考。他的创举主要在于将地理学、天文学与哲学作为绘制地图的基础。他使用这些手段来"探索地球的形状、大小和相对周围事物的位置，之后再了解地球已知部分的大小和样貌"。在这本书中，他引用前人提出的经纬线理论，标记了欧洲、亚洲和非洲的8 000多个地点。他还阐述了制作地图的方法，提出了地图投影的规范。在《地理学指南》的十三世纪手抄本中附有地图，这幅地图以北为上，用文字标明重要的地点，并且还根据经纬网格绘制。这些特性都延续至今。因此，我们可以说托勒密的这部著作是现代制图技术诞生的一个标志。

在托勒密之后，逐渐兴起的罗马帝国并未留下多少关于地图的资料，但我们可以从当时的马赛克地砖、工程规划图、地形图、游记等实物和文献中了解到，罗马人的地图更具实用性，不像希腊人那般痴迷于描绘整个世界。这种情况持续了数百年，直到公元十二世纪，地中海东部的阿拉伯民族制作了属于他们的独特地图，描绘出一个风格迥异的世界。

在十二世纪中叶，一位名为伊弟利斯（Muhammad al-Idrisi）的阿拉伯人完成了一部大型地理学概要，名为《渴望周游世界者的娱乐》。他花费了10余年写作这部书，描绘了当时已知世界的全貌。书中配有70幅世界各区域的地图，包括一幅世界地图。这幅世界地图特殊之处在于以南方为上，并将伊斯兰圣地麦加作为世界的中心。同时，这幅地图不再执着地追求利用几何学呈现地球表面，而是更注重对地球自然地理风貌的描绘。作者使用了当时流行的多种制图技术，成功地把希腊文化、拉丁文化与阿拉伯文化对世界的认识汇集在了一起。

总体来看，在地图诞生的早期，无论是致力于了解俗世面貌的东方民族，还是追寻几何奥妙的西方文明，都在地图制作方面存在一些局限，一直无法制作出放之四海而皆准的地图。导致这种问题最根本的原因，便是人类对世界的认知在城市文明出现后，便没有再发生特别大的变化了。试想一下，如果大家都守在自己的"一亩三分地"上，何谈对世界有什么新的认识呢？但是，这种僵局终有一天会被打破，而打破它的，便是"大航海时代"的到来。

三、航向未知，填满地图

对于旅行者来说，出发前最重要的事情便是确定自己的目的地，路途中还需要随时了解自己在哪。若是在广袤的陆地上穿行，旅者可以借助各种自然地标和人造物来确定自己的位置，比如江河、山川、道路、驿站等，都能让人知道自己的所在地和目的地位置。与在大陆上行走相比，如果没有地图，人类要在漫无边际的海洋中活动，可谓难如登天。

人类在海上航行的时间很早。公元前 8000 至前 6000 年，人类就横渡了东地中海；公元前 3000 年，从波斯湾到印度的航线已经开通。不过已知所有的航行活动都局限于陆地上的河湖与近海。目前，在我国 8 000 多年前的跨湖桥遗址中，就已经出现了独木舟，其结构强度足以支撑在近海航行。4 000 多年前，我国东南沿海地区的人群开始向太平洋拓展，他们驾着小舟，顺着洋流，航向未知的海域，这些人被称作南岛人群。在航海过程中，南岛人总结出一套行之有效的远洋航行方法。他们搭乘独特的木舟，根据洋流、风向和星象来确定位置。他们也制作了类似于地图的物品，这种"地图"由菌类、绳索和木棍制成，主要记录的是岛屿的位置和洋流的方向。依靠这些技术，南岛人最终扩散到广袤的太平洋中星罗棋布的岛屿上，在那里安家落户，创造出璀璨多样的文明来。毫无疑问，南岛人对太平洋岛屿的开拓，是人类航海史上的一大创举。

南岛人将自身抛入大海，日月星辰和不休的风浪为他们导航。然而，在亚欧大陆另一端的人们并未走上这条与海洋相融合的路，而是决心通过自己制造的各种工具，来征服充满未知的大海，其中最重要的工具便是地图。

在地图出现后的很长一段时间内，海洋都被描绘为已知世界的边界。当古希腊各城邦的智者们争论地球形状的同时，地中海上已经出现了幢幢帆影。在此后的千年间，大陆上的文明兴衰沉浮，人们对几个大洋的探索是彼此分割的。欧洲人面对的是大西洋，西亚的阿拉伯人掌控着印度洋，中国的船只则主要面向太平洋。与此同时，由于欧洲和亚洲之间的陆上丝绸之路早已打通，人员交流和贸易活动能够畅通无阻，人类仿佛再也不需要前往那些凶险莫测的海域了。

然而，这种情况并没有持续太久。十三世纪末，奥斯曼帝国崛起，将连通欧洲和亚洲的海路纳入其领土范围，并将这条路线打造为自己的"印钞机"。当满载商品的欧洲货船来到奥斯曼帝国的港口时，往往被课以重税，其数额达到了欧洲人无法接受的程度。在这种情况下，欧洲各国从上到下都想要找到一条新的前往亚洲的航线，以便绕过奥斯曼帝国的盘剥。

其实在欧洲人开始寻找新航路之前，中国便已经有了规模宏大的远洋航行，这便是著名的"郑和下西洋"。从1405到1433年，郑和共七次下西洋，其第一次下西洋所率领的船队有200多艘。这些航行活动成功探索了东南亚与南亚的大部分地区。此外，他还到达过位于西亚的波斯湾和一些非洲东海岸的城市。与欧洲从商业利益考量的情况不同，郑和的航行有着截然不同的目的，主要有以下几条：一是为安抚东南亚诸邦；二是为寻找惠帝朱允炆；三是同印度诸国建立联系，以便从腹背夹击帖木儿帝国。整体来看，郑和下西洋维护了亚非间的国际和平局势，促进了亚非国际贸易的发展，传播了中国文化，并为中国带来了新的海外知识。但是这些航海活动耗资颇多，未使中国的经济文化得到长足发展，反而大量消耗国库，最后不可持续。

在欧洲，最早尝试寻找新航路的是伊比利亚半岛的葡萄牙人。其中一个重要人物是航海家亨利亲王（Prince Henry the Navigator）。为了开辟一条绕非洲抵达印度的航线，他建立了一所航海学院，网罗了当时欧洲最博学的科学家、航海家、地图绘制师，收集了所有与地理和导航有关的已有知识。他们改进了阿拉伯人的三角帆船，又从遥远的中国学习了指南针的制作方法。在他与天主教会的大力支持下，葡萄牙探险家从十五世纪初开始，沿着非洲大陆的西海岸向南航行，一边航行一边制图，发现了大西洋里的马德拉岛、亚速尔群岛、加纳利岛，同时记录当地的风土人情。最终在1488年，迪

弗朗西斯·德雷克环球航行银质纪念章

亚士（Bartolomeu Dias）到达非洲最南岸的好望角，成功找到了进入印度洋的另一条路线。

之后的故事我们就比较熟悉了，从十五世纪末开始，西班牙、荷兰、英国等欧洲各国的船队开始出现在世界各处的海洋上，寻找着新的贸易路线和贸易伙伴，以发展欧洲新生的资本主义。在这些远洋探索中，欧洲人发现了许多当时不知道的陆地与岛屿，出现了许多著名的航海家，其中有发现美洲的哥伦布和环球航行的麦哲伦等。

欧洲各国探索活动的顺利开展，与制图术的进步密切相关。从十五世纪开始，测绘技术显著提升。到了1569年，欧洲制图师墨卡托（Gerardus Mercator）绘制了世界的柱面投影图，标志着现代地理学时代的开始。他在晚年写过一本名为《地图与记述》的著作，封面上印有古希腊神话人物阿特拉斯（Atlas）的画像，于是后人就用"Atlas"作为地图集的代名词，并沿用至今。由此可见，墨卡托在地图绘制领域具有极大的影响力。

随着地图投影法的推广，三角测量法的使用，平板绘图仪、经纬仪、星盘等测量导航仪器发生了重大革新，加上东方印刷术的引入，使得欧洲的地图制作方法发生了革命性的变化，地图变得更加客观与实用。许多航海者和探险家用它来描绘世界上未知的区域，拓宽人类的认知边界。

§

地理大发现时代结束于十七世纪末。在十五世纪中叶，人类知识总和中已知的陆地面积只占全部陆地的 40%，航海区域亦只有全部海域的 10%；但到了十七世纪末，人类知识总和中已知的陆地和海域都已达到全部的 90%。地理大发现对全世界，尤其是欧洲产生了前所未有的巨大影响，它让地中海沿岸的经济活动进入了数千年来最活跃的时期。

　　随着远洋探索的展开，跨洋的商业活动变得越来越频繁，海外贸易累积的财富激发了欧洲人在美洲和亚洲拓展殖民事业的野心，促进了资本主义的发展与工业革命的诞生。十八世纪，苏格兰经济学家亚当·斯密（Adam Smith）在《国富论》里说："美洲的发现，以及经由好望角到达东印度群岛的航路的发现，是人类历史上所记录的两件最伟大的事件。"欧洲人利用这两条新航路把欧洲、美洲和亚洲的市场联系起来。这种联系导致的结果便是使过去分立的人类文明结合在一起，美洲丰饶的物产吸引了许多欧洲国家，随之而来的便是征服、毁灭与新生，这个过程也深刻地影响了当今世界的格局。

参考文献

[1] 戴向明.中国史前社会的阶段性变化及早期国家的形成[J].考古学报,2020(3):309—336.

[2] 拱玉书.西亚考古史:1842—1939年[M].北京:文物出版社,2002.

[3] 〔美〕华盛顿·欧文著,代晓丽译,斯坦威校.哥伦布与大航海时代[M].北京:中国友谊出版社公司,2020.

[4] 〔英〕杰里·布罗顿著,林盛译.十二幅地图中的世界史[M].杭州:浙江人民出版社,2016.

[5] 来国龙.文字起源研究中的"语言学眼光"和汉字起源的考古学研究[J].考古学研究,2006:53—78.

[6] 李三灵.旧石器时代早中期刻划遗存的发现与研究[J].人类学学报,2023(2):1—15.

[7] 李新伟.阿斯兰遗址和西亚早期国家起源的新思考[N].光明日报,2016-09-18(08).

[8] 马欢欢.两河流域的文明探源历程[N].光明日报,2022-09-19(14).

[9] 〔英〕塞顿·劳埃德著,杨建华译,黄菊元校.美索不达米亚考古[M].北京:文物出版社,1990.

[10] 杨建华.两河流域:从农业村落走向城邦国家[M].北京:科学出版社,2014.

[11] 于殿利.古代美索不达米亚文明[M].北京:北京师范大学出版社,2018.

[12] 郑也夫. 文字的起源 [J]. 北京社会科学, 2014(10): 4—34.

[13] 朱玲玲. 地图史话 [M]. 北京: 社会科学文献出版社, 2011.

[14] 〔西〕萨尔瓦多·德·马达里亚加著, 朱伦译. 哥伦布传 [M]. 北京: 人民文学出版社, 2011.

[15] 〔美〕余定国著, 姜道章译. 中国地图学史 [M]. 北京: 北京大学出版社, 2006.

[16] 〔法〕奥利维耶·勒·卡雷尔著, 刘且依译. 纸上海洋——航海地图中的世界史 [M]. 武汉: 华中科技大学出版社, 2019.

[17] A. N. Goring-Morris, A. Belfer-Cohen. Symbolic Behaviour From the Epipalaeolithic and Early Neolithic of the Near East: Preliminary Observations on Continuity and Change[A]. *Magic Practices and Ritual in the Near Eastern Neolithic*[M] edited by H. G. K. Gebel, et al. Berlin: Ex Oriente, 2002: 67–79.

[18] Annie Caubet, Patrick Pouyssegur. *The Ancient Near East: The Origins of Civilization*[M]. Paris: Terrail, 1997.

[19] F. Balezeau, et al. Primate Auditory Prototype in the Evolution of the Arcuate Fasciculus[J]. *Nature Neuroscience*, 2020, 23(5): 611–614.

[20] B. Hayden. Keeping Count: On Interpreting Record Keeping in Prehistory[J]. *Journal of Anthropological Archaeology*, 2021, 63(1), 101304.

[21] B. M. Fagan, N. Durrani. *World Prehistory: A Brief*

Introduction[M]. New York: Routledge, 2023.

[22] D. Schmandt-Besserat. *Before Writing, Vol I: From Counting to Cuneiform*[M]. Austin: University of Texas Press, 1992.

[23] D. T. Potts. *Mesopotamian Civilization: The Material Foundations*[M]. Ithaca, New York: Cornell University Press, 1997.

[24] F. D'Errico. Palaeolithic Origins of Artificial Memory Systems: An Evolutionary Perspective[A]. *Cognition and Material Culture: The Archaeology of Symbolic Storage*[M] edited by C. Renfrew, C. Scarre, Cambridge: McDonald Institute for Archaeological Research, 1998: 19–50.

[25] I. J. Gelb. *A Study of Writing*[M]. Chicago: University of Chicago Press. 1963.

[26] Jessica Joyce Christie. The Inka Capital Cusco as the Model of an Imperial Cultural Landscape[A]. *Political Landscapes of Capital Cities*[M]. edited by Jessica Joyce Christie, et al. Louisville: University Press of Colorado, 2016: 213–247.

[27] K. A. Overmann. Writing as an Extended Cognitive System[J]. *Phenomenology and the Cognitive Sciences*, 2024: DOI: 10.1007/s11097-023-09955-6.

[28] M. Frangipane. Fourth Millennium Arslantepe: The Development of a Centralised Society Without Urbanisation[J]. *ORIGINI*, 2012 (34): 19–40.

[29] Michael J. Schreffler. Inca Architecture from the

Andes to the Adriatic: Pedro Sancho's Description of Cuzco[J]. *Renaissance Quarterly*, 2014(67/4): 1191-1223.

[30] O. Bar-Yosef, A. Belfer-Cohen. Encoding Information: Unique Natufian objects from Hayonim Cave, Western Galilee, Israel[J]. *Antiquity*, 1999, 73(280): 402-410.

[31] V. Fromkin, R. Rodman, N. Hyams. *An Introduction to Language*[M]. Boston: Thomson Wadsworth, 2011.

[32] Zainab Bahrani. *Mesopotamia: Ancient Art and Architecture*[M]. London: Thames & Hudson, 2017.

图片来源

[1] 圣彼得堡街景：作者摄。

[2] 乌鲁克遗址：张翔宇供图。

[3] 乌尔塔庙：杨丹供图。

[4] 巴比伦伊什塔尔宫：杨丹供图。

[5] 阿斯兰土丘：张翔宇供图。

[6] 殷墟甲骨文：刘一曼，曹定云. 殷墟花园庄东地甲骨卜辞选释与初步研究 [J]. 考古学报, 1999, (03): 251—310+393—406.

[7] 丁公陶文：冯时. 山东丁公龙山时代文字解读 [J]. 考古, 1994 (01): 37—54.

[8] 贝希斯敦浮雕和铭文：Babak Seddighi 供图。

[9] 陶筹与封球：作者摄。

[10] 乌鲁克文化陶球：深圳市南山博物馆，中国文物交流中

心.叙写传奇：叙利亚古代文物精品展 [M]. 北京：文物出版社，2021: 52.

[11] 原始楔形文字泥版：上海博物馆.大英博物馆百物展：浓缩的世界史 [M]. 上海：上海书画出版社，2017: 57.

[12] 尼尼微出土大洪水记录泥版：上海博物馆.大英博物馆百物展：浓缩的世界史 [M]. 上海：上海书画出版社，2017: 59.

[13] 塞维利亚黄金塔哥伦布画像：杨丹供图。

[14] 西帕尔地图泥板：黄歆供图。

[15] 兆域图铜版：莫阳.中山王的理想：兆域图铜版研究[J]. 美术研究，2016(01): 45—52.

[16] 弗朗西斯·德雷克环球航行银质纪念章：上海博物馆.大英博物馆百物展：浓缩的世界史 [M]. 上海：上海书画出版社，2017.

第三章
冶金与武器

钢铁、刀剑和枪炮在古代战争中的重要性如何？我在前言讲了皮萨罗探险队打败印加皇帝的故事，那个故事是皮萨罗的随行文书描述的。这里我想通过好莱坞电影《最后的武士》，来讲述日本明治维新期间现代枪炮和步兵是如何打败骑马冲锋、挥舞刀剑的武士叛军的。1876年，战功卓著的内森·欧格仁（Nathan Algren）上尉，应日本明治政府的高薪聘请，来到日本训练新军。他的新军还没有训练好，就被派去镇压胜元率领的武士叛军；结果新军一碰上骁勇善战的叛军骑兵，就乱了阵脚，大败而归。胜元原为明治天皇的老师，对天皇忠心耿耿，但是他反对政府推行的政治、经济和文化改革，于是联合武士叛乱，拆毁铁路，拒绝火器。他心里很清楚，自己打不过新军，最后注定是要灭亡的，但是他还是要做最后的一搏，以武士道精神体面地迎接命运的到来。一年以后，他率领的叛军再次与政府的新军对阵。这次他面对的新军除了训练有素的步兵，还有榴弹炮和机关枪。他的弓箭手和骑兵扛过了一轮炮兵的轰击和两轮步兵的齐射，他的弓箭手射出像雨点一样的箭，然后骑兵挥舞着武士刀冲进新军阵营，将手持步枪和刺刀的步兵消灭殆尽。眼看就要赢了，但是当他带着所剩无几的人马继续往前冲时，就碰上了新军的机关枪。在猛烈扫射的机关枪面前，胜元和他的武士一个个倒下，成了"最后的武士"。

无论是皮萨罗的探险队还是日本的明治新军，都用上了当时最先进的刀剑与枪炮。这些武器正是基于人类几千年来冶金技术的发展。在这一章，我浓墨重彩地介绍一下从冶铜到冶铁，从冷兵器时代步入热兵器时代的历史。

第一节　中国冶金技术的起源

中国商周时期的青铜容器数量庞大，个体厚重，花纹华丽，工艺复杂，而且非常耗费铜、铅、锡料，在世界各大文明中独树一帜。举世闻名的殷墟出土的司母戊大方鼎，作为商朝晚期的杰作，其重达 832 千克，是已知最重的青铜器，充分展示了商代青铜铸造技术的卓越成就；湖南宁乡出土的四羊方尊则是另一件精品，翘首昂视的高浮雕羊头和细腻流畅的蕉叶纹体现了商代工匠精湛的铸造艺术。陕西扶风的庄白一号窖藏，一共出土了 103 件青铜器，覆盖了从西周早期到晚期，包含编钟、编铃、鬲、簋、盘、方彝、爵、鼎、簠、豆、觥、罍、尊、罍、瓠、觯等器类。其中著名的史墙盘刻有 284 个字，讲述了微氏家族的祖先追随周文王，其后代得到周武王、成王、康王、昭王、穆王和恭王重用的历史，为学术界研究西周史提供了重要史料。这些青铜器原来是放在宗庙里，用来祭祀祖先的，后来可能因为西周末年的战乱，贵族在逃亡前将它们埋在地下，以便回来时取出。可惜他们再也没有回去，就把它们留给了今天的考古学家。这里还要特别提到在四川广汉三星堆出土的造型怪异、意味神秘的青铜面具、青铜跪坐人像、青铜立人像和青铜树等，它们也都是中国冶金技术的代表作。

史墙盘（庄白一号窖藏）

制造上述精彩绝伦的商周青铜器需要冶炼金属和铸造青铜器等冶金技术。这些冶金技术来自何方？这个问题从1949年以来，就一直备受国内外学者的关注。美国汉学家罗越（Max Loehr）指出，商代发达的青铜冶金技术貌似是突然出现的，没有演进和发展的过程，因此他大胆地推测其不是本地发展起来的，而是从外部传入的。二十世纪七十年代，澳大利亚汉学家巴纳德（Noel Barnard），以及日本学者佐藤多持（Sato Tamotsu）认为，中国的范铸技术有别于世界上的其他青铜文化，有可能是本土起源的。否认中国青铜文化本土起源说的理由是中国青铜冶金技术出现的年代较晚，比西亚的冶金技术晚至少1 000年，而且缺乏西亚所呈现的早期发展阶段。西亚的冶金技术经历了从自然铜到砷铜，再到锡青铜的演变，而中国目前没有发现使用自然铜的证据，也没有发现使用砷铜的阶段，所以他们认为中国的青铜冶金技术是外来的。要回答中国冶金技术起源的问题，按照学术界的做法，就是摆事实讲道理。下面我就带领读者梳理一下中国的早期冶金证据。

一、矿石的利用

唐代李贺的诗句"女娲炼石补天处，石破天惊逗秋雨"，为大家描绘了一个远古的神话故事。传说水神共工对人们只敬仰火神祝融而不敬仰自己感到不满，于是就向火神祝融发动了战争，结果惨败。当他郁闷想自杀时，意外撞倒了支撑上天的柱子不周山，从而导致了天崩地裂、洪水泛滥、野兽出没、生灵涂炭。女娲看到这一幕，悲痛不已，于是用五彩石来弥补天上的窟窿，上天和人间因此恢复了原有的生机。而女娲补天的五彩石被认为是红、黄、蓝、白、纯青5种颜色的石头。这5种石头是不是金属矿物不得而知，但是金属矿物一般会呈现出各种鲜艳的颜色。早期人类通过颜色，就可以认识和区别矿物。

人类在旧石器时代以采集和狩猎为生。他们为了制作石器工具，不断地翻山越岭，寻找合适的石料。在此过程中，他们在不经意间发现了各种颜色的矿石，虽然他们不知道这些石头的特性，但是喜爱它们鲜艳亮丽的颜色，会用这些矿石制作装饰品、用作颜料画岩画或者撒在死去祖先的尸体上。

实际上，早在1933年，著名考古学家贾兰坡在发掘北京山顶洞人（距今3.8万～3.3万年）时就发现过赤铁矿。当时他发现了一具完整的男性老人头骨和旁边的一块赤铁矿石；死者周围散布着赤铁矿石粉末。这种做法是旧石器时代通行的一种葬俗，在欧洲旧石器时代晚期的墓葬中较为常见；在中国，这种做法延续到了新石器时代。在山西襄汾的陶寺遗址（公元前2300—前1900）的大、中型墓葬中就发现了在头盖骨和石斧上涂抹赤铁矿粉的现象。

二、早期金属器

进入新石器时代的仰韶时期，中国就突然出现了金属器，而且一出现就是让人咋舌的黄铜器。黄铜是铜和锌的合金，颜色接近黄金，古人就用它来代替黄金。锌其实很难得到，因为它熔点低，而且熔化以后容易挥发，不容易收集，需要特殊的冷凝器皿来收集。在世界范围内，从锌矿单独提炼锌的工艺要比铜、锡、铅、铁晚得多，直到近代才出现；黄铜出现得则很早。科学家们发现，古人通过将锌矿和红铜简单地混合冶炼就可以得到这种合金材料。

中国最早的黄铜器1973年出土于陕西省临潼区的仰韶文化姜寨遗址。这个遗址出土了一件半圆残片和一根铜管，年代为公元前4700至前4000年，与西亚最早的人工冶炼金属相近。两件金属器都是黄铜，分别含锌25.56％、31％，比西亚出土的黄铜器早3 000多年。这不是中国出土黄铜器的唯一案例。这类金属器还有陕西渭南北刘遗址出土的仰韶时期黄铜笄、山东胶县三里河遗址出土的龙山时期黄铜锥子、山西省绛县周家庄遗址出土的黄铜铜片等。

接下来发现的龙山时期的金属器再次让人耳目一新。在上面提到的陶寺遗址，也就是当下一些学者所谓的"最初的中国"，考古学家们发现了大型城址、大型建筑和高等级墓葬，也发现了铜环、铜容器残片、铜铃和铜齿轮等。它们的制作工艺各不相同。铜环上面有镂孔，而铜齿轮外圈则有锯齿。铜齿轮和铜铃是用复合范铸造的，开了东亚大陆利用陶范铸造空腔器物和容器的先河。经科学检测，铜环和铜铃为红铜，而铜齿轮为含砷的青铜。在古代冶炼的金属中，一般含有杂质元素。红铜的杂质含量比较低，也就是所谓的

陶寺遗址出土的铜齿轮和铜璧

"纯铜";砷青铜则是含有较多砷元素的铜,砷有毒,但是砷青铜呈银色,先民就用它来代替银。陶寺遗址出土的金属器说明,先民拥有红铜和砷青铜等多种金属原料。不过,依靠这些发现,冶金技术本土起源说还不能成为定论,还需要更多的冶炼证据,如作坊、矿石、炉渣的支持。

在长江中下游,尤其是长江中游地区,铜矿和锡矿资源非常丰富。在龙嘴、屈家岭、一百三十亩、石家河、殷戴家湾、金鸡岭等遗址及幕阜山区,考古学家发现了公元前三千纪的冶炼遗物,包括铜块、青铜工具、红铜和青铜炼渣、冶炼工具和冶炼设施等直接证据。在这些地方,先民使用普通圆炉、竖穴式圆炉、横穴式长炉、龙窑式长炉,以及坑式冶铸工作坊,从事金属冶炼和铸造工作,说明长江中游的先民已经经历了漫长的认识铜矿并开始冶炼的过程。由此郭立新等学者提出,长江中下游地区是中国冶金技术的起源地。

三、青铜出现

青铜器与红铜、黄铜不同，它是铜和砷或锡、铅的合金。我们知道，红铜的硬度较低、容易变形。加入锡或砷后，其硬度和机械性能可以得到显著提升；加入铅则可以显著降低青铜的熔点，使其在铸造过程中更容易熔化，从而方便铸造。铅以游离状态存在于青铜熔液中，大大提高了它的流动性，具有良好的填充性，浇铸时可以填满整个陶范，减少气泡，铸出精细的花纹。铜锡铅合金的冶炼为我国商周时期发达的青铜容器、武器和车马器铸造创造了物质条件。

在中原地区，也就是今天的河南省、山西南部和陕西南部的关中平原，青铜容器最早出现在河南偃师的二里头遗址（公元前1750—前1550）。经过60多年的考古发掘，考古学家发现了一座宫城、一座青铜铸造作坊、一座绿松石加工作坊和一些高等级墓葬，也发现了戈、斧等青铜兵器，以及爵、斝、盉、鼎等中国最早的青铜容器。这些青铜容器造型简单，器胎轻薄，表面铸造留下的痕迹没有打磨掉；器表没有花纹或者只有简单的乳钉纹或类似弓弦的弦纹。其中的铜爵拥有三个细长的锥足，和流部一起形成飘逸舒展的造型，极富美感。这些青铜容器采用的是块范法；与制造装饰品、工具和兵器所采用的单范或复合范相比，块范法要复杂得多。它需要按照青铜容器的形状先做一个泥模，然后在泥模外面做一层外范，再把泥模均匀地削去一层，留出青铜容器壁的厚度。为了方便后面的铸造，工匠需要把外范分割成四块、六块或更多块，形成块范，然后在这些块范上刻画花纹，这些花纹在铸造时会翻印到青铜容器上。虽然二里头遗址的块范铸造技术比较简单，但是为商周

二里头遗址出土的铜爵

时期铸造更复杂更大的青铜容器打开了大门，也为商周文明提供了核心要素。

四、北方地区金属器与冶金技术交流

在北方地区，也就是秦汉—明代长城沿线及以北区域，金属器的面貌大为不同。中原地区的二里头文化和商周文明的金属器主要是青铜礼器、兵器和车马器，纹样主要为饕餮纹；而北方地区的金属器主要是武器、工具和装饰品等，个体小，造型简单，而且多见动物纹和几何纹。由于北方地区与中原地区接壤，两个区域的金属器与冶金技术也有交流，所以在北方地区可以看到中原地区的青铜容器，而在中原地区也出现了北方地区的青铜短剑和刀。

在北方地区出现最早的冶炼证据就是甘肃省东乡族自治县林家遗址出土的一把青铜刀，长12.7厘米，宽2.5厘米。从它的外观来看，刀身厚度均匀，柄部较短，刃部较长，没有什么特殊之处。那为何人们把它称为"中华第一刀"呢？因为这把刀属于马家窑文化，经碳十四测年，其年代为公元前3280至前2740年。该件刀是双合范铸造而成的青铜器。除了这把青铜刀，林家遗址还出土了三四块铜渣。这些铜渣并非天然矿石或炼铜残渣，而是由于风化作用而破碎的铜渣，说明当地已经具备了冶铸铜器生产的能力。

上述林家遗址出土的金属器和冶炼证据，目前在北方地区还只是零星的。进入青铜时代以后，考古学家在北方地区普遍发现了金属器和冶炼证据。需要说明的是，这个区域出土的金属器并不限于锡青铜，而且还有各种红铜、其他铜合金和金器。在新疆的塔城、伊犁和乌鲁木齐都出土了亚欧草原风格的金属器。在哈密地区和河西走廊西部，此类金属器出土的数量尤为可观。1988至1997年，考古学家在哈密市天山北路墓地发掘了706座墓葬，发掘出土了数量庞大的金属器。这些金属器大部分存放在哈密博物馆；2013年，我有幸整理并检测了其中的1 355件。它们均为小件器物，其中有装饰身体的泡（衣服）、扣（上衣装饰）、牌饰、管和铃（裤子装饰）、耳环、手镯、戒指和串珠（项链）等，用作工具的刀（切肉）、斧（砍伐、加工木材）、镰刀（收割植物）、凿（加工木材）、锥（缝皮革）等，用作武器的短剑（近身战斗）、矛（中程战斗）、箭头（远程战斗）等。其中身体装饰品占绝大多数，表明该墓地的墓主人非常注重对自己身体的装饰。经过科学分析，可知其中有锡青铜、红铜、砷青铜、锑青铜、铅青铜和黄金。经碳十四测年，天山北路墓地的年代为公元前2011至前1029年。哈密地区和河西走廊西部的金属矿产非常丰富，这些地区的古代居民显然没有浪费这份上天赐予的礼物。在河西走廊西部，

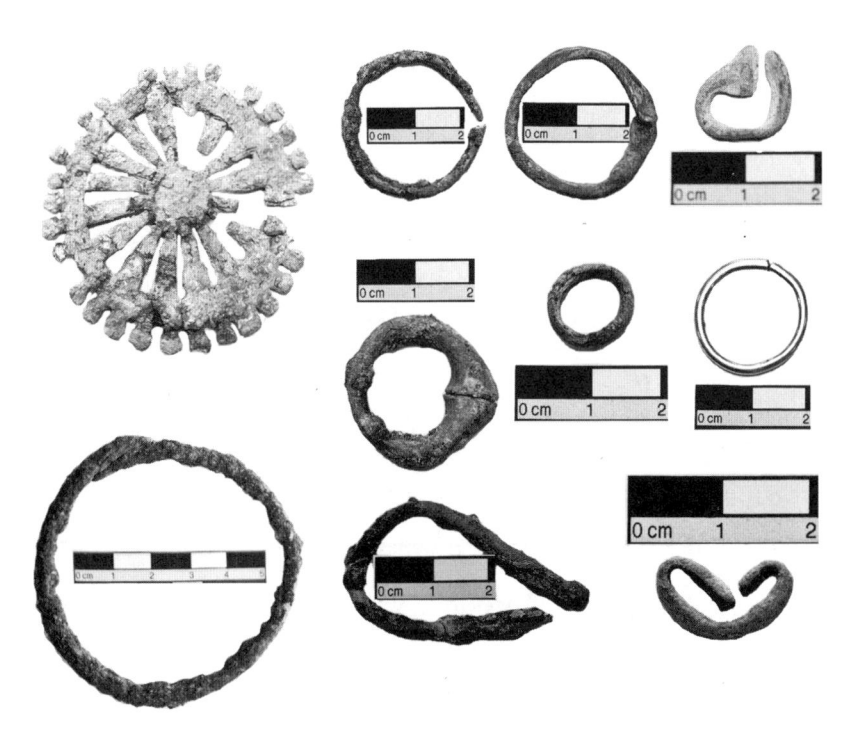

天山北路墓地出土的金属器

我的同行发现了多处古代的采矿和冶炼遗址。我有幸带队发掘了其中的张掖市西城驿遗址，发现了马厂文化晚期（公元前2135—前1900）至四坝文化（公元前1880—前1530）居民冶炼留下的遗物，如铜渣、矿石、炉壁、鼓风管、铜范等。这些发现表明，河西走廊西部是古代一个重要的冶金中心。

由此看来，北方地区出土的青铜时代金属器与中原地区的青铜器在器类、造型和金属成分上存在泾渭分明的差异。中原地区青铜器的器类主要是庞大而厚重的容器，原料主要用的是锡铅青铜，铸造方法主要用的是复杂的块范法。这些青铜器在中国以北的亚欧草原既没有先例，其铸造技术也是亚欧草原上的金属器所无法比拟的。此外，中原地区仰韶时期和龙山时期的遗址也都出现了一些金属器，虽然是零星的而且并不连续，但是说这种铸造技术是外来的，无疑是难以服人的。不过，冶炼技术，也就是冶炼金属矿石的技术仍然可能是外来的，因为上述长江中游地区最早的冶炼遗物要比西亚晚2000多年。而北方地区的青铜器则是身体装饰品、武器和工具，个体小，造型简单，原料用的是红铜和五花八门的铜合金，或者锻打，或者用单范或复合范铸造，纹样多见动物。所以，它们与俄罗斯米努辛斯克盆地和阿尔泰山前平原的卡拉苏克（Karasuk）文化相近。因此，我曾经提出一个假说，即中国北方地区的冶炼和铸造技术来自卡拉苏克文化。当然，这个假说还有待更多证据的支持。

不管是本土起源说，还是西来说，都无法否认中国早期与西方之间存在的冶金技术交流。各个采矿遗址出土的采矿和冶炼工具如石锤、鹿角镐、坩埚和鼓风嘴就是例证。在多个遗址的铸铜作坊中，出土了一种用作鼓风嘴的伞状陶管，这种形制与伏尔加河流域卡利诺夫卡（Kalinovka）遗址的鼓风嘴基本相同。这两个地区相距甚远，但出土的器物形制和功能类似，表明它们之间的确存在联系。因此，北京大学的李水城教授曾提出，中原地区与齐家文化有直接联系，而齐家文化又通过四坝文化、哈密地区的青铜文化、伊犁河—准噶尔盆地和天山中段的青铜文化与中亚、南西伯利亚的青铜文化发生间接的联系。而中亚、南西伯利亚的冶金技术又来自西亚。那么西亚的冶金技术如何起源、如何传播到南西伯利亚就是一个摄人心魄的故事了。

第二节　西亚冶金技术的起源与传播

今天的我戴着眼镜、开着汽车，穿过随处可见的高楼大厦时，时而想起金属，时而又忘了金属的存在。我想起金属，是因为在配眼镜时，看到了钛金属镜架；在修车时，看到了车盖下面的发动机；在建筑工地上看到了插在柱子里的钢筋。然而我又经常忘了金属的存在，是因为很多镜架是合成材料，汽车外面涂着油漆，钢筋的外面包裹了混凝土和瓷砖。但是，2013年，我去纽约当访问学者的时候，一进入地铁站，立即就被那种浓厚的金属感震撼了：在磨得锃亮的铁轨上，银白色的地铁"轰隆"一声呼啸而来，周围的钢铁立柱和钢铁梁架在昏暗的灯光中摇晃着欢迎它的到来。坐上地铁，一路穿过一座座钢铁结构的地铁站，翻越钢铁为主的高架桥和曼哈顿大桥。与我国明亮安静的地铁站相比，纽约的地铁显得特别老旧；但是无处不在的钢铁告诉我，纽约地铁是在100多年前修成的，而那时候的美国正是一个钢铁帝国。在二十世纪的第二次世界大战中，苏联之所以能够打败不可一世的德国，美国援助的"钢铁洪流"是重要原因之一。

一、人类对金属的利用

在讲述西亚冶金技术的起源之前，我必须回答几个问题：为什么人类选择了金属？为什么金属冶炼技术出现得那么晚？为什么金属冶炼技术最早出现在西亚？

为什么人类选择了金属？人类制作工具、建造房屋都需要材料，而大自然已经为人类提供了木材、黏土、石材和动物骨骼等天然材料。但是金属与它们相比，具有很多优势。首先，与动物骨骼、木材和黏土相比，大部分金属更加坚硬，所以更适合用来制作武器或者工具，比如前面提到的曼哈顿大桥，如果用木材搭建肯定不如用钢铁坚固耐用。其次，与动物骨骼、木材和黏土材料相比，大部分金属有光泽，耀眼夺目，可以用来制作装饰品，比如金银首饰。除了光泽以外，大部分金属还具有较好的延展性，可以用来制作容器。最后，金属还有一个上述材料没有的性能，就是可以熔化。因为这个性能，艺术家们用它来铸造金属雕塑——在这里，读者可以脑补一下法国著名雕塑家罗丹的青铜塑像《思考者》。当然，也因为这个性能，金属器不像石器和陶器那样可以大量保存下来。因为陶器和石器用坏了，古人就把它扔掉，然后就出现在考古学家的手铲下面；而金属器用坏了，因为其珍贵，古人不舍得扔，就把它熔化，做成新的金属器。

为什么金属冶炼技术出现得那么晚？这与金属在大自然的存在方式有关。如黄金、铜、水银和银，有时是以自然形态存在的。读者可能听说过狗头金、沙金，长得像大号生姜的铜都是。自然铁则极少，只见于铁-镍陨石。这些金属加热后再稍微锤打就可以用。但是这种自然金属数量非常少，绝大部分的金属，包括前面提到的金、铜、银，是以矿石形式存在的；也就是说，金属大多是以颗粒的形状分散在岩石中的，人们需要开采并熔化矿石，把无用的石头熔化成炉渣扔掉，把金属分离出来。矿石又分两大类。一类是氧化矿，如孔雀石、赤铜矿、黑铜矿，是含有氧化金属的矿石。它们位于地表，容易开采；冶炼时需要脱氧。一类是硫化矿，如黄铜矿，是含硫的矿石。它们在地壳里的埋藏位置较深，往往在几百米以下，开采难度很大；冶炼时需要先脱硫，再脱氧，工序更为复杂，难度也更大。各类金属的冶炼难度有所不同。人类最早利用的金属是金、铅和铜，这是因为它们的熔点较低，容易冶炼。其中，铜的熔点是1 084℃，对于掌握了陶器烧造技术的先民而言，这个温度是可以达到的；更何况他们还可以通过添加助熔剂来降低金属的熔点。而铁的熔点是1 538℃，对于先民来说是一个很难达到的温度，所以铁器出现的年代比铜器晚得多。目前，已知最早的铁器有12件，出现在西亚的东安纳托利亚，年代在公元前2800至前2100年。

为什么金属冶炼技术最早出现在西亚？金属矿产资源在全球各地都有分布，但是在西亚特别集中，而且因为西亚地质活动非常活跃，许多矿石露出在地表。在距今13 000多年前，西亚的先民刚开始驯化农作物，仍然依赖大自然提供的食物。一年四季游走在山川河湖之间寻觅天然食物的他们就发现了矿石，把其中颜色鲜艳的蓝铜矿、孔雀石和绿松石采集回来，做成装饰品，戴在身上。从此他们开始接触金属，认识金属。大约距今一万年前，此时，西亚的先民已经成功驯化了一些农作物和家畜，但是仍然非常依赖大自然。他们在采集铜矿石时，发现了自然铜等天然金属，于是拿回来加热并锤打，用来制作工具和装饰品；因为自然铜数量少，所以他们留下的铜器数量少，个体小。这种自然铜加工技术又为距今7 000年前西亚农民破解金属冶炼的秘密提供了钥匙；而冶炼技术的发明也打开了地球中的金属资源宝库，从此以铜为原料的金属器数量迅速增加。

二、铜矿石与自然铜的使用

如上所述，人类对金属的认识和使用有一个过程。在西亚，古人最早认识的是色彩鲜艳的矿石，如蓝铜矿、孔雀石和绿松石，并用来作为串珠，装饰自己的身体。这种装饰品已经出现在公元前十一至前九千纪的前陶新石器 A 期的遗址中，例如位于伊拉克东北的沙尼达尔洞穴（Shanidar Cave）、扎维·切米（Zawi Chemi）、土耳其东部的哈兰·切米（Hallan Çemi），地中海东岸的罗施·霍雷沙（Rosh Horesha）。其中，沙尼达尔遗址的年代大约为公元前 10580 年，考古学家在该遗址发现了铜珠，上面有人为打的孔，说明它可能是用于佩戴的吊坠。有学者认为，这些铜珠矿化严重，可能不是金属制品，而是铜矿石（孔雀石）做的。

到了公元前 7250 至前 6750 年，也就是前陶新石器 B 期，人们开始用火加工自然铜来制作装饰品。这样的装饰品见于东土耳其的萨约吕土丘。这种自然铜可能来自遗址以北 20 千米的埃尔加尼矿坑（Ergani Maden）。有意思的是，这些铜器经过加热和退火，是古人最早采用热处理冶炼金属的证据。那时的古人还不懂得退火的作用，他们这么做只是为了防止锤打时金属发生断裂。与此同时，该遗址出土的部分器物含有少量的砷（0.8%），这是使用含砷铜矿的缘故。伊朗的阿里·库什（Ali Kosh）遗址发现了公元前七千纪的一颗小铜珠，该铜珠已完全锈蚀。经过科学分析，该铜珠是用约 0.4 毫米厚的铜片卷起制成的。可以肯定的是，该铜珠是用自然铜制造而成的。叙利亚的穆雷贝土丘也出现了用自然铜直接打制的钻孔珠、扩孔锥、别针等器物。从地质学角度看，安纳托利亚高原、伊朗高原和巴尔干半岛等地普遍存在自然铜，为冶金技术的起源奠定了基础。自然铜的开采一直繁荣到公元前七千纪，此时，人们可能已经掌握了铅的冶炼技术。伊拉克北部亚立姆土丘（Yarim

Tepe）出土的手镯可能是用熔化的铅制造的。

虽然先民很早就开始使用天然铜矿，但是地球上的自然铜是非常有限的。南美洲秘鲁和智利境内的安第斯山脉西麓、美国西部的洛杉矶和大峡谷地区、非洲的刚果和赞比亚等自然铜的主要产区，产出的自然铜在数量上和性能上都不能满足日常需求。自然铜只能通过锻打加工成较小的工具或者饰件，而更多的金属铜需要从铜矿石中提取出来，这就需要冶炼技术。

三、冶炼技术的诞生

冶炼技术是我们人类的一项重要成就，所以我们在谈到它的起源时，就要谨慎看待考古发现的冶炼遗物，如炉渣、矿石和坩埚。二十世纪三十年代，法国考古学家就在锡亚尔克（Sialk）土丘发现了公元前七千纪至前五千纪的铜器，但是没有予以重视。二十世纪九十年代以后，西方冶金考古学家开始关注伊朗高原出土的金属器和冶炼遗址，获得了一系列证据和突破性成果。在公元前七千纪，熔化铜料或铜矿石所需的坩埚出现在了土耳其中部的加泰土丘，可惜它们存在争议，仍不能作为可靠的证据。

目前，可靠的最早的冶炼遗址是伊朗东南部的塔里·伊布里斯土丘（Tal-i Iblis）和塞尔维亚的贝鲁沃德（Belovode），年代大致在公元前六千纪晚期到五千纪早期。伊朗高原靠近扎格罗斯山脉一侧有三大铜矿区，即阿纳拉克（Anarak）、维什诺维（Veshnoveh）和塔克纳尔（Taknar），而且这些资源开发的年代相当早。塔里·伊布里斯土丘坐落在这三大铜矿区以外，考古学家在房屋 G 的火塘内发现了不少坩埚碎片、孔雀石碎块、木炭、炉渣和炼炉。其年代为公元前六千纪中期，是伊朗高原上早期铜冶炼技术的证据。在伊朗加兹温平原的加布里斯坦（Ghabristan）遗址，考古学家发现了公元前五千纪至前四千纪的冶炼作坊。在两个房间里，他们发现了粉碎矿石的石锤、坩埚、铜锭范和鼓风管，表明这里的工匠已经掌握了鼓风技术。

贝鲁沃德位于巴尔干半岛的多瑙河盆地中部，属于温查（Vinča）文化。在该遗址，考古学家发现了矿渣，即熔炼红铜的证据，年代为公元前5400至前4400年，与塔里·伊布里斯土丘的发现接近。在早期阶段，巴尔干的古代工匠冶炼所用的矿石，一般为黑色和绿色矿石，说明他们通过颜色来辨认矿石。

塞尔维亚的鲁德纳·格拉瓦（Rudna Glava）铜矿位于多瑙河中游平原，也属于温查文化。在这里，考古学家发现了竖井矿坑，矿井部分深度达20米。古代工匠从公元前六千纪末至前四千纪初

英国威尔士奥尔梅青铜时代铜矿

开始采矿，因此，格拉瓦铜矿成为世界上最早开采的铜矿之一。他们采矿用的是"火爆法"，也就是利用热胀冷缩的原理，先烧火烤热矿石，然后将冷水泼上矿石，让矿石快速收缩，从而剥落下来；冶炼则使用灶和小炉。另一个同时期的采矿遗址是保加利亚的艾伊·布纳尔（Ai Bunar）。因为两者的年代都是新石器时代晚期至铜石并用时代早期，所以巴尔干半岛成了早期采矿中心，东南欧也是冶金技术的起源地。

四、铜合金的出现

1. 砷青铜

在西亚和欧洲，最早出现的铜合金是砷青铜，由此证明西亚和欧洲进入铜石并用时代。砷青铜起初仅仅是人类在冶炼铜时，因为无法排除其中的砷而得的产品。在西亚和欧洲，硫砷铜矿等富含砷的铜矿较为普遍，为砷铜的广泛使用提供了资源基础。在中国，甘肃张掖的西城驿遗址和山西襄汾的陶寺遗址也出土了砷青铜产品。

在西亚、中亚和东南欧的铜石并用时代，工匠开采含砷和铅的铜矿石来生产砷青铜。以色列的提姆纳（Timna）山谷是个古铜矿遗址，蕴藏了丰富的铜矿。其开采活动从公元前五千纪开始，留下了一些开采坑和祭祀遗迹。在黎凡特南部，以色列的贝尔谢巴山谷（Beersheva Valley），考古学家发现了公元前五千纪晚期的冶炼遗址。在这些冶炼遗址，古代工匠利用的是来自约旦西部的菲南（Faynan）铜矿的矿石。此时的冶炼技术比较简单，人们把高品位矿石放在小坩埚里，使用吹管鼓风，温度不高，还原气氛较低，因此产生了非常黏稠的炉渣。炉渣里面含有很多的铜粒，需要砸碎炉渣才能取出来。进入青铜时代后，冶炼技术进一步提高，诞生了熔炉和鼓风囊这样的设备。

在公元前四千纪中期，古代工匠有意识地生产砷青铜和砷锑青铜，而且有意用它们取代红铜来生产一些奢侈品。以色列的纳哈尔·米什马尔（Nahal Mishmar）窖藏就出土了很多这样的金属器。1961年，考古学家在这里发现了429件红铜、砷青铜、砷锑青铜、象牙和石器，其中包括240件权杖头、5件王冠，年代为公元前4500至前3600年。值得注意的是，其中不少器物是用失蜡法铸造的。失蜡法是一种用蜂蜡做器物模型的制作工艺。由于蜂蜡较软，人们可以在其上雕刻精细的花纹，从而制作出复杂精密的模型。模型制好后，再用耐火的黏土等材料填充模型的空芯部分形成泥芯，然后在模型外面包敷黏土形成外范。等外范固化定型后，人们加热烘烤整个模型，蜂蜡受热后熔化并流出，这时模型就变成可以浇铸的空壳；再将铜水灌注在"空壳"的模型内冷却后，就可以铸成器物。

2. 锡青铜

在西亚，锡青铜出现的年代都晚于砷青铜。过去冶金考古学家们认为，锡青铜与砷青铜相比存在一些优势。砷往往与铜共生，在冶炼时产生剧毒气体，危害工匠的健康。锡青铜没有这样的危害，而且其硬度和机械性能都优于砷青铜，适合制作武器和工具。所以锡青铜出现以后，就逐渐取代了砷青铜。不过也有研究表明，砷青铜的延展性能很好，所以中美洲的玛雅文明和南美洲的印加文明就非常欣赏砷青铜，用它来锤打装饰品。但是从西亚的考古资料来看，人们更加注重硬度和机械性能，所以锡青铜最后取代了砷青铜，不过这个过程是比较缓慢的。

最早的锡青铜并非出现在西亚，而是在东南欧。在塞尔维亚温查文化的波罗斯尼克（Plocnik）遗址和戈莫拉瓦（Gomolava）土丘，考古学家分别发现了一块锡青铜箔和一枚戒指，年代为公元前五千纪中期。而在西亚，锡青铜出现在公元前四千纪末至前三千纪初，数量很少，有苏萨（Susa）土丘出土的一把斧（公元前4200—前4000）、高拉（Gawra）土丘出土的一根别针（晚于公元前3000）、希亚克土丘出土的一枚针（公元前3100—前2900）。乌尔早王朝Ⅲ期（公元前3000—前2500）所谓的"王陵"出土了大量的精美绝伦的金属器。其中女王普阿比（Puabi）墓葬出土的由金叶和青金石做成的王冠成了美国宾夕法尼亚大学博物馆的镇馆之宝。这些"王陵"还出土了银器、金银合金、红铜器和铅器，也出土了锡青铜，但是数量并不占优势，不如红铜和砷青铜。位于伊朗东南部的焚城（Shahr-I Sokhta）也是一处著名的早期青铜时代遗址，年代为公元前3200至前1850年。在这里，考古学家发现了一大片金属加工作坊区，但是作坊区出土的金属器和炉渣，经过科学分析，大多为红铜和砷青铜，而锡青铜很少。不过在公元前三千纪晚期和前二千纪初，锡青铜的地位迅速上升。马里（Mari）城出土的公元前十八世纪文书提到了从马里到叙利亚西部和巴勒斯坦的锡料贸易。它们还提到了将锡加入铜来生产锡青铜，指出锡和铜的比例为1∶24。位于土耳其中部的库尔土丘（Kultepe）年代与马里相近。该遗址出土的23 500份商人档案记录了金、银、铜、锡和青金石的贸易，因此该遗址是个金属贸易中心。

上述文书提到了锡料，为什么？这是因为在地球上，锡矿比铜矿远为稀少；因为稀少，锡青铜也成为王公贵族珍爱的奢侈品。世界各地出土的锡青铜的锡料来源一直是冶金考古学家们关心的问题。他们一方面查阅地质矿产资料，另一方面实地调查锡矿，现在已经发现了一条贯穿亚欧大陆的锡矿带，从英国、法国一直延伸到乌兹别克斯坦、塔吉克斯坦、哈萨克斯坦、中国云南，以及东南亚。但这条锡矿带的锡矿量对于广袤的亚欧大陆来说就十分有限了。在西亚，锡矿见于土耳其中部的凯斯泰尔（Kestel）、埃尔吉耶斯（Erciyes Dag）和伊朗西部的德·侯赛因（Deh Hosein）。对于美索不达米亚的古代城邦来说，位于阿富汗的若干锡矿也是重要的锡料来源。在凯斯泰尔遗址，开采锡矿的地下巷道长达2.4千米，估计可得锡料115吨。离它不远的戈尔土丘（Goltepe）是冶炼遗址。由这里出土的60 000件粉碎矿石的石锤来看，其冶炼规模相当可观。关于锡料贸易的直接证据来自沉船。1984年，考古学家在土耳其西南侧的乌鲁布伦（Uluburun）海域发现了一艘距今约3 400年的沉船，陆续出水了10吨牛皮形和面包形铜锭，以及10吨同样形状的锡锭。这种铜锭和锡锭以前在附近也发现过。这些情况说明，当时的铜料和锡料贸易是十分活跃的。

五、铜冶炼技术在亚欧草原的传播

铜冶炼和加工（锻打和铸造）技术，在西亚和东南欧起源以后，就开始向周围区域传播。其中一个方向是亚欧草原。它到达的第一站是黑海西北岸的罗马尼亚和乌克兰境内的库库特尼-特里波利（Cucuteni-Tripolye）文化。该文化与上面提到的温查文化相邻，彩陶和金属器的形态特征都与之相近，也属于铜石并用时代，年代范围为公元前5100至前2800年。该文化发现于1884年，是当时世界上发现不多的史前考古学文化之一。二十世纪二十年代，瑞典考古学家安特生（Johan Gunnar Andersson）在提出"仰韶文化西来说"时，参照的就是这个文化。该文化出土的一些彩陶确实跟我国的马家窑文化在器形和纹样上非常接近。只是马家窑文化与它相距太远，而且二十世纪五十年代以后我国考古人在中原已经找到了它的源头，所以他的"仰韶文化西来说"就被推翻了。在该文化的卡布纳（Karbuna）窖藏里，考古学家们发现了几百枚铜串珠、人形铜片，少数铜斧、锛和锥。经过科学分析，这些金属器的原料可能来自上述保加利亚的艾伊·布纳尔铜矿，均为红铜器。

由库库特尼-特里波利文化往东，就是黑海北岸的草原带。在这个区域最早使用金属的文化就是竖穴墓（Yamnaya，或译为颜那亚）文化，年代为公元前3300至前2100年。有的学者将该文化归入铜石并用时代，因为锡青铜没有出现，但也有学者将其归入青铜时代早期。该文化的居民修建冢墓，即在墓葬上方堆小土堆或小石堆，而且使用两轮和四轮马车。该文化在亚欧大陆考古学和语言学上都很重要，因为其居民陆续向周围的东南欧、阿尔泰山脉、高加索山脉扩张，所以不少学者认为，他们就是原始印欧语系人群，也就是今天分布在全球各大洲的印欧语系人群的祖先。该文化的一部分居民千里迢迢，穿越长达1 000多千米的西西伯利亚大平原，到达阿尔泰山脉，在那里定居下来，形成了阿凡纳谢沃（Afanasievo，公元前3650—前1874）文化。这些话题我们将在第五章着重讲述。现已发现的该文化的金属器不多，其中有耳环、别针、泡等装饰品，锛、锥等工具，以及矛、短剑、横銎斧、啄斧等武器。其中，少量器物是由铜和陨铁制成的二元金属器。该文化的居民长途跋涉来到阿尔泰山脉时，也把冶金技术带到了那里。

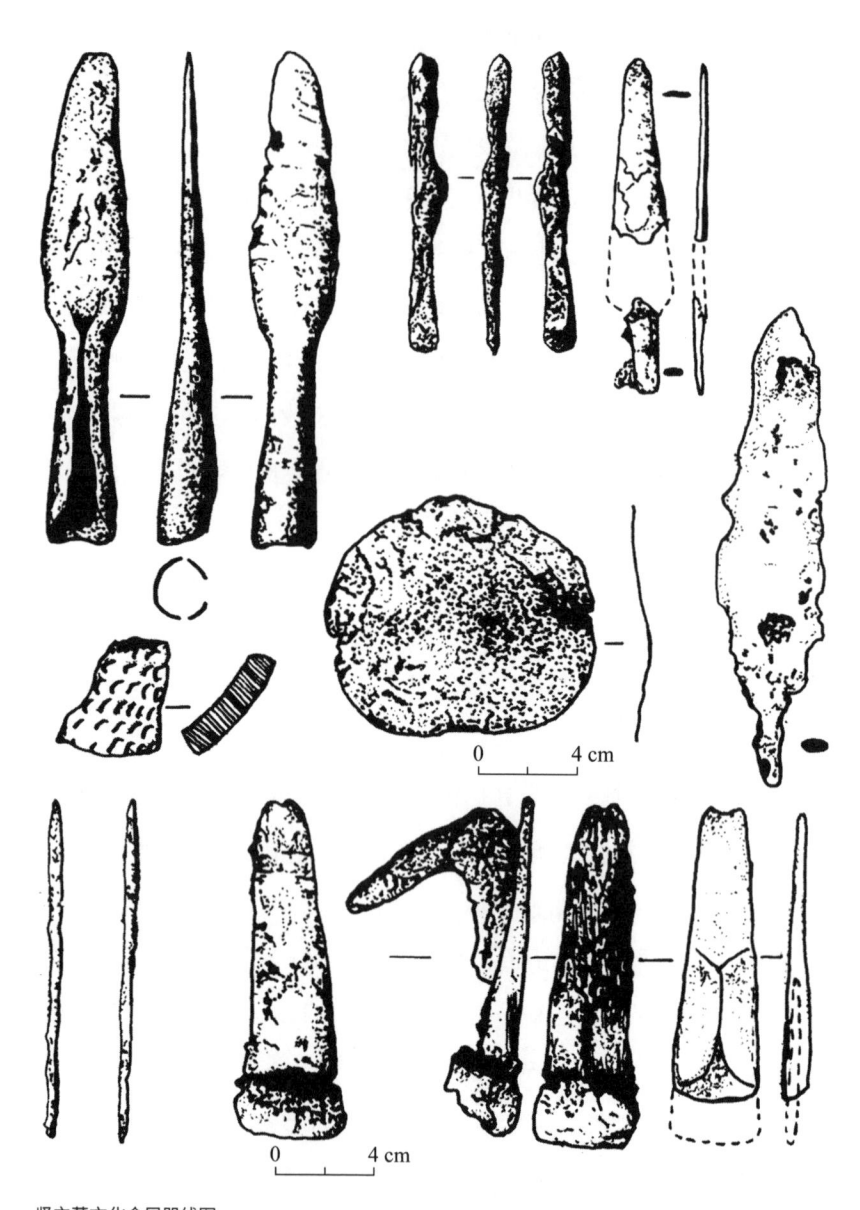

竖穴墓文化金属器线图

在竖穴墓文化之后，在南乌拉尔地区兴起了辛塔什塔（Sintashta 公元前2150—前1850）文化。南乌拉尔东部是一个矿产资源较为丰富的区域。俄罗斯考古学家切尔尼赫（E. N. Chernykh）和同事发现了30多处青铜时代的多金属共生铜矿，既有锡矿，也有含砷、含银和含金银的铜矿。辛塔什塔文化的居民自然不会放过这些大自然赐予的宝贵资源。他们采矿，在自己居住的城堡冶炼金属，制作耳环、手镯等装饰品，短剑、横銎斧、矛和箭头等武器，镰刀、凿、鱼钩等工具。除了制作红铜和砷青铜器物，他们还生产少量锡青铜器物，并与附近的居民交换铜料和金属器，获得了大量的财富，因此得以建造大型的城堡，为死去的祖先随葬当时十分昂贵的马匹、双轮车、金属器。

此后，该文化居民向东向南扩散，在西西伯利亚和哈萨克斯坦形成了一个占据了300多万平方千米的庞大文化，即安德罗诺沃（Andronovo，公元前2040—前1730）文化。该文化从乌拉尔山脉，向东一直扩散到阿尔泰山脉和米努辛斯克盆地、我国新疆，继而向南深入中亚。该文化延续了辛塔什塔文化的墓葬、陶器和金属器特征，不过安德罗诺沃文化的居民在扩张时，得到了哈萨克斯坦东部的铜矿和锡矿区即阿尔泰矿区（Rudnyi Altai），因此扩大了锡青铜的生产。在中哈萨克斯坦的一些遗址，如阿塔苏（Atasu）发现了熔炉、矿石和炉渣，说明安德罗诺沃文化的金属冶炼包含三个步骤：焙烧矿石、炼粗铜和炼精铜。一些接近矿源的村落从事着冶金生产和金属贸易，其金属器延续了辛塔什塔文化的装饰品、工具和武器种类。不过与辛塔什塔文化不同的是，安德罗诺沃文化的金属器中锡青铜和纯铜占据主流，锡含量平均为5%～6%，而高者为10%～15%。砷铜和锑青铜要少得多，占10%。安德罗诺沃文化的居民为欧罗巴人种，但不是阿凡纳谢沃文化居民的后裔，而是来自西方的移民。所以学者们在追寻印度-伊朗语支人群的起源和迁徙时，把目光投向了安德罗诺沃文化。有学者认为，该文化居民就是印度-伊朗语支人群。

继安德罗诺沃文化之后，在阿尔泰和米努辛斯克盆地兴起了卡拉苏克文化，年代为公元前1400至前800年。在卡拉苏克文化的金属器中，大多数工具（直刃刀、弯刃刀、直銎斧、锥）和武器（短剑、矛）及装饰品（手镯、指环、耳环、垂饰、串珠、管、泡）与安德罗诺沃文化的接近。与安德罗诺沃文化相比，卡拉苏克文化呈现出许多独特的地方。根据金相分析，在卡拉苏克文化的金属器中，锡青铜、砷锡青铜和砷青铜都存在；在大多数墓地出土的金属器中，砷青铜占据主流。除了铜器以外，卡拉苏克文化的居民还使用一些金质装饰品，包括半月形垂饰、指环和耳环。该文化金属器的铸范除了石范、陶范，还经常使用金属范；较石范和陶范而言，金属范铸造的器物更加致密而强度更高。卡拉苏克文化的居民也不是安德罗诺沃文化的后裔。安德罗诺沃人群是长脸，而卡拉苏克人群是圆脸，显然是帕米尔-费尔干纳型欧罗巴人种和蒙古人种的混血。

熟悉俄罗斯考古的读者会发现，上述的冶金技术传播路线忽略了很多同时期的文化。这些文化的金属器与上述几个文化差别不大，为了节省篇幅，我就跳过那些文化了。总的来说，西亚和东南欧起源的冶金技术由黑海北岸逐渐向东传播，最终传到了西伯利亚，形成了安德罗诺沃文化和卡拉苏克文化。其中，安德罗

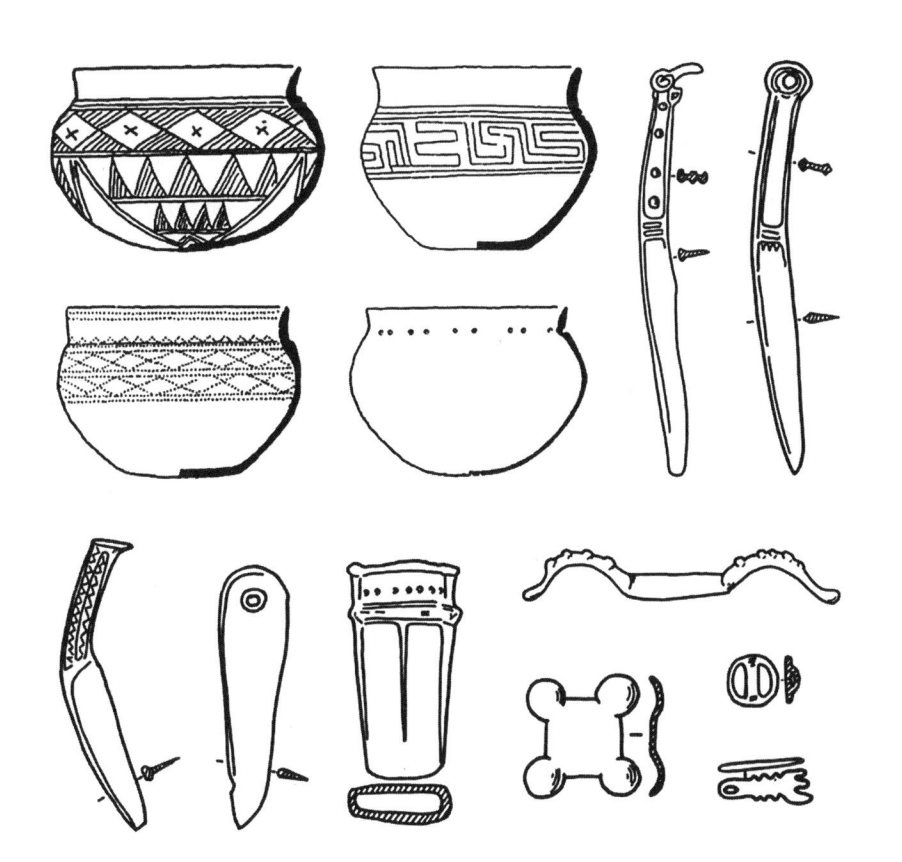

卡拉苏克文化陶器和金属器线图

诺沃文化与中国北方的天山北路、四坝、朱开沟和夏家店下层文化的年代接近，因此，不少国内外学者认为，前者就是我国北方冶金技术的来源。但是如果看金属器的器形，这种看法恐怕难以成立。安德罗诺沃文化有几种独特的金属器：柳叶形短剑、形似蜗牛的耳环、两端带螺旋头的手镯。其中，耳环和手镯都是用铜片锤打而成的。这些器类和工艺都没有出现在上述天山北路、四坝、朱开沟和夏家店下层文化，出现在这些文化的是与卡拉苏克文化相似的用实心金属棒弯成的耳环和手镯。除了器类和器形，卡拉苏克文化的冶金技术在材质上也与中国北方的更为接近，所以卡拉苏克更可能是中国北方冶金技术的来源。但是这种看法也有一个障碍，就是卡拉苏克文化的年代较晚。这种看法能否成立，还要看将来的考古发现。

第三节　古代钢铁的历史

由于矿产有限，所以红铜和各种铜合金在古代一直都是珍贵的材料。铁器颜色暗淡，而且容易生锈，会变成一堆难看的废物；青铜器虽然也生锈，但是生锈之后拥有独特的韵味，修复后的青铜器在博物馆的展柜中依旧能骄傲地接受人们的赞叹。但是，铁矿石在地球上分布普遍而且储量庞大，所以铁的产量很高，成本也很低，因此可以用来大规模生产武器和工具，大大推进了农业生产和人类文明。由铁炼成的钢更是具有青铜所没有的硬度和韧性，是制作武器和工具的上好材料。不过，因为铁的熔点高于铜，所以人们对铁矿石的冶炼也晚于铜。

与铜一样，人类最早利用的是自然铁，也就是陨铁。但因为它来自太空（因此人们称之为"来自上天的礼物"），数量很少，所以没有普及开来。后来，随着人们对铁矿石的认识增加和冶炼技术的发展，西亚的赫梯人和南亚的印度人于公元前二千纪初学会了把铁矿石还原成单质铁的方法：在800～1 000℃的温度中用木炭还原矿石，得到块炼铁（块炼铁进一步加工可获得杂质较少的熟铁）。这是一种海绵状的固体，产量低，质地很软，用途不太广泛。到了公元前六世纪，中国人学会了冶炼生铁。与块炼铁相比，生铁在冶炼时是液态的，产量大为提高，也可以浇铸成型，质地也比较硬，是冶铁技术的一大进步。

块炼铁太软，生铁虽硬但脆，都不适合制造武器和工具，所以人们就发明了一种新的材料，也就是钢。钢是一种铁碳合金，因为它具有优良的比重、硬度和韧性，因此应用非常广泛。熟铁的含碳量低，如果用它作为原料，就需要把它放在炭火中加热并不断折叠锻打，以帮助碳渗入其中，从而增加钢的碳含量。这种钢被称为渗碳钢。然而，这种钢的质量并不完美，因为在炼制过程中，碳渗入的多少、分布是否均匀、杂质去除的程度都非常难以掌握，同时生产效率也非常低。在中国，人们早已掌握了生铁炼钢技术。生铁的含碳量太高，要用生铁炼钢，需要将生铁加热到熔化或基本熔化后，在熔炉中搅拌，用氧气将生铁中的碳去除，从而得到脱碳钢。这种炼钢法就是炒钢。炒钢的发明是世界炼钢史上的一次技术突破，这种炼钢法在英国到十八世纪才出现，比中国晚了1 600多年。不过，英国和其他西欧国家通过工业革命，革新了炼钢技术，提高了钢的性能，将炼钢工业化，将钢大规模用于修铁路和铁桥、造船和坦克，也成就了"二战"时期苏联的钢铁洪流。

一、陨铁的利用

陨铁的特征是镍含量高。人类利用陨铁的年代相当早。埃及尼罗河流域的格尔津（Gerzeh）墓地出土了几枚公元前3600至前3350年的管形串珠，经科学分析就是用陨铁制作的，其中镍含量达4.8%。这是迄今所知最早的陨石制品。埃及法老图坦卡蒙陵出土的一把匕首也是用陨石打造的。这把匕首长34.2厘米，放置于图坦卡蒙的右大腿旁，手把的部分有细腻的浮雕，刀鞘上有百合花、羽毛和狐狼的图案。最新的研究发现，匕首的刀刃上含有高量的镍（11.8%）、钴和磷的成分。公元前四千纪、前三千纪的陨铁制品也已经发现于伊拉克、爱斯基摩、土耳其、叙利亚和俄罗斯。这些制品主要是匕首，还有斧、珠、权杖等。将陨铁用于匕首，说明古人已经认识到了铁刃的锋利。

在中国，河北藁城台西商代遗址曾经于1972年出土了一件铁刃铜钺。起初，人们以为其刃部是人工冶铁，如此就可以把中国冶铁史提前到公元前1400年。但是经科学分析，其刃部是陨铁，含镍量在6%以上。我国最早的陨铁制品则发现于新疆塔城的托里县那仁苏墓地。由墓葬形制、随葬器物来看，这座墓地属于铜石并用时代的阿凡纳谢沃文化。其中编号为M4、M5的两座墓葬分别出土了一把铁刀，经过碳十四测年，其年代为公元前3000至前2800年，将我国使用陨铁制品的时间提前了1500多年。

二、熟铁

过去学术界经常说熟铁冶炼技术来源于西亚，不过近20年来的考古发现表明，它可能并非只有一个起源地。世界上最早的熟铁或可追溯到公元前二千纪的西亚、印度、哈萨克斯坦和中国。安纳托利亚的赫梯（Hittite）是西亚最早掌握冶铁技术并使用铁器的国家。十九世纪德国考古学家施利曼（Heinrich Schilemann）在特洛伊城就发现了赫梯帝国公元前十五世纪的一块铁锭和一件铁权杖头。赫梯帝国的许多书信和奠基文书也提到了铁锭和铁器，如公元前十五世纪的奠基文书列举了刀、短剑、矛、锤等。约公元前十三世纪，哈图斯三世（Hattusili Ⅲ）在一封可能写给一位亚述国王的信中，谈论了该帝国铁的生产与贸易问题。在那个时期，铁的生产仍然很有限，并仅限于小亚细亚和亚美尼亚山区。赫梯人掌握了铁的开采和冶炼技术，并向其他地区供应铁制品，但是有意识地保密，不让这些技术外流。

在印度，北方邦（Uttar Pradesh）的一处冶铁遗址出土了铁器、炼炉、鼓风管和炉渣，年代为公元前1800至前1000年。阿尔泰地区哈萨克斯坦境内的阿拉特（Alat）遗址是一处冶铁遗址，年代为公元前十四世纪。除了炉渣等冶炼遗物，该遗址还出土了一座形制基本完整的冶铁炉。这是迄今为止考古发现的年代最早的冶铁炉，为探讨亚欧草原冶铁技术的起源和传播提供了新资料。

在中国，过去发现最早的铁器出现在南方，不过后来在河南省、陕西省和甘肃省发现了更早的铁器。甘肃临潭的磨沟墓地出土了一件铁条和一件铁锈块。铁条经过分析为渗碳钢锻打而成，系人工冶铁制品。两件样品的碳十四年代为公元前十四世纪前后，与西亚、哈萨克斯坦和印度的早期铁器相近，因此熟铁冶炼技术是西来的证据并不充分。二十世纪九十年代三门峡市上村岭虢国墓地也出土了数件铁刃铜器。目前，经过科学分析的有七件，均来自虢国国君虢季和虢仲的墓葬。年代与之相近的是陕西韩城梁带村芮国墓地出土的春秋早期的一件铁刃铜削和一件铁刃铜戈，经科学分析，均为熟铁。此类铁器在新疆哈密盆地、吐鲁番盆地、南天山和伊犁盆地公元前一千纪的墓地广泛出土，虽然年代晚于临潭磨沟的铁器，但同样不能支持熟铁西来说。

大约在公元前十四至前十一世纪，熟铁通过高加索或安纳托利亚高原进入欧洲。欧洲铁矿和燃料资源都很丰富，瑞典、英国和德国都是近现代著名的产铁国。公元前八世纪以后，冶铁生产迅速发展，铁器数量快速上升，并且逐步取代青铜武器和工具。公元前五世纪，西欧的凯尔特人开始生产精巧的铁质装饰品。后来，控制了掌握铁器制造技术的凯尔特部落的迦太基人在与罗马人的战争中一度占据了巨大的优势。为了学习冶铁技术，罗马人在公元前209年占领了迦太基在西班牙的属地，俘虏了许多来自西班牙的铸剑工匠，并驱使他们为罗马军队制造精良的铁剑。罗马人还命令这些铸剑工匠告知铁器冶炼和铸造技术的秘诀，由此他们得以大规模地生产铁剑、铁标枪、铁盾、铁弩机、铁链、扒城钩、铁镢头等。罗马军队配备铁匠，以便随时维修和制作铁质兵器。罗马军队因其完备的铁质兵器而拥有显著的军事优势，并最终利用这种铁器优势横扫北非、西亚和欧洲大陆。与此同时，罗马军队也将冶铁技术推广到冶铁技术欠发达的地区。

三、生铁

与熟铁相比，生铁对铁矿石的利用率高，可以将铁矿石所含的铁提炼出来。生铁冶炼需要熔化铁矿石，为此需要高炉，需要的人力和时间更多，但是产量也更高，可以实现产业化，所以生铁冶炼技术是较为先进的。

生铁冶炼技术起源于中国。迄今为止，发现的最早生铁制品为天马-曲村出土的两件公元前八至前六世纪的生铁残片。到了春秋晚期和战国早期，生铁制品的发现就更多了。湖北省老河口市的杨营遗址就出土了42件铁器，包括锄、锸等农具，表明铁器使用开始普及了。同时期，铁也用于铸造奢侈品，如湖南长沙杨家山和窑岭出土了公元前五世纪的一件铁鼎，其残高为6.9厘米，足长1.2

厘米。长沙窑岭的楚国墓葬也出土了一件铁鼎,残高21厘米,口径33厘米,重达3 250克。这两件铁鼎都是用生铁铸造的仿铜礼器。到了战国中晚期,铁器数量大增,除了农具、武器和日用器皿,还有脚镣等刑具,说明铁器已经得到了进一步普及。赵国、齐国和蜀国出现了因冶铁而致富的商人。在战国时期,中国的生铁和熟铁冶炼技术也传播到了朝鲜半岛和日本群岛。

进入西汉以后,中国的生铁冶炼技术迅速发展。除了满足日益增长的铁农具需求,还要满足大规模战争的需求。与此同时,从战国时期开始,一些诸侯国开始设置铁官,一方面满足武器用铁的需求,另一方面收取铁器买卖的丰厚税收。公元前119年,汉武帝为了弥补因征伐匈奴而消耗的国库,将盐铁经营收归国有,实施盐榷和铁榷制度。从此,在全国设置了大小铁官,前后一共设置了49处。二十世纪五十年代以来,考古工作者在河南郑州古荥镇巩义铁生沟和平顶山鲁山发现了其中的一些铁官遗址。当然,除了这些遗址,还有多处无法认定为铁官的冶铁和铸铁作坊。据估算,西汉每年的块炼铁和生铁产量可达5 000吨。到了北宋,人们采用煤来冶炼,块炼铁和生铁的产量达到了新的高度,上升到了15万吨,在当时可谓雄冠全球。唐代以后,人们还用生铁来铸造大型铁器,如山西蒲津巨大的铁牛桥墩、河南登封的铁力士像。到了明代,人们开始用生铁铸造大炮。

在欧洲,人们大约在公元前1000年从安纳托利亚高原获得了熟铁冶炼技术,由此开始冶炼熟铁,一直延续到中古时期。与生铁相比,熟铁冶炼规模小,投入低,所以欧洲的冶铁作坊众多而分散。熟铁通过渗碳技术可以得到优质的钢材,制作锋利而有韧性的

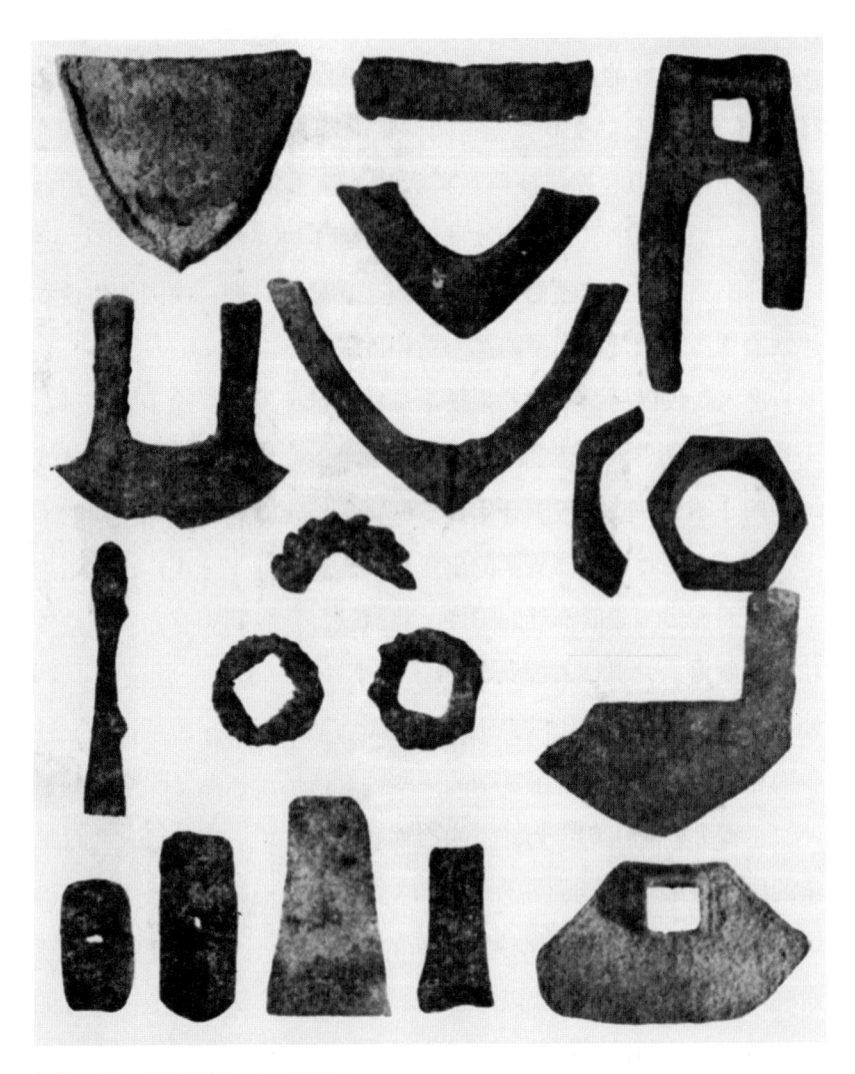

郑州古荥镇一铁官遗址出土的各类铁器

刀剑，但是产量低。在十二世纪以前，欧洲人只是偶尔冶炼生铁，他们认为生铁是一种低劣的材料，只能当作废物扔掉或用来做钉子。1150—1350年，高炉出现在欧洲的瑞典。瑞典人可能从蒙古人那里学到了这种设备的制作方法，不过他们不像中国人用生铁来铸造产品，而是通过脱碳将它转化为熟铁。这是欧洲早期冶铁的独特之处。十四世纪以后，由于生产炮管和炮弹的需要，人们对于生铁的需求增加。公元1700年以后，一系列技术革新改变了生铁的冶炼工艺。1709年，亚伯拉罕·达比（Abraham Darby）用焦炭替代了木炭，降低了燃料成本，扩大了生铁的产量。1784年，亨利·科特（Henry Cort）发明了搅拌法，通过搅拌炉内的生铁熔液并加热，去除生铁中的碳和其他杂质，将生铁转化为坚硬而可锻的熟铁，解决了生铁脆的缺陷，因而炼铁在英国实现了工业化，而英国也成了欧洲最大的产铁国家。

四、钢

在日常生活中，我们经常把钢和铁合在一起说成钢铁。钢来自铁，但是与铁在含碳量和性能上差别很大。钢是含碳量在0.05%～2%的铁碳合金，而铁有含碳量低于0.05%的熟铁，也有高于2%的生铁。钢具有可塑性高、强度高、韧性好、耐高温、耐腐蚀、易加工和抗冲击等特性。而熟铁质地柔软，生铁质地硬且脆，无法锻打，无法折叠，两者都不利于制作耐用的工具和武器。所以古人很快就发明了用熟铁和生铁炼钢的方法。

在中国，人们最早采用在块炼铁中渗碳来获得钢。块炼铁的质地柔软和熔点很高的缺陷，经过渗碳得到了弥补，成为优质的渗碳钢。由这种钢材制作的兵器与锻铁兵器一起出现在虢国墓地的两座国君墓中。1976年，长沙杨家山的春秋晚期楚墓出土了一把钢剑，这把剑的原料为含碳0.5%的渗碳钢，中部由七至九层反复锻打而成，可能还经过了高温退火处理。这种钢就是后来文献中提到的百炼钢。渗碳钢经过反复加热折叠锻打，即所谓的"千锤百炼"，组织更为致密，成分更为均匀，杂质更少，其性能因而得到了质的提升，受到了人们的追捧。

生铁因为含碳量高而质地硬脆，但是中国古代工匠很早就通过脱碳将其变成钢。生铁熔点低，与青铜接近，他们把生铁加热到熔化之后，在熔炉中加以搅拌，利用空气中的氧把生铁所含的碳氧化挥发，从而得到钢。关于这种炼钢新工艺，东汉中晚期的《太平经》描述道："使工师击冶石，求其铁烧冶之，使成水，乃后使良工万锻之，乃成莫邪（古代的利剑）耶。"具有这种功能的脱碳炉已经在河南的登封告成和新郑仓城的两处战国时期的冶铁遗址发现；不过，由于在战国和秦汉时期，渗碳钢的质量仍然优于脱碳钢，河北满城西汉中期中山王刘胜墓出土的铁器中，刀剑等武器是用渗碳钢制造的，而斧锸等工具是用生铁或脱碳钢制造的。古代冶金工匠不断发明炼钢新工艺，在南北朝时期出现了"灌钢"法。宋代著名学者沈括在《梦溪笔谈》中就记载了这种工艺，也就是把生铁和块炼铁一起放在坩埚里熔化，调和二者的碳含量，从而得到钢。

公元前五世纪，印度人第一次炼出了地球上纯度最高的人造钢，这种将碳和铁更好地融为一体的材质，性能远远优于同时期的块炼铁和铸铁。印度的冶金工匠将小型块炼铁棒和木炭块、绿色树叶放入坩埚中，再密封放入炉中加热。这个过程中，块炼铁熔化并不断吸收木炭中的碳，当坩埚冷却时，纯度更高的钢锭——乌兹钢（wootz）就炼成了。它的性能极为出色，不仅锋利而且韧性很强。这种钢通过贸易通道传播到大马士革，再由大马士革传播到西班牙等地，成为制造罗马刀剑的钢材。罗马自然科学家老卜林尼（Gaius

Plinius Secundus）提到的质量卓越的大马士革剑，就是用印度的乌兹钢制的。这种剑曾经让中世纪的欧洲十字军闻风丧胆，据说可以斩断空中飞舞的羽毛。著名的冶金史学家华道安（Donald B. Wagner）认为，这种钢在唐代可能也来到了中国，被称为"镔铁"。

赫梯人在发明块炼铁以后，凭借铁兵器建立了古代最强大的军队，所向披靡。这种铁韧性不强，要克服这种缺陷，还需要把它炼成钢。不过，虽然冶铁技术很快在西亚和欧洲传播开来，但是在炼钢技术上进展不大。公元前一千纪，黑海北岸的冶铁工匠将块炼铁棒塞入白色的炭火中，让表层吸收碳成为钢，但是内核仍然是铁。罗马帝国一方面延续了这种炼钢技术，另一方面引进了印度的乌兹炼钢法。前者所得的钢成分不稳定，质量不高，而后者可得优质钢，但是成本高，产量低。到了十八世纪，英国钟表师本杰明·亨茨曼（Benjamin Huntsman）改进了乌兹炼钢法，将塞满块炼铁和含碳植物的坩埚放在焦煤上加热，得到了欧洲前所未有的优质钢，而他所在的谢菲尔德市也成了欧洲的炼钢中心。

在欧洲，由块炼铁（熟铁或其他铁材）炼成的渗碳钢一直受到人们的偏爱，成为人们制作刀剑、铠甲和各种工具的主要钢材。十四世纪炮管兴起，对于冶炼效率更高、铸造更为方便的生铁需求量迅速增长。十八世纪，炒钢技术出现在了英国。虽然比中国晚了1 600多年，但是从此踏上了日新月异、飞速发展的列车。在1853年的克里米亚战争中，人们发现用传统生铁铸造的炮管太脆，无法发射炮弹；而块炼铁渗碳钢产量小，成本高，无法用于大规模生产炮管。于是在1856年，英国工程师亨利·贝塞麦（Henry Bessemer）发明了底吹转炉炼钢法。这种方法就是将生铁熔液倒

谢菲尔德市传统铸剑作坊的打剑房

入一个大容器，然后从底部的开孔鼓入大风，结果火花四溅、熔液沸腾，就这样，他得到了不含碳的纯铁。在这种纯铁中再加入含碳的铁锰合金，就得到了优质的钢材。有了这种技术，大规模炼钢成为可能。后来欧洲人又陆续发明新技术，解决了贝塞麦炼钢法存在的各种问题，英德法美等钢铁大国因此出现。到了二十世纪的"二战"期间，德国的钢产量达到了 1 982 万吨，而美国达到了 5 180 万吨。

第四节 金属武器与兵种的发展

从考古资料来看，人类从旧石器时代就开始使用木材、骨骼和燧石来制作木棍、狼牙棒、投石器、投枪和弓箭等简单武器。在亚欧大陆，人类在公元前六千纪就学会冶炼铜矿，从而得到红铜和砷青铜。从此他们就开始生产短剑、矛、横銎斧和镞等兵器了。公元前四千纪末以后，西亚和欧洲进入青铜时代，人们又开始利用锡青铜制作战斧、短剑和长剑；同时，他们利用已经驯化的马匹，用它们拉战车，可称为"古代的坦克"。从乌尔王陵出土的"王旗"上，我们可以看到古代西亚的驴拉战车和步兵军阵的样子：车兵手持长斧，保护驭手，而高大的驴撞倒敌人，将他们踩在脚下；步兵则手持长剑，刺杀敌人。在埃及，从早王朝（公元前3150—前2613）开始，法老就组建了禁卫军和常备军，将常备军派驻在各个行省。埃及军队由步兵组成，以200人为单位，他们装备木盾、铜质长矛或长枪；埃及军队还有弓箭手，只装备进攻用的铜斧、短剑和弓箭。由叙利亚北部出土的一枚印章来看，马拉两轮战车在公元前十八至前十七世纪出现在安纳托利亚，很快就传播到了埃及。马拉战车的速度更快，冲击力更强。

战车、矛（戈、戟）、剑、盔甲、盾牌和弓箭成为包括中国在内的亚欧大陆的主流武器，也成为各个区域各个时期人类发挥智慧的地方，朝着有利于进攻敌人和保护自己的方向不断改进。公元前十七世纪，土耳其和美索不达米亚北部的胡里特人发明了一种将许多小甲片缝在织物上的全身铠甲；而底比斯贵族墓葬的壁画证实了这种铠甲的存在：这是一件由450片青铜甲片编缀而成的铠甲。从公元前十四世纪起，人们为了增加杀伤力，将长剑加重加长，长度从70厘米延长到90厘米；为了让长剑更加坚固，整体铸造了剑身和剑柄。这样的长剑不仅能刺杀，而且能劈砍。与此同时，他们开始制作护身用的头盔和盾牌。进入铁器时代以后，人们除了用铁和钢等新材料来改进武器，还不断改良武器的形状和军队的构成。从公元前 1000 年起，亚述军队装备了用铁打造的武器和护甲。它包括使用长枪的步兵方阵，使用威力强大的铁质箭头的弓箭手；骑兵开始出现。骑兵发源于游牧民族，在亚欧大陆古代战争史上占据了特殊地位。我们将在第四章专门讲述。在亚述，骑兵与战车兵协同作战；在攻城时，他们使用可移动高塔和撞锤等工程机械。他们还使用恐吓手段来瓦解敌人。在公元前九至前七世纪，亚述军队所向披靡，征服了叙利亚和安纳托利亚的赫梯王国、埃兰帝国、以色列王国和埃及王国。

随着时间的推移，战争从陆地扩大到了海上。在公元前一千纪的亚欧大陆，除了上述的陆军，还出现了海军。著名的希波战争就是水陆联合作战的经典案例。公元前 490 年，波斯帝国的国王大流士一世派出强大的五万士兵，分乘 600 艘船来到希腊半岛，实现他征服欧洲的愿望。波斯军队在马拉松平原登陆。一开始，他们并没有受到抵抗。雅典的一万重装步兵在马拉松发动攻击。他们凭借短矛、柳条盾牌大败波斯军队，波斯军队转而试图进攻雅典，但因为雅典军队赶回来，他们无功而返。公元前 485 年，大流士一世死去，薛西斯继位，在公元前 480 年再次发动战争。这次薛西斯派出了一支庞大的陆军和海军，分别从陆路和海路浩浩荡荡奔赴希腊。这次希腊的 30 个城邦联合起来，组成了陆军和海军。虽然他们在温泉关（Thermopylae）和阿尔忒弥斯（Artemisium）失利；但是老天帮忙，波斯帝国的海军遭遇了风暴，损失了 200 艘船只。最后雅典海军将波斯海军引诱到狭窄的萨拉米斯（Salamis）海峡，在那里大败波斯海军，迫使薛西斯撤军。同年，斯巴达率领联军在布拉底（Plataea）的西塞隆（Cithaeron）山又大败剩下的波斯陆军。

从此以后，海战成了欧洲战争的一部分。

公元前一千纪以来，在亚欧大陆上先后涌现了斯基泰王国、匈奴帝国等游牧大国，阿契美尼德帝国、罗马帝国、阿拉伯帝国等农业大国。它们之间相互征战，战争频仍，使得钢铁冶炼和武器制造技术日新月异、突飞猛进，马其顿长枪、凯尔特剑、法兰克刀、维京战船、阿拉伯战锤、投石机、英格兰弓、古藤塔克长矛等新武器先后登场，在战争中大放异彩。公元七世纪，中国人发明了火药，到了十三世纪又发明了竹管、铜管和铸铁管火铳和铸铁火炮，到了明代洪武年间（1368—1398），政府开始大规模生产火铳，每三年生产 3 000 门。中国的火药、火铳或炮很快经蒙古人和阿拉伯人传到了欧洲，十五世纪为欧洲带来了军事大变革。虽然早期的火铳火炮技术尚较为原始，但在蒙古人西征欧洲时，已经让欧洲人吃到了苦头。欧洲人一方面改进枪炮，另一方面改进其他武器和作战战术。为了应对炮兵，欧洲骑兵穿上了坚固厚重而不失灵活的"白盔甲"；骑兵部队除了重装骑兵，分化出了轻骑兵。1448 年，法兰西组建了包括弓兵、弩兵和枪兵在内的步兵，而勃艮第（Burgundy）公爵于 1469 年拥有了由重装骑兵、弓兵、炮兵和火枪兵构成的军队。但是这支近乎完美的军队还是败在了瑞士的步兵方阵手下。瑞士步兵接受了高强度的训练，有着严明的纪律，改进了方阵构成和攻守战法，因而在战争中发挥了惊人的威力。装备长矛和戟的步兵列于阵前抵挡敌人的骑兵，而弩手和火枪兵依次排开向敌人射击。德国人又改进了瑞士步兵方阵，更加强调利用地形防守，或者借助火枪兵破坏敌人的阵形，后面的战士便手持长剑，斩断敌人的长矛，再用短剑、匕首与之近战。皮萨罗带去印加帝国的正是这样

帕维亚之战中德国步兵大败法国骑兵
(弗拉芒挂毯绘画，那不勒斯卡波迪蒙特国家博物馆藏)

一支规模不大，但是经过严格训练、纪律严明的，集热兵器和冷兵器、骑兵和步兵于一体的队伍。

§

过去国际学术界误以为安第斯山脉是一个冶金技术落后的区域，但其实这里的冶金技术不仅历史悠久，而且相当发达。当皮萨罗和他的168名士兵带着他的刀剑、枪炮和盔甲登陆的时候，他们面临的并不是石器时代的印加帝国，而是青铜时代的印加帝国。安第斯山脉并不是金属资源的荒漠，而是金属资源的宝库。它蕴藏着丰富的黄金（哥伦比亚和厄瓜多尔）、锡（玻利维亚）、铜（秘鲁和智利）和银（从秘鲁到玻利维亚）。从现有的考古资料来看，印第安人最早从公元前1800年起就开始利用黄金；公元前1000年以后，他们陆续发展出了鎏金、铜银合金、铜金合金、铜金银合金、砷青铜和锡青铜。因此，他们在冶炼技术上并不落后于亚欧大陆，只不过他们将这些金属材料主要用于制造光彩耀眼的金银或仿金银装饰品，虽然他们也制造工具和武器，但是跟亚欧大陆相比，这些武器并不普及。所以当印加人与西班牙人在卡哈瓦卡对阵时，他们虽然有锡青铜投枪、长矛和弓箭，但是主要依赖木棒、石斧、石球等武器。与美洲大陆的同时期文明相比，印加帝国的武器是比较先进的，足以打败敌人，但是在与皮萨罗探险队的战斗中，印加帝国的武器明显处于劣势。面对西班牙人锋利的钢刀和先进的火器，印加人节节败退，被皮萨罗率领的 168 名士兵轻松地打败了。

美洲驼首铜杜米刀是一件在考古发掘中发现的武器，为我们打开了观察印加文明武器的窗户。这种刀的手柄长度约为 25 厘米，刀刃部分则长约 30 厘米，宽度大约为 11 厘米。它既没有长矛或标枪那样的长度优势，也不及石棒或石斧那样短小精悍。这种刀具的设计存在一些明显的缺陷：刀刃的锋利度不足，无法有效穿透西班牙士兵的铁甲，这限制了其在战场上的攻击力和穿透力。在面对西

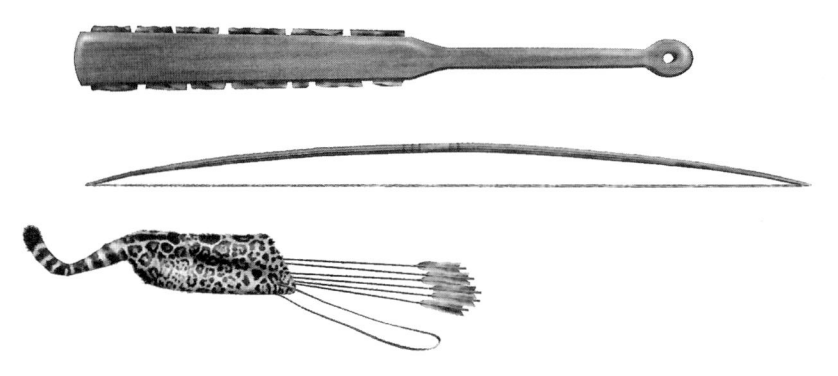

前哥伦布时期中美洲战士的武器

班牙人的枪炮射击和锋利的钢刀时，美洲驼首铜杜米刀显得力不从心，难以形成有效的防御或反击。尽管在军事上未能取得成功，美洲驼首铜杜米刀作为一件历史文物，却成功地保存至今。它不仅是印加帝国历史的见证，更是那段动荡时期的生动记录。通过这把刀，我们能够窥见印加人在面对外来侵略时所做出的努力和尝试，以及他们在军事技术上的探索和创新。这把刀的存在，让我们对印加文明有了更深刻的理解和认识。

参考文献

[1] Wang F, Yang S, Ge J, et al. Innovative ochre processing and tool use in China 40, 000 years ago[J]. *Nature*, 2022, 603: 284-289.

[2] 贾兰坡. 山顶洞人 [M]. 上海：龙门联合书局, 1951.

[3] 西安半坡博物馆, 陕西省考古研究所, 临潼县博物馆. 姜寨——新石器时代遗址发掘报告 [M]. 北京：文物出版社, 1988.

[4] 凡小盼, 赵雄伟, 高强. 同步辐射微束 X 射线荧光技术在早期黄铜研究中的应用 [J]. 电子显微学报, 2014, 33(4): 349—356.

[5] 凡小盼, 赵雄伟. 史前黄铜器及其冶炼工艺 [J]. 中国国家博物馆馆刊, 2016(08): 142—150.

[6] 凡小盼, 赵雄伟, 赵卓. 混合矿模拟冶炼黄铜对比试验 [J]. 有色金属 (冶炼部分), 2014(12): 7—10.

[7] Qian W, Li Y, Rehren T, et al. Early brass from the Foyemiaowan-Xindiantai cemetery, 265-439 ce: the origin and diffusion of brass in ancient China[J]. *Heritage Science*, 2022, 10(1): 1-17.

[8] 陈国科. 西城驿——齐家冶金共同体——河西走廊地区早期冶金人群及相关问题初探 [J]. 考古与文物, 2017(05): 37—44.

[9] 陈国科, 张良仁, 王鹏, 等. 甘肃张掖市西城驿遗址 2010 年发掘简报 [J]. 考古, 2015(10): 66—84+2.

[10] 孙周勇, 邵晶, 邱楠, 等. 陕西神木市石峁遗址皇城台大台基遗迹 [J]. 考古, 2020(07): 34—36+47+37—46.

[11] 陈坤龙, 杨帆, 梅建军, 等. 陕西神木市石峁遗址出土铜器的科学分析及相关问题 [J]. 考古, 2022(07): 58—70+2.

[12] 高江涛,何努,王晓毅.山西襄汾县陶寺遗址Ⅲ区大型夯土基址发掘简报[J].考古,2015(01):30—39+2.

[13] 严志斌,陈国梁,李志鹏.山西襄汾县陶寺遗址Ⅱ区居住址1999~2000年发掘简报[J].考古,2003(03):195—209+289—290.

[14] 高天麟,张岱海.山西襄汾县陶寺遗址发掘简报[J].考古,1980(01):18—31+100—102.

[15] 郭静云,邱诗萤,范梓浩,等.中国冶炼技术本土起源：从长江中游冶炼遗存直接证据谈起（二）[J].南方文物,2019(03):41—55.

[16] 郭静云,邱诗萤,范梓浩,等.中国冶炼技术本土起源：从长江中游冶炼遗存直接证据谈起（一）[J].南方文物,2018(03):57—71.

[17] Benjamin W. Roberts, et al. Development of metallurgy in Eurasia. [J]. *Antiquity*, 2009, 83(322): 1012-1022.

[18] W. T. Chase. Bronze Casting in China: A Short Technical History[A]. George Kuwayama (ed.). *The Great Bronze Age of China: A Symposium*[M]. Los Angeles: Los Angeles County Museum of Art, 1983.

[19] 韩建业.内蒙古朱开沟遗址有关问题的分析[J].考古,2005(03):55—64+2.

[20] 李水城.西北与中原早期冶铜业的区域特征及交互作用[J].考古学报,2005(03):239—275+278.

[21] Lesley Frame. Investigations at Tal-i lblis: Evidence for Copper Smelting During the Chalcolithic Period[D].

Massachusetts Institute of Technology, 2004.

[22] M. Radivojević, et al. Tainted ores and the rise of tin bronzesin Eurasia, c. 6500 years ago[J]. *Antiquity*, 2013, 87(338): 1030−1045.

[23] Robert Maddin ed. *The Beginning of the Use of Metals and Alloys*[M]. Cambridge: The MIT Press, 1988.

[24] Benjamin W. Roberts, Christopher P. Thornton eds. *Archaeometallurgy in Global Perspective: Methods and Synthesis*[M]. New York: Springer, 2014.

[25] Christopher P. Thornton. The Emergence of Complex Metallurgy on the Iranian Plateau: Escaping the Levantine Paradigm[J]. *Journal of World Prehistory*, 2009 (22/3): 301−327.

[26] Aurelie Cuenod, Peter Bray, A. Mark Pollad. The "Pin Problem" in the Prehistoric Near East: Further Insights from a Study of Chemical Datasets on Copper Alloys from Iran and Mesopotamia[J]. *Iran*, 2015(53): 29−48.

[27] Kutlu Aslıhan Yener. *Göltepe Excavations: Tin Production at an Early Bronze Age Mining Town in the Central Taurus Mountains, Turkey*[M]. Philadelphia INSTAP Academic Press, 2021.

[28] Andreas Hauptmann, Robert Maddin, Michael Prange. On the Structure and Composition of Copper and Tin Ingots Excavated from the Shipwreck of Uluburun[J]. *Bulletin of the American Schools of Oriental Research*, 2002 (328): 1−30.

[29] James D. Muhly. Sources of Tin and the Beginnings

of Bronze Metallurgy[J]. *American Journal of Archaeology*, 1985(89/2): 275-291.

[30] 张昕瑞，李延祥，阿里甫江·尼亚孜. 新疆托里县那仁苏墓地出土陨铁器分析 [J]. 西域研究, 2023(03): 88—94+175.

[31] 李众. 关于藁城商代铜钺铁刃的分析 [J]. 考古学报, 1976(02): 17—34+187—194.

[32] Ursula Brosseder, et al. The innovation of iron and the Xiongnu — a case study from Central Mongolia[J]. *Asian Archaeology*, 2023, 7(2).

[33] 陈建立，毛瑞林，王辉，等. 甘肃临潭磨沟寺洼文化墓葬出土铁器与中国冶铁技术起源 [J]. 文物, 2012(08): 45—53+2.

[34] 魏强兵，李秀辉，王鑫光，等. 虢国墓地出土铁刃铜器的科学分析及相关问题 [J]. 文物, 2022(08): 80—87.

[35] Theodore A. Wertime, James D. Muhly eds. *The Coming of the Age of Iron*[M]. New Haven and London: Yale University Press, 1980.

[36] Ünsal Yalçin. Early Iron Metallurgy in Anatolia[J]. *Anatolian Studies*, Vol. 49, 1999: 177-187.

[37] Donald B. Wagner. Chemistry and chemical technology, Part 11: Ferrous metallurgy[A]. *Needham Science and Civilisation in China*[M]. Cambridge: Cambridge University Press, 2007.

[38] 韩汝玢，柯俊主编. 中国科学技术史（矿业卷）[M]. 北京：科学出版社, 2007.

[39] 陈建立. 中国古代金属冶铸文明新探 [M]. 北京：科学出

版社, 2014.

[40] Abdolrasool Vatandoust. A view on prehistoric lranian metalworking: Elemental analyses and metallographic examinations[A]. *The Beginning of Metallurgy(9)*[C]. Bochum: Deutsches Bergbau-Museum Bochum, 1999: 131.

[41] N. I. Merpert, R. M. Munchaev, N, O. Bader, Investigation of the Soviet expedition in Northern lrag, 1976[A]. *Sumer: a journal of archaeology and history in Arab World*[M]. Baghdad: Iraq Ministry of Culture and infomation State Organization of Antiquities and Heritage, 1981 (37): 22-31.

[42] S. Cleuzion, T. Berthoud. Early tin in the Near East: a reassessment in the light of new evidence from western Afghanistan[J]. *Expedition*, 1982(25): 14-19.

[43] Miljana Radivojevic. Paint It Black: The Rise of Metallurgy in the Balkans[J]. *Journal of Archaeological Method and Theory*, 2016(1): 200-237.

[44] 桑栎. 近东地区冶金术的发展历程 [J]. 边疆考古研究, 2015(01): 175—195.

[45] 〔意〕乌戈·巴克罗斯蒂, 桑德罗·马蒂尼著, 彭靖夫等译. 冷兵器大百科 [M]. 北京: 电子工业出版社, 2008.

[46] 钱林方等. 火器传奇: 改变人类历史的枪与炮 [M]. 北京: 科学出版社, 2020.

[47] Liangren Zhang. *Ancient Society and Metallurgy: A Comparative Study of Bronze Age Societies in Central Eurasia and*

North China[M]. Oxford: BAR Publishing, 2012.

图片来源

[1] 史墙盘：杨锁强.《史墙盘》铭文书法的文化阐释及其艺术特色 [J]. 书法，2015(04): 98—101.

[2] 陶寺遗址出土的铜齿轮和铜璧：何驽供图。

[3] 二里头遗址出土的铜爵：姚平. 考古精华 [M]. 北京：科学出版社，1993: 118.

[4] 天山北路墓地出土的金属器：作者供图。

[5] 英国威尔士奥尔梅青铜时代铜矿：作者摄。

[6] 竖穴墓文化金属器线图：*C. B.* Богданов. *Эпоха меди степного приуралья*[M]. Екатеринбург: УрО РАН, 2004, рис. 57.

[7] 卡拉苏克文化陶器和金属器线图：张良仁. 西西伯利亚南部的青铜时代分期 [J]. 考古学集刊，2017.

[8] 郑州古荥镇一铁官遗址出土的各类铁器：郑州市博物馆. 郑州古荥镇汉代冶铁遗址发掘简报 [J]. 文物，1978(2): 41.

[9] 谢菲尔德市传统铸剑作坊的打剑房：作者摄。

[10] 帕维亚之战中德国步兵大败法国骑兵：乌戈·巴克罗斯蒂、桑德罗·马蒂尼著，彭靖夫等译. 冷兵器大百科 [M]. 北京：电子工业出版社，2008: 162.

[11] 前哥伦布时期中美洲战士的武器：乌戈·巴克罗斯蒂、桑德罗·马蒂尼著，彭靖夫等译. 冷兵器大百科 [M]. 北京：电子工业出版社，2008: 170.

第四章
游牧与骑兵

历史上，匈奴、鲜卑、突厥和蒙古等游牧民族前赴后继，给中国的中原王朝带来了无尽的战乱，而且几度横扫亚欧大陆，让西亚的波斯帝国、欧洲的罗马帝国疲于应付。在十三世纪，蒙古大军西征曾凭借轻骑兵和火器几乎摧毁了欧洲的重骑兵。成吉思汗从1219年开始西征，消灭了中亚的花剌子模帝国。成吉思汗去世后，拔都和速不台开始第二次西征，先后攻下了基辅和波兰，于1241年到达欧洲中部的匈牙利。当时的匈牙利国王贝拉四世迅速聚集了十几万人的欧洲联军，依靠多瑙河天险和坚固的佩斯城坚守。但是拔都和速不台擅长计谋，一方面利用匈牙利人与投奔他们的钦察人的矛盾，挑起内乱；另一方面在城外大肆杀戮，破坏教堂，激怒守军出战。贝拉四世眼看控制不了佩斯城的局面，于是带领7万军队来到160千米以外的赛约河畔，准备与蒙古大军决战。他们利用有利地形，修建了桥头堡。

当时的欧洲重装骑兵正处于巅峰时期，披戴厚重的金属护甲，手持双刃剑，几乎成为横扫战场的无敌力量。然而，欧洲重装骑兵的机动性较差，更适合在小范围内近距离格斗。相比之下，蒙古大军的轻装骑兵机动灵活，神出鬼没。速不台采用大迂回战术，绕到匈牙利军队的侧翼；而拔都保持正面强攻，吸引匈牙利军队的注意，而且送了他们几场胜仗，让他们骄傲起来。此后，蒙古大军发动总攻，包围了匈牙利军队。他们发射火炮，将巨石投进匈牙利军营；又用投石机发射鞭炮和点燃的狼粪，在匈牙利军队中造成了大面积的恐慌。蒙古军队又故意放开一条生路，匈牙利军队顿时军心溃散，夺路而逃，而蒙古军队沿路袭击。经过赛约河之战，欧洲重骑兵的辉煌时代走到了尽头。在很长一段时间内，欧洲人都对蒙古铁骑充满了恐惧。

历史上农业民族与游牧民族不只有残酷的战争，也有温和的贸易。这种相爱相杀的故事，不仅贯穿了古代中国的历史，也贯穿了古代欧洲的历史。为何游牧民族拥有如此强大的战斗力呢？为何游牧民族在冷兵器时代经常碾压农业民族呢？让我们走近游牧民族一探究竟。

第一节　游牧民族的起源与游牧文化

游牧民族，一个神秘而又令人着迷的群体，他们的生活方式、文化传承和军事发展，都承载着丰富而深远的历史内涵。而这一切，或许可以从一条裤子开始……

只有女生才能穿裙子吗？其实裙子并不是女生的专属！要知道，在人类起源之初，都是用树皮、丛生的草葛或者猎获的兽皮等遮体取暖，可以说人人都穿着"裙子"。中国到了商周时期，衣服的形制日渐分明，大抵可以分为两类：一是上衣下裳制，即上、下身分开，这里"下裳"指的是男女用于遮蔽下体的服装；二是深衣制，即上衣和下裳连在一起。如果说深衣制相当于连衣长裙，那上衣下裳就是"上衣"加"半身裙"的组合。

为了保暖，人们一般在裳里面穿上其他的衣服，如胫衣。胫衣起源于商周时期，胫是小腿，"胫衣"顾名思义就是"小腿的衣服"，听上去是不是有点类似现在的吊带袜？到了战国时期，可能是因为用带子系胫衣不方便或者为了保暖，胫衣长度从膝盖提高到了臀部，并开始与腰部连在一起，名为"绔"。东汉许慎的《说文解字》解释说："绔，胫衣也。""绔"音同"裤"，算是早期裤子的雏形了。不过它还不是裤子，"绔"与"裤"最大的区别在于前者是开裆的，在今天看来是相当辣眼的。我们今天认识的裤子，是将两条裤腿相连而成的有裆的裤子。

一、世界上最早的裤子与游牧民族的不解之谜

那裤子是什么时候出现的、是谁发明的、是在哪个地方起源的呢？要讲裤子的起源，就先要找到世界上年代最早的裤子。这里我们可以自豪一下，目前最早的裤子没有发现于西亚，也没有发现于美国，而是发现于我国新疆的吐鲁番盆地。这样说来，那我们岂不是有了"第五大发明"呢？这不是开玩笑，裤子的发明，其意义并不逊于火药和造纸术。然而，最早的裤子在我国发现，并不等于裤子是在我国发明的。我们知道，裤子是有机物，不容易从古代保存到今天。它完全可能发明于其他地方，就是运气不好，没有保存下来。而新疆吐鲁番盆地的考古发现，给我们提供了破解裤子出现的时间和游牧人群起源之谜的"金钥匙"，这究竟是怎么回事呢？

新疆的塔克拉玛干沙漠和吐鲁番盆地炎热干燥的自然环境，让许多类似衣服和食物等有机物得以保存下来，就像洋海墓地发现的这条裤子。它的发现为我们追溯游牧民族的生活和文化提供了物证。洋海墓地位于吐鲁番盆地著名的火焰山以南，主要分布在戈壁

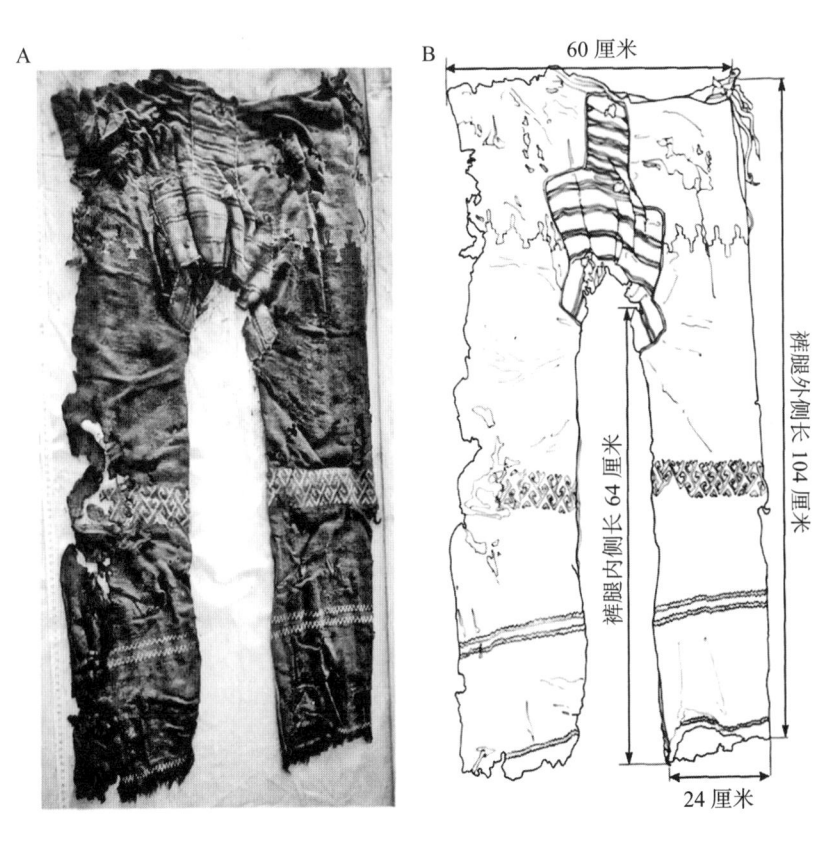

世界上最早的裤子

中相对独立的三块台地上，总共有 3 000 余座墓葬。

　　因为有几条坎儿井穿过，附近农民在维修坎儿井时发现了这组墓地。二十世纪八十年代以后不断有人盗掘，因此 1988 年和 2003 年，新疆的考古工作者先后做了两次大规模抢救发掘，一共发掘了 603 座墓葬。考古发掘发现，先民在沙地里挖开椭圆形的墓坑，然后在底部放置木床，上面摆放尸体，尸体上面覆盖帐篷。尸体身上穿着衣服；它周围摆着陶器、各种木质容器和弓箭。发掘者将墓葬分成四类，并按照墓葬类型分为四期，年代大约为公元前十三世纪至公元二世纪。出土这条裤子的是编号为IM21的墓葬，属于第一期，年代为公元前十三至前十一世纪，此时正是游牧民族兴起的时期。

中国和德国的考古工作者研究了这条裤子，仔细分析了裤子的做法，发现它是由三块羊毛布缝起来的，两块对应两条腿，由腰身到脚踝，一块对应裆部。这三块羊毛布没有剪裁，都是按照死者的腿长预先织好的。同时，三块布的羊毛和缝线的颜色与质量相同，说明织布的和缝裤的是同一人，或者是紧密合作的。这种裤子的样式现在好像又流行起来了，有时在街上能看到一些时髦的年轻人穿着类似的裤子，不过裁剪技术和以前完全不一样了。

至于裤子出现的原因，学术界普遍认可的一种看法是：亚欧草原上的游牧人群需要长时间骑马并在马上作战，于是这种既能方便骑马者两腿分开，同时又能保护腰腹和生殖器官的下装就应运而生了。洋海墓地出土的连裆裤就是目前考古发现的世界上最古老的裤子。由洋海墓地出土的其他遗物来看，洋海墓地的墓主人是游牧民族，这也证明了连裆裤可能是游牧民族发明的。

二、由洋海墓地和苏贝希墓地窥见游牧生活

在中国历史上，由北方游牧民族所建立的部落或者王朝频繁更迭，此起彼伏。诸如匈奴、鲜卑、突厥、蒙古等草原民族的兴起、更迭与衰落交织在中国历史长河中，留下了独特的历史轨迹。新疆地区在古代曾有许多民族聚居，这些民族从汉代开始才有明确的记载，当时除了汉人外主要有塞人、月氏、乌孙、羌和匈奴。但是历史文献关于他们的详细记载很少，而且真伪难辨。洋海墓地发现的裤子揭开了新疆游牧民族起源之谜的一角。接下来，我们通过考古发现来揭开游牧民族的神秘面纱！

1. 洋海墓地

洋海墓地的墓主人到底过着怎样的生活呢？洋海墓地除了我们前面提到的世界上最早的裤子以外，还出土了其他物品。身穿这条裤子的死者是位男性，他头戴羊皮帽，额头系彩色毛编织带，两耳戴金或铜耳环，身穿翻领毛大衣和毛织裤，脚穿长靿皮靴，手持一把铜斧和一根鞭。在其他墓葬里，还随葬了栽绒毛毯（IM90、IM189），在红底上装饰了蓝色、绿色和黄色水波纹，与部分彩陶

最早裤子的主人及其复原图

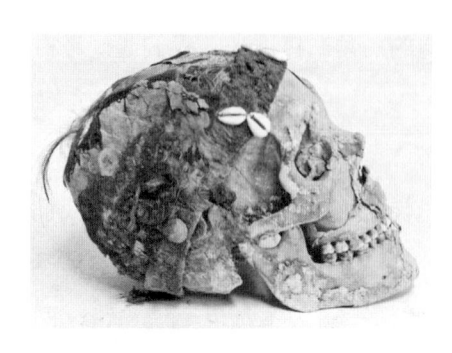

洋海墓地女墓主人的帽子和海贝

的纹样相同。洋海墓地的陶器器类不多，其中常见的是单柄罐，可以用来倾倒牛奶。

洋海墓地的死者还喜欢戴高帽子，头绑编织带，上面装饰有海贝。海贝不是新疆产的，而是海洋生物。现在学术界一般认为它产于马尔代夫，经巴基斯坦翻越帕米尔高原，又穿过塔克拉玛干沙漠，长途跋涉来到吐鲁番。

考古工作者在洋海墓地的一些死者身上发现了文身，其左手背上刺了鱼纹。我们知道游牧民族一般不吃鱼，他们把鱼的图案刺在身上，有时还有鱼形的装饰挂在马鞍上。这些纹样是否体现了先民对鱼的崇拜，我们不得而知。

洋海墓地出土了鹿角做的马镳。骑马时为了控制马，让马停下、让马拐弯，就要用缰绳拉马镳和马嚼。马嚼放在马的嘴里，马镳套在马嚼的两端，贴在马的两颊上。马镳上面的小孔用来系缰绳；而缰绳的另一端握在骑马人手里。墓葬 IM21 除了上文提到的一把铜斧，还出土了一把铜刀，铜刀用来割肉，铜斧则用来伐木。

洋海墓地还出土了弓、撑板和扳指。撑板是和弓一起发现的，是游牧人群用来支撑随身携带箭袋的框架，而扳指是射箭时拉弦护指用的。

2. 苏贝希墓地

除了洋海墓地以外，在吐鲁番地区的考古发现了与游牧民族有关的另一个墓地——苏贝希墓地。苏贝希村在火焰山北侧，发源于天山的地下水在这里露出地面，形成吐峪沟。苏贝希为维吾尔语地名，意为水的源头，指苏贝希是吐峪沟的源头。吐峪沟切断火焰山，流向吐鲁番盆地。

新疆考古工作者在苏贝希村周围发现了一处居址和三处墓地，其中3号墓地位于苏贝希居址西南180米。墓地所在台地宽16米、长40米，地表覆盖了一层长年冲积而成的沙石层，看不见遗物，也不见封堆，因此不为人所知。二十世纪九十年代，新疆文物考古研究所和吐鲁番地区博物馆联合发掘，清理了30余座墓葬。死者的服装与洋海墓地出土的相似。其中M6为两位成年男女的合葬墓，M11为成年女性墓葬。M6的男性上身穿圆领长袖毛织衣，外套开襟羊皮大衣，下身穿毛织裤，外面套过膝的长靿毡靴；该墓的女性和M11的女性穿着相似，上身穿黑色圆领长袖毛织衣，外套开襟长袖羊皮大衣，但是下身穿彩色毛织裙，脚穿短靿皮靴。所有死者的身上都裹着毛毡。这三位死者身着毛皮上衣，显然是冬天死的。不过与洋海墓地不同的是，苏贝希墓地M6的男性头戴盔形毡帽；M6和M11的两位女性则梳双辫，分别套黑色的发套，盘绕在头上，用木笄固定或固定在圈形毡托上，头戴尖筒形皮帽。

吐鲁番地区气候极为干燥炎热，所以古代遗址中的许多植物遗存往往由于迅速干燥脱水而得以较好地保存下来。在苏贝希墓地，考古工作者就发现了小米、小米做的饼和面条。经碳十四测年，苏贝希遗址、墓地的年代为公元前五世纪至前三世纪。

苏贝希墓地出土的陶器纹样与洋海墓地的略微不同，但是器形和功能是一样的，都是用来盛奶和倒奶的。

在苏贝希墓地，人们还发现了完整的弓、箭和弓箭袋。这里的弓是较为先进的复合弓。与原始弓相比，它的制作更为复杂，需要的力量更大，射程更远。吐鲁番盆地金属资源匮乏，所以金属器很少。洋海墓地和苏贝希墓地少见中国北方和亚欧草原同时期墓葬常见的黄金首饰（如项圈）、青铜武器（如短剑、啄戈）和马具（如马镳、马衔），只发现了几只铜制的箭头（其来源有待进一步研究）。此时，皮质马鞍已经出现了，而马镫尚未出现。

现在我们的生活很方便，随身可以携带火柴或打火机。古代生火就没有那么方便。考古工作者在苏贝希墓地发现了打火工具——取火板和取木棒。取火时，人们用取木棒在取火板的圆孔里转动，摩擦生火，然后用干草引燃。游牧民族需要经常迁徙，又无法携带

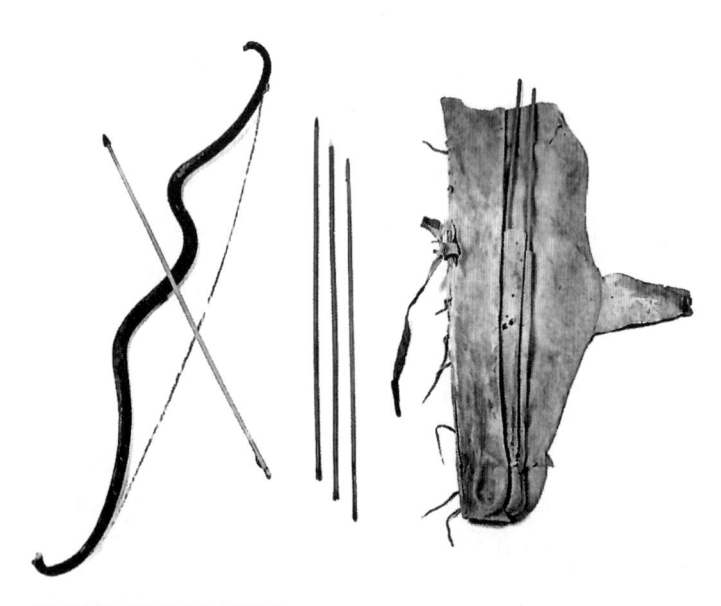

苏贝希墓地出土的弓箭、弓箭袋

火种，所以打火工具和刀、弓箭一样是他们随身携带的物品。

我们观察洋海墓地和苏贝希墓地的遗存可以发现，两处墓地死者的衣着服饰都以动物皮毛制品为主，如圆领长袖毛织衣、毛织裤、毛织裙、开襟羊皮大衣、毡靴、羊皮帽、皮手套、毛布、毛毡和羊皮等。除了衣着外，还有一些用于日常生活和狩猎的器具，如用来装牛奶的彩陶罐、用于携带弓箭的弓箭袋和用于生火的取火板和取火棒等。这些考古发现表明，洋海墓地和苏贝希墓地的死者属于游牧民族。

3. 游牧生活

那游牧民族的生活是什么样的呢？在此之前，我们先简单了解一下游牧经济。游牧经济指一种按季节或不定期转换草场放牧牲畜的经济方式。相对于农业经济和定居的畜牧经济来说，游牧经济是一种低效且不稳定的生计方式。游牧人群大多生活在荒漠、草原、山地、高寒地带等不适合开展农业生产的地方，这些地方热量、水分或土壤等资源匮乏，只能依靠草食动物的食性，将人类无法直接利用的植物资源，转换为人们所需要的食物及其他生活资料。所以游牧人群通常以牲畜（绵羊、山羊、牛、马、驯鹿、骆驼）的肉、奶为主要食物，用牲畜的皮和毛制作衣服，以牲畜的粪便为燃料，以兽骨作为制造工具的原材料。

在我们的想象中，游牧民族天天吃肉，其实不然。就像大家以为新疆地区盛产羊肉，价格应该很便宜，其实也并非如此。游牧民族也是有钱人经常吃肉，一般家庭的主食则是奶酪和粮食。羊奶和马奶酒是游牧民族的常见饮品。葡萄酒也很受欢迎，但它要从农业人群那里"进口"。游牧民族的服饰通常以保暖为主，使用毛皮制作大衣、皮靴、毡袜和皮帽来抵御严寒。毡房是游牧民族通行的住所，它轻便、易于拆卸和搬运，非常适合他们的生活方式。大麻可能在某些游牧文化中有特定的用途，包括药用或作为香料。马车和马是游牧民族主要的交通工具，它们帮助游牧民族在广袤的草原上迁徙。游牧民族的娱乐活动多样，包括音乐、舞蹈和体育活动。排箫、笛、竖琴、里拉琴等乐器是他们音乐文化的组成部分；骑马和摔跤是他们常见的体育活动，这些活动不仅提供娱乐，也有助于保持身体强健。

三、洋海墓地、苏贝希墓地的游牧民族从哪里来？

在洋海墓地和苏贝希墓地考古发现的基础上，我们可以推断洋海墓地和苏贝希墓地的死者是游牧民族。而在他们出现之前，吐鲁番盆地荒无人烟。因此，这些游牧民族很可能是外来的。那么，他们从哪里来呢？我推测他们是从阿尔泰山脉过来的，因为他们的文化与阿尔泰山脉的巴泽雷克（Pazyryk）文化相似。如果推测无误，那么他们穿的裤子就不是在新疆发明的。许多学者也认为，裤子是游牧人群发明的，原因是亚欧草原比较冷，而且他们骑马。所以裤子的发明者应该是亚欧草原的游牧人群，可惜的是在那里没有发现更早的裤子实物。

1. 巴泽雷克文化

为了理清洋海墓地和苏贝希墓地游牧民族的来源，我们需要先了解一下巴泽雷克文化。巴泽雷克文化是一支早期游牧文化，该文化分布于俄罗斯、哈萨克斯坦、蒙古国境内的阿尔泰山区，也见于我国新疆北部的阿勒泰山区。目前，我们对于该文化的认识大部分来自墓葬。最早的发掘可以追溯到十八世纪初的彼得大帝时代。

1927年，列宁格勒俄罗斯博物馆的格里亚兹诺夫（M. P. Griaznov）发掘了西贝（Shibe）的一座冢墓，1929年，他又主持发掘了巴泽雷克墓地的1号冢墓。1947至1949年，鲁登科（S. I. Rudenko）在物质文化史研究所和艾米塔什博物馆的支持下发掘了巴泽雷克的2、3、4和5号冢墓。1950年和1954年，他又发掘了巴沙达尔（Bashadar）的两座冢墓和图埃克塔（Tuekta）的两座冢墓。随后，鲁登科将这些与巴泽雷克墓地类似的墓葬文化命名为巴泽雷克文化。

巴泽雷克居民穿什么衣服呢？希罗多德曾经这样描述东欧和中亚的游牧部落："塞克人是斯基泰人的一支，头戴尖顶帽，尖顶竖立，由毡子做成。"在巴泽雷克墓地，考古学家发现墓主人身穿衬衣、外套和长裤，腰系腰带，头戴尖顶帽，脚穿长袜和靴子。衣服由毡子、毛皮做成。2号冢出土了一件男性的衬衣，由大麻布缝织而成，衣长104厘米，宽130厘米。3号冢出土了一件外套，由白色的薄毡裁成，长100厘米，宽118厘米。人们发现，巴泽雷克2号冢的地面上铺了很厚的黑色毡毯，四壁上也挂了由同样材料织成的毯子，其他冢墓的木椁也由毡毯装饰。毡毯边缘还缝织了三角形的白、红、黄和蓝色毡片。5号冢的墙壁上挂着白色的毡毯，用木钉或铜钉固定，毡毯上带有狮子和鸟的形象。

巴泽雷克人群的身上常有文身。考古工作者在巴泽雷克墓地2号冢的男性墓主身上发现了文身。文身没有完全保留下来，因为其身体不完整，上身左侧的皮肤和肌肉已经消失。右臂从肩膀到手掌的文身描绘的是一只格里芬（一种拥有狮子的身体、鹰的头部、喙和翅膀的神话动物，寓意"勇气、力量和敏捷"）、一头驴或野驴、一头怪兽、一只山羊、一头鹿和一头猛兽。鹿带有鹰喙,长枝角,枝头挂着鸟头。其上方是一头牙齿锋利的怪兽,后肢与山羊一样翻转,带有长尾巴;枝角和尾巴上同样带有鸟头。其左臂的文身保存得不太好,描绘了两头鹿和一只山羊;鹿前腿跳跃,后肢翻转,与之并行的是四只山羊。这些后肢翻转和类似四不像的动物形象常见于巴泽雷克墓地出土的木雕、毡片装饰,是巴泽雷克文化的重要特征。文身使用缝纫或扎的办法,让黑色颜料渗进皮肤。在人活着的时候,文身为白底浅蓝色和深蓝色,而被发现时,文身几乎呈黑色,出现在死者的灰色皮肤上。这些文身可能反映了墓主的贵族出身或者是男人的标志。文身上的老虎、鹿、鹰和蛇代表某种神奇的力量,或许为保护符号。

巴泽雷克墓地墓主人服装复原图

巴泽雷克文化的墓葬还发现于阿尔泰山脉的高寒地区乌科克高原。乌科克高原位于阿尔泰共和国南侧,与我国和哈萨克斯坦毗邻。这里不仅纬度高,而且海拔也高,在 2 200~2 500 米。冬天最低气温达-50℃,夏天最高仅略高于 10℃。1991—1996 年,也就是苏联解体之后的几年,俄罗斯考古学家发掘了两座大冢。一座为阿卡拉哈-Ⅲ号（女性墓主），一座为上卡尔金-Ⅱ号（男性墓主）。

1993年，俄罗斯考古学家发掘了阿卡拉哈-Ⅲ号墓地的1号冢。在填土中，我们可以清楚地看到盗洞。在深1.2米处，盗墓贼看到了二次葬，拿走了所有的随葬品，就没有进一步往下挖；下面遗物丰富的木椁墓幸而得以留存。木椁上埋有3匹马，头向东。马嘴含铁嚼，旁边还散落着一些用于木质装饰品的金箔。木椁长3.6米，宽2.3米，高1.12米。在墓室的北侧躺着6匹马，部分马匹拥有完整的马衔、马镳和头饰；在马的其他部位也有各种装饰品，由木、铜、角和各色毡片制作而成。在墓室的南侧放置着一具长方形独木棺，长2.73米，高0.63米；这是巴泽雷克文化特有的棺材，用粗大的树干掏挖而成。在独木棺旁边，墓室的东侧，墓主与殉马之间为祭祀区域。这里摆放了铜锼、木桌，铜锼里面盛放羊肉，羊肉上插着铁刀，木桌上放着单耳罐、两件盘和角质容器。1号冢的死者是一位女性，发掘者起初称她为"乌科克女王"，但是实际上她不是女王，地位仅相当于社会中层。这位女士头向东，躺在两层很厚的黑色毡毯上，头下枕小毡枕；仰身屈肢，脸侧向北方，双手放在小腹上。她身穿黄色丝绸衬衣，衬衣的背长112厘米，面长104厘米；脚穿毡靴，靴口上装饰有红色毡片构成的花纹。她左臀部位的裙子上放着一面铜镜，铜镜呈方形，镶在木托上。经检查发现，她从肩膀到手指上都有文身。

2. 洋海、苏贝希与巴泽雷克文化的关系

前面我们提到洋海墓地和苏贝希墓地的文化面貌与巴泽雷克相近，现在可以讲证据了。

一是毡靴。洋海墓地和苏贝希墓地都出土了各种低勒靴和高勒靴。在洋海，两者都是用牛皮做底，用羊皮做帮。在苏贝希，低勒靴出现在女性死者的右脚，高勒靴出现在男性死者左脚；靴帮高至腿根，用皮绳系在腰带上，以防止靴帮滑落。两者都是在靴子外面包皮，底部和腰部衬毡。这种高勒靴也发现于阿卡拉哈-Ⅲ号墓地1号冢和巴泽雷克墓地2号冢，不过后者的帮口贴了红色毡片云纹，靴底和靴帮也贴了红色毡片。这种高勒靴也常见于巴泽雷克文化的其他男女墓葬中，在男性死者身上，高勒靴套在裤子外面；在女性死者身上，高勒靴穿在裙子下面，也都用皮绳拴系在腰带上。

二是服装。洋海墓地和苏贝希墓地都出土了毛质和皮质服装。其中苏贝希墓地出土的一件上衣比较完整，黄色、圆领、对襟开、筒形袖，袖很宽很长，下摆外张。同类的上衣发现于俄罗斯阿尔泰山区的阿卡拉哈-Ⅲ墓地1号冢（女性）和巴泽雷克墓地2号冢（男性），后者为棉布制成，衣服的袖子长及手指，领口为圆领，下

苏贝希墓地出土的服装

摆大开。这种上衣是古代和中世纪许多民族都流行的款式。在阿尔泰山区的巴泽雷克文化墓葬中，毛织品虽然不如丝织品珍稀，但也是昂贵的材料。

三是单耳壶。它是吐鲁番地区洋海等铁器时代早期墓地普遍出土的陶器。这种器物瘦长，微鼓腹，平底或者圜底。类似的器物大量发现于俄罗斯阿尔泰山区的巴泽雷克文化墓地，见于低等级墓地，如卡因都（Kaĭndu）、特克斯肯-Ⅵ（Tytkesken-Ⅵ）、上耶朗达-Ⅱ（Verkh Elanda-Ⅱ）、阔克-耶底干（Kok-Èdigan）、乌朗得克-Ⅰ（Ulandryk-Ⅰ）和高等级墓地，如巴泽雷克和上卡尔金-Ⅱ。这些器物有些绘了蝌蚪纹和蛇纹，有些绘了羊角鏖和附加堆纹。实际上，它们模仿的是同时期的皮质壶和角质壶，而后者见于巴泽雷克、阿卡拉哈-Ⅲ和上卡尔金-Ⅱ墓地。模仿得比较逼真的陶器见于拉孜敦-Ⅵ（Razdum'e-Ⅵ）墓地。

四是爱惜碎铜镜的习俗。铜镜在古代属于奢侈品，碎了以后，古代居民会做个木托，把碎镜块镶在里面，继续使用。这种习俗在吐鲁番的胜金店、交河沟北及阿尔泰共和国的阿卡拉哈-Ⅲ墓地和特克斯肯-Ⅵ墓地都有发现。

显然，洋海墓地等的遗存与巴泽雷克文化的共同特征远不止这些。类似的还有弓箭、马辔、马嚼、马镳，以及取火板和取火棒。这些共同特征涵盖了服装、饮食器皿、兵器、工具等，充分说明本地的居民过着游牧生活。至于这些居民是否一定来自巴泽雷克文化呢？目前的证据还不足以说明问题。毕竟吐鲁番地区与巴泽雷克文化的陶器群不同，彩陶图案也迥然相异。此外，巴泽雷克文化的年代要晚于苏贝希文化，但是这并不能排除吐鲁番地区的古代居民来自阿尔泰山区的可能性。从洋海、苏贝希墓地的人骨材料来看，吐鲁番地区的古代居民由欧罗巴人种、蒙古人种和两者的混血人种构成，而以欧洲人种为主流；而阿尔泰山区巴泽雷克文化的居民同样包括欧罗巴人种和其与蒙古人种的混血人种。两者的人种构成颇为接近，说明洋海墓地的居民可能是从阿尔泰山区迁徙而来的。

四、游牧民族起源之谜

为什么亚欧草原地区会成为游牧文化的起源地呢？现在我带大家了解一下游牧民族所处的地理环境。西伯利亚、哈萨克斯坦平原的中央是一片簸箕一样的低地平原，周围是山脉和高原。由阿尔泰山脉和萨彦岭发源的几条大河，如叶尼塞河、鄂毕河，由南而北贯穿西伯利亚大平原，带去充沛的水资源，形成星罗棋布的湖泊和沼泽。

在亚欧大陆，可以看到五条清晰的植被带。最北面的是寒冷的苔藓带，那里生活着驯鹿和捕猎驯鹿的人。往南是密集的森林带，那里人烟稀少，但是有丰富的蘑菇和草莓，所以野生动物很多。再往南是森林草原带和草原带，这里是动物的世界，也是游牧民族活动的天地。需要说明的是，这里的土壤是黑色的，是非常肥沃的黑土地，所以在苏联时代，人们在此开辟了很多农场，种植小麦和葵花。但是在古代种粮食并不容易，因为这里纬度高，气候环境比较脆弱，有时夏天突然降温下雨，粮食就会难以成熟或者烂在地里。亚欧大陆的最南面是沙漠，分布在里海沿岸和中亚。

所以，亚欧草原因为得天独厚的地理优势而成为游牧民族的天堂。这里自然也就成为游牧民族起源地，积年累月便形成了独特的游牧文化。

那游牧人群到底是何时出现的？有学者认为是在青铜时代，也就是公元前三千纪和公元前二千纪，有的学者认为是在公元前1000年。不过这个问题我们现在还没有明确的答案。

五、亚欧草原上最早的游牧民族——斯基泰人

虽然目前我们无法确定游牧人群的起源时间，但是我们想要了解游牧文化还是有丰富的史料和遗存的。据历史文献和考古发现来看，率先走上历史舞台的游牧人群当属斯基泰人。他们是最早引起西方学者关注的古代游牧民族，也是西方典籍记载的最早的亚欧草原游牧民族。西方史学之父希罗多德在其著作《历史》中将黑海北岸的草原民族称为斯基泰人，将里海西北的游牧民族称为萨尔马特人（Sarmatian），里海东北的游牧民族称为奄蔡人（Aorsi），后称阿兰人（Alani）。古波斯人称所有的斯基泰人为塞克人（Saka），而中国史籍《史记》《汉书》则称其为"塞种人"。

斯基泰游牧人群大概在公元前九世纪出现在高加索北麓，在公元前七世纪迁徙到黑海北岸（多瑙河—顿河之间）。他们最早出现在公元前670年的亚述文书中。根据这份文书，斯基泰游牧人群的活动范围已经扩张到了南高加索和小亚细亚。这个时期，他们的活动中心位于库班河平原和北高加索山下。在这个区域公元前七世纪和前六世纪的斯基泰墓葬中，也发现了小亚细亚工艺的斯基泰风格器物。在黑海北岸的草原带，这段时间的墓葬非常少；而从公元前六世纪开始，斯基泰墓葬迅速增加，到了公元前四世纪，其数量已经达到几千座。但是黑海北岸的斯基泰王国在公元前三世纪就毫无征兆地消失了。在此之后还有三个小王国延续下来，其中位于克里米亚的斯基泰王国一直延续到公元三至四世纪。

公元前六世纪末，希腊人在黑海北岸建立了许多殖民城市。他们和斯基泰人比邻而居，通商通婚，希腊人把自己的手工业产品输入斯基泰社会，再从森林草原带的斯基泰人那里获得粮食。公元前五世纪，希罗多德本人去过黑海北岸的港口城市奥尔比亚（Olbia，今乌克兰境内），在那里见到了斯基泰人。他的著作《历史》留下了不少关于斯基泰人的描述。

像匈奴一样，斯基泰人并没有文字，我们只能从亚述文书和希腊史书中拼凑出有关斯基泰人的信息。不过好在考古学家们陆续在黑海北岸发现了大量斯基泰人的冢墓，我们可以由此了解斯基泰人不为人知的一面。这些墓葬非常引人注目，它们有的高达3层楼，直径达100米，大冢往往很远就可以看到。它们往往成群分布，在大冢的周围往往排列着很多小冢，数量可达数百乃至数千座。发掘工作开始于十八世纪初，不过当时的目的是得到里面的珍宝。由于自彼得大帝以来的沙皇对黄金极度渴望，大量冢墓遭到了盗掘。大多数黄金制品被熔化，进入沙皇的国库，只有少量精品留在了艾米塔什博物馆。

根据记载，斯基泰人钟爱奢华的墓葬，完善而严谨的丧葬仪式彰显着其独特的文化传统。在已经发掘的冢墓中，四座公元前四世纪的大冢非常突出，其中两座被称为亚历山德罗波尔（Alexandropol）和切尔托姆雷克（Chertomlyk）。切尔托姆雷克大冢的封堆下面为5个墓室，深达12米。封堆体积达80 000立方米，封堆上的大部分草皮，是从周围的草原揭起来的。封堆底部围了一周石墙，高达2.5米。考古人员沿着围墙发现了许多人骨和兽骨堆，这让人想起了斯基泰人的祭祀行为，即在冢墓周围殉葬一圈卫兵。

根据希罗多德的记载，斯基泰国王死后，尸体要经过处理。人们打开腹腔，取出内脏，填入香草，然后缝好，最后给尸体打蜡，这样处理的目的就是保护尸体，让他的灵魂可以完成环游领土的仪式。从死亡到埋葬大概需要40天。根据传统的信仰，过了40天以后，灵魂才返回尸体，前往死亡世界。在这期间，人们相信国王还活着，仍然有管理权威。在这个背景下，不难理解为什么斯基泰的墓室要做成房屋状，为什么要随葬所有的东西？就是为了让死者满意、有事情做或吸引他的注意力。因为斯基泰人认为此时的死者还是活着的，死者如果遭到欺骗就会愤怒，会报复活着的人。

除了独特的尸体处理方式和丧葬仪式，斯基泰人还非常重视祭祀，他们在祭祀时会奉献牺牲，尤其是马。斯基泰人还有相当残忍的殉葬制度，当死去的国王被埋入地下以后，冢的周围要摆放50个骑士。具体做法是，人们将50个人和50匹马勒死，将其内脏取出、填入草屑，再将马和人体插在木桩上，让他们看上去像活着的骑兵。为了防腐，人们在他们的尸体上抹上蜂蜜和蜡，蜂蜜有防菌的作用，蜡则能防止虫子进入皮肤，让人脸保持正常的肤色。

不过，以嗜血好战的野蛮形象出现在希腊史书中的斯基泰人，竟然展现了惊人的艺术天赋！虽然没有文字，但斯基泰人创造了独特的文化艺术，就是金属器。

斯基泰人喜欢金属器，尤其是动物纹金器。早期斯基泰金属器的图案多半是蜷曲或搏斗的动物，且动物多是单一的鹿、马，或狮子一类的猛兽。1971年发现于今乌克兰境内的奥仲尼基泽（Ordzhonikidze）的斯基泰风格金项圈，该项圈最外圈的中间是3组带翼的格里芬噬咬马匹图案，左侧和右侧雕刻了其他动物捕猎和搏斗的场景，中间以希腊式卷草纹装饰；最内圈描绘了两位斯基泰人正在缝制皮袄，左侧的母马正挠着后腿，右侧的母马正在哺育小马。项圈上的图案生动地展现了斯基泰人的生活图景和他们的文化。

公元前五世纪至前四世纪，斯基泰人在黑海北岸与希腊人频繁交流，导致他们的金属器深受希腊文化的影响。公元前四世纪，斯基泰王冢出土的贵金属器物就属于斯基泰金属器融合希腊风格后的产物。索罗卡（Solokha）冢墓的祔葬墓出土了一件金梳，现收藏于俄罗斯艾米塔什博物馆内。金梳上面表现的是斯基泰内战题材，中间的骑马者是国王沃克塔玛萨德斯（Octamasades），他戴着希腊柯林斯式头盔，但是裤子、靴子和长剑都是斯基泰风格，他前面的对手则头戴色雷斯头盔。骑马者的装束与该座墓葬死者的随葬品几乎完全吻合，墓葬中也出土了柯林斯式头盔、盾牌、腰带和弓囊。

关于游牧人群，人们还存在一些误解，这里需要说明一下。

误解 1：没有城市

有些学者认为，游牧人群没有聚落，没有城市，其实这是个误会。在斯基泰腹地，希罗多德提到了一座大型城市，盖洛诺斯（Gelonus）。其围墙为木材构成，每边长 30 千米。里面有很多希腊神祠、祭坛，住的是盖洛尼（Geloni）人，即希腊人和本地布迪尼（Budini）人的混血，他们讲的是斯基泰语。不过这座城市至今还是一个谜，因为波斯军队在国王大流士的带领下打到这里时，该城的居民采取了焦土政策，放火烧了这座城市。

在黑海北岸，考古学家已经发现了 100 多座斯基泰文化时期的城址。这些城址的防御设施非常复杂。城墙使用木材和土构筑而成，外面有护城壕，城门可达10米宽，填满了石块，以应付敌人。一部分城址里面的空间非常大，里面还有类似卫城的城堡。其中最有名的是别伊斯克（Bel'sk），该城址坐落在重要的陆路和两河河口上，呈三角形，全长36千米，城墙高达9～10米，面积达4 000万平方米，城址周围还有三座城堡。该城不仅是个贸易中心，还是个手工业中心。在东西两座城堡内发现了炼铁、炼铜、制骨和其他手工业作坊。大城非常空旷，人烟稀少；只有在炎热的夏季，牧民才会带着成千上万的帐篷和马车涌入城内，挤满大城；城内的商人、工匠和农民为他们供应各种用品。在这座城外，分布了2 000多座大小不一的冢墓。有些学者认为它就是盖洛诺斯。

误解2：没有农业

还有些人认为，斯基泰人是没有农业的，其实不然。在亚欧大陆的森林草原带，土壤肥沃，适合于农业生产，那里就居住着从事农业的斯基泰人。他们种植小麦、大麦、小米、燕麦、豆、蚕豆、亚麻和大麻，等等。希罗多德记载，希腊人在黑海沿岸建立殖民地，就是为了和斯基泰人贸易，交换他们的粮食。他说，斯基泰人种植粮食，但是他们自己不吃，全卖给希腊人。我们知道，希腊本土因为土地贫瘠，粮食不足，所以他们需要从埃及或黑海北岸输入粮食。由此可见，斯基泰人不但有农业，而且农业相当发达，甚至足以出口给其他国家。

从游牧民族的生活方式到他们的起源，再到独特的斯基泰人，我们对游牧民族的整体图景有了初步认识。接下来，我们将更深入地探索游牧民族的军事发展，了解他们如何打造强大的军队。此外，我们还将研究游牧民族与农业民族之间的冲突与战争，以及亚欧各国的农业民族如何学习游牧民族，引进骑兵，发展骑兵和热兵器的过程。

第二节　游牧民族的军事发展与骑兵战争

马具备强大的力量和飞快的速度。当马匹与士兵紧密结合，便孕育出了强劲无比的骑兵！骑兵以其快速灵活和高大威猛的特征，在战场上占据优势，为自身创造了宝贵的时间和空间优势，从而左右战局的走向。在中外战争史上，骑兵以少胜多的战例屡见不鲜。然而在冷兵器时代如战争之王般存在的骑兵，随着科学技术和武器装备的发展，特别是机械化军队的兴起，逐渐失去了昔日的辉煌。1960年，美国军队解散骑兵是一个标志性事件，之后世界各国纷纷效仿，从此骑兵在战争舞台上销声匿迹，它的传奇也只能成为历史了。

一、驰骋草原的勇士：骑兵的发展

1. 铁马金戈：马的驯化

"人类所达成的最高贵的征服之一，莫过于征服这豪迈而剽悍的动物——马。"

——法国博物学家布封
（Georges Louis Leclere de Buffon）

马的驯化不仅象征着游牧文化的繁荣，更象征着人类文明的进步。人与马结合而生的骑兵在冷兵器时代几乎主宰了亚欧大陆的战争史。在狩猎采集社会，人类驯化动植物的目的是为了满足果腹的需求；当进入农耕社会，农业生产有了富余，动物的驯化也开始产生新的价值。家马是由野马驯化而来的，那马是如何驯化的呢？

研究家马的起源通常采用动物考古学与古 DNA 分析相结合的方法。动物考古学家通过测量马骨样本的牙齿和骨骼，来确定出土的马骨是否属于家马。然后他们借助古 DNA 研究来探究家马的基因来源，从而推断家马最初的驯化中心。他们利用线粒体 DNA 来探究家马的母系来源，利用 Y 染色体来研究家马的父系来源。一些学者通过研究中国不同地区的马骨（西藏马、关中马、宁强马、贵州马和哈萨克马等），发现这些地区家马的母系来源广泛；而世界范围内家马的线粒体 DNA 和 Y 染色体的研究成果，也大多支持家马的母系来源十分广泛而父系来源相当有限这一结论。科学家们推测这种情况可能是在驯化过程中有意识地选择品种优良的雄性马匹进行繁育而导致的结果。

关于家马的起源问题，专家学者们纷纷提出假说。主要有两种：一种是单地区起源假说，即认为家马是在一个特定的地区驯化成功之后再向其他地区传播；另一种是多地区起源假说，也就是认为家马是在不同地区由野马种群驯化而成的。关于马的驯化，科学家们之间存在争议，而目前的考古发现似乎将马的最初驯化地指向了今天的乌克兰和哈萨克斯坦地区。

家马起源的一个实物证据是哈萨克斯坦草原铜石并用时代遗址出土的大量马骨。其中位于哈萨克斯坦草原北部的波泰遗址（Botai，公元前 3500—前 3000）出土了超过 30 万块动物骨骼，其中 90% 是马骨。研究表明，这些马主要用于食用、祭祀和骑乘，其中至少有部分是家马。人类驯化动物的一个重要表现就是食用它们的乳制品。考古学家还在遗址出土的陶片上提取到了可能是马奶的有机物残留，通过分析陶器表面残留的脂肪酸，确定了波泰人食用马奶的证据，这充分说明了波泰的马已被成功驯化。

2012年，英国剑桥大学动物系的维拉·瓦尔慕斯（Vera Warmuth）团队在《美国科学院学报》（Proceedings of the National Academy of Sciences）发表了他们的研究成果。他们联合来自美国、英国、中国、俄罗斯、格鲁吉亚、哈萨克斯坦等国的考古工作者和家畜研究者，历时16年，从亚欧草原各地采集了300多匹当代家马的毛发。他们通过分析常染色体，发现野马很可能在约16万年前来源于亚欧大陆东部，并于6 000多年前首次在亚欧草原西部（今哈萨克斯坦、俄罗斯西南、乌克兰等地）得到驯化。家马在传播过程中，不断与当地母野马杂交，从而形成了各地的家马。

不过，2021年奥兰多（Ludvic Orlando）团队在《自然》（Nature）杂志发表了不一样的研究结果。他们发现波泰马不是现代家马的祖先，而是现代普氏野马的祖先。他们从伊比利亚半岛、安纳托利亚高原和伏尔加河-顿河下游草原等可能为现代家马的起源地区域，采集了273份古代马匹基因，发现伏尔加河-顿河下游草原是现代家马的起源地，年代在公元前2200年以前；这种家马在公元前2000年前后迅速传播。这一发现不同于国际学术界的传统看法，即竖穴墓文化的畜牧人群于公元前3000年驯化了现代家马，然后带着家马和马车向四周扩散。

中国家马的起源问题同样也备受关注。考古学家们最早在甘肃、青海、陕西和河南等地的新石器时代和青铜时代早期遗址中发现了少量的马骨和马牙，但难以确定它们是否为驯化的马。后来考古人员在黄河下游地区河南安阳的殷墟遗址（距今约3 300年）发现了大量的家马骨骼和许多马车。通常每辆马车都配备两匹马。在殷墟遗址的西北冈，考古工作者发现了100多个马坑，每个坑埋葬的马数量从1匹到37匹不等。由于黄河中下游地区在距今约3 300年以前几乎没有发现过马骨，而在之后的遗址中却普遍发现车马坑和殉葬的马，因此殷墟的家马很可能是外来的。

家马出现以后，除了提供肉食资源，极大地提高了人类的运输能力。它不仅可以用来拉车，而且可以作为战马，在战争中发挥了重要的作用；家马的出现还促进了人类的迁徙和民族的融合。

2. 马鞍和马镫的出现

"只有极少的发明像脚镫这样简单，却在历史上产生了如此重大的历史意义。就像中国的火药在封建社会的最后阶段帮助摧毁了欧洲封建社会一样，中国的马镫在最初帮助了欧洲封建制度的建立。"

——英国科学技术史专家李约瑟（Joseph Needham）

想要建立骑兵，除了良马，完备的马具也不可或缺。马具是为了便于驾车或骑乘而戴在马身上的各种用具，一套完备的马具应当包括衔镳、鞍、镫三个部分。在马具发明之前，马因难以驾驭而无法成为有效的交通工具或作战工具，因此马具的发明是人类社会生产力发展的巨大进步，而其中马鞍和马镫的发明更是具有重大意义。

无论是用于骑乘还是用于拉车，人都需要马衔和马镳来控制马匹。在国际考古学界，最早的木质马衔和有机质马镳发现于公元前三千纪末或前二千纪初的里海北岸。早期骑马者是坐在裸露的马背上的，长时间的骑乘就会给人的下肢骨和马匹的脊椎骨带来伤害。要解决这个问题就需要马鞍。迄今为止发现的最早的马鞍发现于吐鲁番的洋海墓地，年代为公元前 727 至前 396 年。它由两个对称的翼形皮囊和一片管形皮革鞍槽组成。两个皮囊填充了杂草、鹿毛和骆驼毛，中间的鞍槽则无填充物。这种软质的皮革马鞍可以减轻马背的压力，提高人骑乘的舒适度。它在吐鲁番盆地的苏贝希墓地、俄罗斯的巴泽雷克墓地也有发现，秦始皇兵马俑的陶马也有此类马鞍的呈现。再往后，在公元三至六世纪，出现了更为先进的木质马鞍。这种马鞍有鞍座，前后还有鞍桥，这样可以更好地减轻马脊椎骨的压力，同时减少人的前后移动，提高骑乘的稳定性。据目前所知，这种马鞍的最早实例，发现于我国辽宁朝阳十二台乡砖厂、蒙古国西部霍夫德省乌德·乌兰·乌尼特（Urd Ulaan Uneet）洞穴墓。

马镫是悬于马腹两侧让骑乘者脚踏的马具，别看它平淡无奇，却有两个至关重要的作用：一是方便骑乘者上马；二是减少骑乘者坠马的风险。骑兵马上作战的前提就是在马上保持平衡、稳住重心；如果没有马镫，骑马者的脚无处着力，为了坐稳只能用腿夹住马肚或者用手抓紧缰绳，以此减小坠马的风险。可是在这种情况下，士兵只能单手持武器，无法使用重量级武器，交战时容易陷入被动的局面。而马镫的发明，尤其是双马镫的发明，使得人与马结合成一个整体，士兵在马上行动更加灵活，拥有更强大的战斗力，

苏贝希墓地出土的马鞍

骑兵也从原来的骑射骑兵开始向冲击骑兵发展。

关于世界上最早的马镫，新证据不断出现。最新的发现是南京五佰村的丁奉墓。丁奉是三国时期东吴名将，与程普、黄盖等同为"江表之虎臣"。发现名人墓葬在考古学上非常难得，更为难得的是这座墓葬出土的骑马俑上可见一只三角形的马镫。不过，骑马者的脚没有放在马镫里，同时这件骑马俑只有一只马镫，说明这只马镫是用来上马的。与之相似的是长沙的一座西晋永宁二年（302）的墓葬出土的一组陶骑俑。其中一些陶俑马鞍的左侧有一个三角形的马镫，不过骑马者的脚也没有踩在上面。1965年，甘肃武威的北燕宗室大臣冯素弗（415年去世）墓出土的马镫是目前所知年代最早的马镫实物。此时的马镫结构更加完善，更加便于骑乘时脚踏。马镫大约在公元六世纪时传入欧洲，从此拉开了欧洲骑兵时代的序幕。这里不免让人产生一个疑问：难道在此之前欧洲就没有马镫

第四章 游牧与骑兵

北燕冯素弗墓出土的马镫

吗？擅长骑马的草原游牧民族——斯基泰人难道没有发明马镫？

关于马镫的起源众说纷纭，有人说斯基泰人发明了马镫的雏形"皮脚扣"。在金属质、木质马镫出现前，人们曾用"皮脚扣"代替马镫，因此有人认为它可能是原始的马镫。支持"皮脚扣起源说"的一个考古证据是乌克兰切尔托姆雷克（Chertomlyk）斯基泰人墓葬出土的一件银瓶。银瓶的年代大概为公元前四世纪。其肩部的浅浮雕图案表现了斯基泰人骑马的场景，其中一幅图案中一匹马的马鞍靠前位置垂下一根带状物，有人认为这就是皮脚扣或原始马镫。不过也有人认为，这根带状物更像是一根单股的带子，而非能够用于脚踏的环状带圈，推测其可能是用于固定斯基泰式"软马鞍"的肚带。同时期的巴泽雷克墓地和新疆的苏贝希墓地都出土了马具，其中不乏难以保存的有机质皮马鞍，却并未发现皮脚扣。所以从现有的证据来看，马镫的发明仍然指向了中国。

3. 铁骑风采：战车退场，骑兵崭露头角

在马被驯化之初，因为没有完备的马具，人类并没有直接将其用于骑乘，而是用来驮运货物或者用作战车。古人常用"千乘之国""万乘之君"来形容当时一个诸侯国的军事力量，这里的"乘"就是战车。在先秦时期，中原地区作战时就以车兵和步兵为主。《史记·夏本纪》记载，大禹去世后启继位，有扈氏因不满而叛乱，启兴兵讨伐，于甘水之滨发布了一篇誓词——《甘誓》。誓词中的"左不攻于左，右不攻于右，女不共命。御非其马之政，女不共命"就是要求战车左侧的弓兵攻击左侧的敌人，右侧的戈兵攻击右侧的敌人；驭手要驾驭好马。有学者据此推测夏代已有车战，但是目前考古发现的夏朝和商朝早期遗址都没有发现马车。到目前为止，中国境内最早的战车发现于商代晚期的安阳殷墟遗址。

不过，在世界范围内，最早的战车并不出现在中国，而是出现在公元前三千纪左右的美索不达米亚。这就是乌尔王陵出土的"王旗"上面的战车。当时的战车用牛或者驴牵引，车轮为实心木板，不仅笨重而且速度慢，但是对于步兵来说已经是令人恐怖的武器了。轻快的马拉战车实物最早出现在俄罗斯南乌拉尔地区的辛塔什塔墓地，年代为公元前 2150 至前 1850 年。虽然木质战车没有保留下来，但是车轮辐条的痕迹，拉车的两匹马和马镳、马衔都保留了下来。公元前 2000 年以后，马拉战车向周围传播开来，出现在公元前二千纪上半叶的赫梯法典（Hittite Laws）、埃及萨勒纸草（Papyrus Sallier）、希腊迈锡尼文明和印度的《梨俱吠陀》（*Rig Veda*）中。

战车在公元前二千纪至前一千纪盛极一时。此后战车便走入了缓慢衰落的过程。在中国，战车出现在秦始皇兵马俑坑，但是已经

不再是主要的战争武器，而是军事指挥和通信车辆。战车遭到淘汰有多方面原因。一、战车笨重、机动性弱，容易受地形的限制，只能在平原上驰骋冲锋，运输军需物资；而且战车造价高昂且极易损坏，所以成本居高不下。二、骑兵崛起。与战车不同的是，骑兵灵活机动，还不受地形限制。根据史料记载，中国最早的骑兵出现在春秋战国时期，当时称为"畴骑"。从《战国策》里提到的楚"骑万匹"、赵"骑万匹"、魏"骑三千匹"、燕"骑六千匹"来看，战国时期各诸侯国的骑兵形成了不小的规模。不过，各诸侯国的骑兵还无法与北方的胡人相抗衡。直到赵武灵王推行"胡服骑射"后，赵国的骑兵作战能力才有了大幅度的提高。到了汉朝，匈奴骑兵频繁侵犯边境，成为汉朝的心腹之患。为了击败匈奴，从汉高祖开始，汉朝就开始建养马场，引进中亚的良马汗血马，大力发展骑兵。经过几十年的养精蓄锐，汉武帝开始讨伐匈奴。他先后派卫青、霍去病击退了河套地区和河西地区的匈奴；最后于公元前119年，又派卫青、霍去病各率五万骑兵长途奔袭漠北，大败匈奴，从此彻底解除了匈奴的威胁。但同时，战车彻底衰落。

二、铁骑风云：农业民族与游牧民族的对决

纵观古代历史，以游牧经济为主的游牧民族为了掠夺财富总是不断侵犯农业民族，大大小小的战争总是此起彼伏。一方面，相对于农业经济而言，游牧经济比较脆弱，统治者无法集中和保存财富。他们主要的财富是在草原上吃草的牲畜，一旦遇上瘟疫和暴风雪，这些财富就烟消云散了。另一方面，由于游牧社会较为松散和流动，统治者无法征收过高的税收，否则百姓就会逃跑。为了获得更为稳定的经济来源，他们只能向农业民族索取货物和财富。

农业民族与游牧民族的对抗，不仅贯穿于古代中国的历史，也贯穿于古代西亚和欧洲的历史。其中发生于公元前六世纪的波斯-斯基泰战争是古代历史上农业民族与游牧民族对抗的一个精彩篇章。

1. 斯波战争：波斯帝国接连遭遇滑铁卢

波斯人最初居住在伊朗高原西南部的波斯区域。根据希罗多德《历史》的记载，他们原来是游牧民族。其中有一个部落叫帕萨尔加德（Pasargadae），这个部落的核心部分是阿契美尼德人，也就是产生波斯王的氏族；但是学者们认为这些波斯人是迁徙到这里的伊朗语族与本地埃兰人结合的族群。早期的波斯只是另一个伊朗帝国——米底帝国（Media Empire）的附属国。直到公元前550年左右，居鲁士大帝（Cyrus the Great）起兵推翻了他外祖父统治的米底帝国，又用计谋吞并了吕底亚王国（Lydia Kingdom）和新巴比伦帝国（New Babylonian Empire），建立了强大的波斯帝国，也就是阿契美尼德帝国。

居鲁士大帝在位期间不断进行领土扩张，一直无往不利，直到与里海东岸的一支斯基泰人——马萨格泰人交战时遭遇了滑铁卢。哈萨克斯坦电影《托米莉斯女王》（*Tomyris*）就以这场战役为蓝本，讲述了马萨格泰女王托米莉斯与居鲁士大帝之间的殊死决战。而关于这场战役在希罗多德的《历史》中也有记载。公元前530年，居鲁士在征服巴比伦之后，想要把马萨格泰也收归自己的统治之下，于是入侵马萨格泰并杀死了女王托米莉斯的儿子。托米莉斯女王举全国之力还击，最终击杀了居鲁士大帝。

伴随着预言而生的居鲁士，最后的故事也有着传奇意味。居鲁士在与女王托米莉斯决战前夕做了一个梦,他梦见一个少年长了一对翅膀,这翅膀遮住了整个亚细亚,并伸向了欧罗巴。居鲁士觉得,这个梦在暗示这个少年未来会威胁到自己的国家,而他梦中的这个少年,叫作大流士。

希罗多德讲述的关于居鲁士大帝的梦,其真实性尚未可知,但大流士大帝的确是下一位波斯帝国的伟大领袖,他先后征服了巴尔干半岛、东欧、北非、北高加索、中亚、印度河流域等地区。

大流士大帝继位后,继续发动了对斯基泰人的战争。公元前513年,大流士在征服了整个西亚以后,率领规模庞大的军队入侵斯基泰。希罗多德说他的军队有70万之众。虽然波斯帝国的兵力数倍于斯基泰人的防御力量,但斯基泰人的骑兵优势明显,他们移动迅速,结合坚壁清野和避而不战的策略应对大流士的大军,最终打败了波斯帝国。斯基泰人的骑兵使用"Σ"形的复合弓,这种武器的有效射程为50~100米,同时还装备有针对铠甲、胸甲和头盔的特制箭头。斯基泰人的骑兵装备有鱼鳞护甲、马甲和头盔,能有效保护他们的头部或者面部。正是凭借这些机动性强、装备精良的骑兵,斯基泰人创建了早期的草原游牧军队,横扫了黑海北岸的众多部落,击败了强大的波斯帝国。

2. 匈奴与汉朝:中原王朝与游牧民族的交锋

在我国历史上,此起彼伏的北方游牧民族是中原王朝无法忽略的力量。匈奴作为中国北方的一个游牧民族部落,从公元前318年开始出现在我国历史文献中。虽然当时中原诸侯国之间战乱频仍,但是它们都深知北方的匈奴和其他游牧民族的威胁。其中与匈奴和东胡接壤的秦、赵、燕三国更是修筑长城来抵御游牧民族的侵袭。

历史上就有秦宣太后筑长城拒胡,赵武灵王北破林胡和楼烦、燕国将军秦开袭破东胡、秦始皇派蒙恬率30万之众北击胡的故事。这里的胡,主要指的就是匈奴。匈奴和西汉之间的匈汉战争是北方游牧民族和中原农业民族之间发生的首次大规模冲突。

早期匈奴并不强大,后来匈奴兼并了周边的游牧部落,占据了阴山以北的地域。秦统一中国后,匈奴力量进一步扩大,成为秦帝国的劲敌。公元前209年,匈奴的冒顿单于杀死父亲头曼后即位,成为匈奴部落联盟的首领。他先后通过三次大规模扩张,建立东起东北,横跨蒙古,西到新疆的庞大帝国,成为一位名副其实的草原霸主。公元前200年(汉高祖七年),匈奴冒顿单于兴兵南侵,汉高祖刘邦亲自率领大军赶赴平城(今山西大同),冒顿藏匿精兵,让汉高祖误以为匈奴势弱,于是大举进攻,不料反而陷入了匈奴的包围圈,这就是历史上著名的"白登之围"。不过,冒顿没有杀害汉高祖,而是选择以放掉他为条件从汉朝源源不断地获取物资。这又是冒顿的高明之处。汉高祖在逃离白登之后,就派人与匈奴签订了合约,实施和亲政策。

西汉初年,汉朝刚结束长久的战争,国力空虚,无力抵御匈奴入侵。《史记》记载:"天子不能具钧驷,将相或乘牛车。"在当时,作为天子的汉高祖,其乘坐的马车连四匹毛色一样的马都凑不齐,而将相就只能乘坐牛车。陷于困顿之中的汉朝只好以屈辱的和亲政策换取安宁的生活。不过,自白登之战后,汉朝意识到想要战胜匈奴强大的骑兵就必须学习匈奴的骑射技术,以骑兵来对抗匈奴的骑兵,而组建骑兵首先要做的就是养马。从张家山出土的汉简来看,从西汉初年开始汉朝就实行马政,管理养马、用马和马的买卖等方面的事务；到景帝时，汉朝在西、北设牧苑36处，养马30万匹。与此同时，文景二帝采取了休养生息的政策，促进了经济的发展。到了汉武帝在位期间，汉朝已经经过了六七十年的休养生息，国力充实。于是汉武帝动用了前几代皇帝积蓄的财力和军力，开始进攻匈奴，经过河套、河西几次大战，最后于公元前119年又一次给匈奴以沉重的打击。

公元前57年，匈奴爆发内乱后分裂为南北匈奴。到了公元前51年，南匈奴呼韩邪单于向汉朝称臣，汉宣帝对他的归附表示欢迎，并给予优待，把他的地位置于诸侯王之上，在拜见时也只需称"臣"而不必唱名。汉宣帝还颁给单于金质"匈奴单于玺"，也就是册封了单于。公元前33年（汉元帝竟宁元年）呼韩邪单于来朝，自请为汉朝女婿，汉元帝将后宫的良家子王昭君（王嫱，字昭君）赐给单于，这就是我们耳熟能详的"昭君出塞"的历史故事。汉朝非常重视此次和亲，还专门制作了纪念性物品。1954年，在昭君出塞沿途的内蒙古包头召湾汉墓中，考古工作者发现了刻有"单于天降""单于和亲"等铭文瓦当。到了东汉时期，匈奴再次分裂。公元89年和91年，汉和帝两次派军队进攻金微山，也就是今天的阿尔泰山，彻底击败了北匈奴。随后，北匈奴单于逃亡到中亚的乌孙和康居国；南匈奴则归附汉朝，被安置在河套地区，后来逐步汉化。匈奴自此以后慢慢消失在历史文献中……

3. 突厥与唐朝："天可汗"之名

在中国古代历史上，中原王朝一直受到北方游牧民族的侵扰，即使强盛如唐朝也不例外。唐朝初年的最大对手就是突厥（主要是东突厥）。

我们知道，突厥是大概在南北朝时期崛起于阿尔泰地区的一个游牧民族。公元前552年，在阿史那土门的带领下，突厥击败柔然，后来又陆续征服了其他部落，在前后不到10年的时间里，建立了东至辽河、西至里海、北至贝加尔湖、南到阿姆河的庞大游牧帝国。对于分散流动的游牧民族政权而言，要统治如此辽阔的疆域，就只能采取松散的或者名义上的统治。这里要简单介绍一下突厥的制度。突厥在部落时期是单一可汗制，随着突厥汗国的扩张，产生了大小可汗制度，大可汗是首领，小可汗则是可汗的子弟或者其宗族的成员。大可汗统领中部，又称为中面可汗，两位小可汗分别管理突厥的东面、西面，而东面的地位又高于西面，为储君所在。突厥建国之初实行兄终弟及制度，后来曾改为父终子及制度，但并不稳定。这种大小可汗的分封制度和不稳定的继位制度成为日后突厥分裂的重要原因。

隋文帝杨坚就利用突厥的沙钵略可汗（大可汗）、达头可汗和阿波可汗之间争夺汗位的契机挑拨离间。于是在隋朝的军事打击和离间计策的双重作用下，突厥在公元583年分裂为东突厥和西突厥，西突厥大体上占有阿尔泰山以西的西域，而东突厥则统治阿尔泰山以东的漠北地区。东突厥因受隋文帝扶持建立且在建立之初力量弱小而一度依附于隋朝。到了隋炀帝时期，东突厥开始逐步壮大，先后征服了周边的高句丽、契丹等部落。隋朝末年，烽火再起，中原地区陷入混战，突厥坐大。《新唐书·突厥传》有云："控弦且百万，戎狄炽强，古未有也！"当时突厥达到了前所未有的强盛时期，包括唐高祖李渊在内的中原各方势力都曾受制于突厥。

唐朝建立之初，中原地区的内乱尚未完全平息，前有前朝的旧部虎视眈眈，后有北方的突厥南下生事，因此唐朝初期对突厥采取的是怀柔妥协的政策，以和亲和岁贡换取和平。尽管如此，突厥骑兵依然时常骚扰边境，让唐朝不胜其烦。公元626年，玄武门事变发生，东突厥的颉利可汗想趁乱生事，率领20万大军长驱直入，一直攻到长安城边上的渭河桥。当时长安城兵力空虚，危如累卵，登基才二十几天的唐太宗带了六人到渭河桥，与颉利可汗交涉。最后双方签下盟约，唐朝送给颉利可汗大量玉帛，颉利可汗撤军，这就是"渭水之盟"。唐太宗将"渭水之盟"视为奇耻大辱，此后励精图治，不断增强军事力量，以便一雪前耻。

中原王朝为了抵抗北方草原民族的侵扰，在军事上一直不断地学习草原民族。唐王朝也是如此，李渊在任太原留守时就曾模仿突厥战法训练骑射。当时的隋朝以具装甲骑为主，而突厥骑兵大多是轻骑兵，更加灵活机动。李渊在太原起兵之后，开始向轻骑兵方向发展。随着军事实力的不断增强，唐太宗决心反击突厥，而东突厥的内乱正是最好的时机。公元630年（贞观四年），唐朝联合了当时突厥的两个藩属部落铁勒和薛延陀，最终生擒了东突厥的颉利可汗，彻底击败了东突厥。这一胜利不仅使唐朝得以安定边疆，更起到了震慑四方的效果。《资治通鉴》记载："贞观四年，四夷君长诣阙请上为天可汗！"也就是说，他们尊奉唐太宗为"天可汗"。

4. 蒙古大军：西方人闻风丧胆的"上帝之鞭"

汉朝和唐朝在中国历史上都有重要地位，但要说中国历史上版图最大的时期，当属十三世纪的元朝。从1206年蒙古汗国的建立到1271年元朝统一中国，在短短60多年的时间里，蒙古人以摧枯拉朽之势迅速征服了东亚、中亚、西亚和东欧，占据了亚欧大陆的大部分领土而建立起强大的蒙古帝国。其疆域最大时，从东边的日本海到西边的地中海，面积超过3 000万平方千米。换而言之，现如今的一些国家如中国、俄罗斯，以及伊朗等西亚大部分国家，甚至东欧都曾在这个庞大帝国的疆域内。当时西征的蒙古大军，让欧洲人闻风丧胆。他们不知道这些强悍的侵略者来自哪里，认为是上帝派来惩罚他们的，称呼这些蒙古人为"上帝之鞭"。蒙古的崛起改变了亚欧大陆的政治格局，也对东西方未来的历史发展产生了深远影响。那么，蒙古人是如何凭借区区十几万铁骑横扫整个亚欧大陆的呢？

蒙古帝国的建立离不开"一代天骄"成吉思汗。他是金庸武侠小说《射雕英雄传》里赏识郭靖并封其为金刀驸马的蒙古部落首领，也是《沁园春·雪》中"只识弯弓射大雕"的一代天骄。成吉思汗本名铁木真，是蒙古乞颜部人。公元1184年，铁木真继承其父成为乞颜部可汗。1206年，铁木真统一了蒙古各部，建立了大蒙古国，被各部推举为成吉思汗（拥有四海的可汗）。1211年，成吉思汗开始东征金朝、西攻西辽，1218年消灭西辽，吞并金朝的一半疆域。成吉思汗在继续南下攻金的同时，也在继续西征，大败当时的中亚强国花剌子模。这是蒙古帝国的第一次西征。1227年，成吉思汗灭西夏，同年病逝。但是蒙古帝国并没有因此停下征服的脚步，而是继续向西扩张。从1235年到1260年，蒙古帝国又先后进行了两次西征，其中1235年到1242年期间，成吉思汗之孙拔都和速不台开始第二次西征。这次西征，各支宗室均以长子统率军队，万户以下各级将领也派长子率军从征，所以人们称这支大军为"长子西征"或"诸子西征"，我们本章开头提到的赛约河之战就发生在这期间。

为何蒙古能在短短几十年内横扫整个亚欧大陆呢？这当然离不开蒙古强大的军事力量，但光靠蛮力也不行。在成吉思汗统一蒙古各部之前，各部之间相互征战；成吉思汗统一蒙古各部后，实施了大刀阔斧的军事改革。1204年，成吉思汗创建了军政合一的千户制，将全部牧民按照军事单位进行编制，然后由千户负责管理，千户之上又设置万户，万户是军事统帅。千户制的创建改变了蒙古以往各部落联盟的分散状态，为后来蒙古征服亚欧大陆提供了源源不断的兵源。此外，成吉思汗还要求千户长、百户长送来质子，组建了一支直属于他的怯薛军，一方面防止他们叛乱，另一方面防止他们坐大。此外，他制定了一系列军队管理制度，汇总成大札撒（蒙语，意思是命令）加以推行，将松散的游牧人群变成了纪律严明、令行禁止的军队。所有这一切为之后蒙古横扫亚欧大陆创造了必要条件。

俗话说："兵马未动，粮草先行。"在冷兵器时代，后勤运输既是非常消耗人力物力的因素，也是影响军队移动速度的因素。但是，蒙古人采用"养马随征"的策略，也就是一边行军，一边放牧，渴了喝奶，饿了吃肉。这些"军粮"不仅能够自行移动、携带军需物质，而且越野能力很高。这样蒙古人就解决了后勤运输的沉重负担和效率低下问题，行军远比农业民族的军队灵活快速。与此同时，蒙古人在征伐金、宋、西夏的过程中，不断学习他们的战略战术。他们灭金时，联合了南宋；在进攻南宋时，在重庆采用了迂回战术。在与敌人对阵时，他们利用骑兵机动灵活的优势，避免正面作战，他们用迂回战术，寻找敌军的薄弱之处发动突袭。在攻打南宋的襄阳城时，花了三年也没有攻下来。最后他们得到了阿拉伯（大食）工匠的指点，改造了投石机，最后攻下了襄阳城，打开了南宋的门户。他们除了自己擅长的骑马射箭技术，还从南宋学习了火药和火炮，将两者有机结合起来。所有这些战略战术和先进武器，都在他们西征欧洲中发挥了重要作用。

5. 欧洲的崛起：第一个日不落帝国

如前所述，来到赛约河的蒙古铁骑无论在战略战术和武器装备上都碾压了欧洲人。事实上，欧洲人的军事神话早在公元四世纪西罗马帝国衰亡后就开始破灭，此后欧洲的军事发展在相当长的一段时间里几乎停滞不前。在西征基辅、波兰和匈牙利期间，蒙古铁骑将火器带到了欧洲，击溃了欧洲人的心理防线。后来奥斯曼帝国的入侵也让欧洲人毫无还手之力，在重重压力之下，欧洲人最终走上了军事改革之路。

十四世纪，欧洲迎来了"步兵革命"。要知道，六世纪马镫传入欧洲后，披坚执锐的重装骑兵几乎主宰了欧洲战场。然而蒙古轻骑兵凭借其高度的机动性击败了欧洲的重装骑兵；在随后1315年的莫尔加藤（Morgarten）战役和1339年的劳彭（Laupen）战役中，瑞士长枪兵通过密集的方阵击败了勃艮第的封建骑兵；而在1346年的克雷西（Crecy）战役和1356年的普瓦提埃（Poitiers）战役中，英国步兵凭借长弓战胜了法国的重装骑兵。这些战役的胜利标志着欧洲重装骑兵不可一世的时代已经结束。与此同时，欧洲人又从阿拉伯人那里学会了制造火药和武器。从现有史料来看，英国人最迟在十四世纪初就拥有了火炮。虽然当时的火炮笨重、发射准确率小且威力有限，但是欧洲人不断改良，发明了小火炮，即

"手炮"。在十五世纪,英国军队组建了手炮部队。

但是第一个日不落帝国不是英国,而是西班牙。那么西班牙是如何成为军事强国的呢?我们先简单了解一下西班牙的历史。大约在八世纪,信奉伊斯兰教的摩尔人(Moor)征服了欧洲的伊比利亚半岛。此后,一部分不愿接受穆斯林统治的基督徒从八世纪初至十五世纪末,开展了长达八个世纪的"光复运动"。1469年,伊比利亚半岛上最强的两个天主教国家——阿拉贡(Aragon)和卡斯蒂利亚(Castile)合并,组建了新的国家——西班牙。为了彻底将摩尔人赶出伊比利亚半岛,西班牙对军队进行了系列改革,从欧洲各地聘请教官和技术专家,组建职业化军队和炮兵部队。

西班牙军队同样深受中世纪欧洲重装骑兵的影响,但是经过这些改革以后实现了脱胎换骨。西班牙军队以瑞士方阵为基础,结合自身作战经验,逐步形成了西班牙方阵。1536年,西班牙方阵成为正式的军事单位,由火枪手和长枪兵组成。长枪兵组成的大方阵在四个角落,这四个角落又由手持火绳枪的士兵的小方阵组成,而笨重的炮兵则列于战线最前方。因此这个方阵可以说是冷热兵器的结合。这样的西班牙方阵既能抵御敌军骑兵冲击,也能通过火枪和火炮攻击敌军。当然,西班牙大方阵也存在不够机动灵活等缺陷。尽管如此,西班牙军队已经领先于世界,在欧洲、美洲和东南亚所向披靡,成为第一个日不落帝国。

§

西班牙的军事崛起之后,随即走上了对外扩张的道路,直接导致了十六世纪印加帝国的覆灭。现在我们回到最初提出的问题：为什么印加帝国会覆灭？我想答案其实已经不言而喻。无论是令中国的中原王朝如芒在背的匈奴和突厥人，还是使波斯帝国遭遇滑铁卢的斯基泰人，抑或征服了庞大印加帝国的西班牙，他们的共同点之一就是强大的军队和先进的武器。凭借骑兵和武器的优势，西班牙殖民者在中美洲和南美洲摧枯拉朽、高歌猛进。在冷兵器时代，机动性强的骑兵几乎主宰了战场；拥有强大骑兵的游牧民族则对农业民族形成了巨大的威胁，迫使农业民族不得不进行军事改革，发展自己的骑兵部队。到了热兵器时代，欧洲各国不断改进火枪火炮，充分发挥骑兵、枪兵、炮兵的优势，奠定了十五至二十世纪"欧洲领先于亚非拉"的世界格局。

参考文献

[1] 王明珂. 游牧者的抉择 [M]. 桂林：广西师范大学出版社，2008: 3.

[2] 张明扬. 纸上谈兵：中国古代战争史札记 [M]. 太原：山西人民出版社，2020.

[3] 李岩. 论春秋战国服饰等级礼制的俗化 [J]. 求索，2015 (11): 152—156.

[4] 王俊. 中国古代车马 [M]. 北京：中国商业出版社，2022.

[5] 邢成才. 商代后期中原地区的战车研究 [D]. 郑州大学，2012.

[6] YUAN Jing. A Zoo Archaeological Study on the Origins of Animal Domestication in Ancient China[J]. *Chinese Annals of History of Science and Technology*, 2021, 5(01): 1–26.

[7] Vera Warmuth, Anders Eriksson, Mim Ann Bower, et al. Reconstructing the origin and spread of horse domestication in the Eurasian steppe[J]. *Proceedings of the National Academy of Sciences*, 2012, 109(21): 8202–8206.

[8] P. Librado, N. Khan, A. Fages, L. Orlando. The origins and spread of domestic horses from the Western Eurasian steppes[J]. *Nature*, 2021, 598: 634–640.

[9] Patrick Wertmann, Maria Yibulayinmu, et al. The earliest directly dated saddle for horse-riding from a mid-1st millennium BCE female burial in Northwest China[J]. *Archaeological Research in Asia*, 2023, 35: 100451.

[10] Jamsranjav Bayarsaikhan, Tsagaan Turbat, et al. The origins of saddles and riding technology in East Asia: discoveries from the Mongolian Altai[J]. *Antiquity*, 2024, 98 (397): 102-118.

[11] 刘琥."昭君出塞"中南匈奴视角下的民族融合实践[J]. 四川民族学院学报, 2023, 32(04): 30—35.

[12] 包苏那嘎, 何丽娟. 从考古资料探索汉匈关系——以和亲与文化交流为例[J]. 赤峰学院学报(汉文哲学社会科学版), 2021, 42(02): 41—47.

[13] 晋文. 以夷制夷理论与两汉王朝的践行[J]. 江苏社会科学, 2022(05): 182—190+244.

[14] 陈永志. 内蒙古出土瓦当[M]. 北京: 文物出版社, 2003.

[15] 晋文. 匈奴对两汉王朝的战争诉求[J]. 中原文化研究, 2023, 11(05): 55—60.

[16] 黄艳. 唐与突厥关系初探[J]. 商, 2013(12): 316.

[17] 薛宗正. 突厥史[M]. 北京: 中国社会科学出版社, 1992.

[18] 邓伟. 隋至唐初的东、西突厥关系[D]. 新疆师范大学, 2012.

[19] 刘子凡. 唐前期农牧结合的军事战略[J]. 民族研究, 2022(06): 101—114+141—142.

[20] 肖爱民. 试析突厥汗位的继承制度——以前突厥汗国、东突厥汗国和后突厥汗国为中心[J]. 北方文物, 2013(01): 55—60.

[21] 李云河. 再论马镫起源[J]. 考古, 2021(11): 90—99.

[22] 李云河. 早期高桥鞍的结构复原及其发展脉络[J]. 中原文物, 2016(6): 80—87.

[23] Timothy Michael May. *The Mongol Art of War*[M].

Barnsley, Yorkshire: Pen & Sword Military 2007.

[24] John of Plano Carpini. History of the Mongols[A]. Christopher Dawson ed. *The Mission to Asia*[M]. Toronto: University of Toronto Press, 1980.

[25] 〔美〕伊恩·莫里斯著,栾力夫译.战争:从类人猿到机器人,文明的冲突和演变(第二版)[M].北京:中信出版集团,2024.

[26] 许二斌.14—17世纪欧洲的军事革命与社会变革[J].世界历史,2003(01):57—65.

[27] 〔英〕查尔斯·威廉·欧曼著,王子午译.中世纪战争艺术史(第二卷)[M].北京:台海出版社,2022.

[28] 〔美〕贾雷德·戴蒙德著,王道还、廖月娟译.枪炮、病菌与钢铁[M].北京:中信出版集团,2022.

[29] 〔古希腊〕希罗多德著,徐松岩译.历史[M].上海:上海人民出版社,2018.

[30] 〔英〕雷蒙德·卡尔著,潘诚译.西班牙史:欧洲的例外[M].上海:东方出版中心,2023.

[31] 黎珂,王睦,李肖等.裤子、骑马与游牧——新疆吐鲁番洋海墓地出土有裆裤子研究[J].西域研究,2015(02):48—62+141—144+139.

[32] 李肖,吕恩国,张永兵.新疆鄯善洋海墓地发掘报告[J].考古学报,2011(01):99—166.

[33] 吕恩国.洋海货贝的历程[J].吐鲁番学研究,2016(01):8—16.

[34] 吕恩国,张永兵.从洋海墓地的萨满巫师墓解析新疆的

萨满教遗存 [J]. 吐鲁番学研究, 2009(2): 18.

[35] 吕恩国. 吐鲁番洋海墓地出土游牧民器物研究 [J]. 吐鲁番学研究, 2020(01): 1—18+154.

[36] Renate Rolle. *The world of the Scythians*[M]. London: B. T. Batsford, 1989.

图片来源

[1] 世界上最早的裤子：黎珂等. 裤子、骑马与游牧——新疆吐鲁番洋海墓地出土有裆裤子研究 [J]. 西域研究, 2015(02): 48—62+141—144+139.

[2] 最早裤子的主人及其复原图：左, 吕恩国. 洋海货贝的历程 [J]. 吐鲁番学研究, 2016(01): 8—16. 右, 吕恩国, 张永兵. 从洋海墓地的萨满巫师墓解析新疆的萨满教遗存 [J]. 吐鲁番学研究, 2009(2): 18.

[3] 洋海墓地女墓主人的帽子和海贝：吕恩国供图。

[4] 苏贝希墓地出土的弓箭、弓箭袋：祁小山、王博. 丝绸之路·新疆古代文化 [M]. 乌鲁木齐：新疆人民出版社, 2008: 107.

[5] 巴泽雷克墓地墓主人服装复原图：吕恩国. 吐鲁番洋海墓地出土游牧民器物研究 [J]. 吐鲁番学研究, 2020(01): 1—18+154.

[6] 苏贝希墓地出土的服装：吕恩国供图。

[7] 苏贝希墓地出土的马鞍：吕恩国供图。

[8] 北燕冯素弗墓出土的马镫：王俊. 中国古代车马 [M]. 北京：中国商业出版社, 2022.

第五章
迁徙与传播

十五世纪末的欧洲正处于地理大发现的前夕。随着航海技术的进步和对亚洲财富的追求，许多探险家开始放飞他们的梦想。哥伦布构想了一个大胆的计划——向西航行直达东方的富饶之地。他相信地球是圆的，认为向西航行可以直接到达远东。尽管当时大多数人已经接受了地球是圆的观点，但要证实这一理论并找到通往亚洲的新航线仍然需要巨大的勇气。1492年，哥伦布得到了西班牙国君的慷慨资助，率领他的探险船队扬帆起航。经过两个多月漫长而危险的航行，他们终于抵达了巴哈马群岛的圣萨尔瓦多岛（San Salvador Island）。尽管哥伦布始终坚信自己到达的是印度附近，但实际上他发现的是一个全新的大陆——美洲。在接下来的几年里，哥伦布又进行了三次航行，进一步探索了加勒比海、中美洲和南美洲的部分海岸线。

哥伦布的发现标志着大探险时代的开始，引发了众多探险家如达·伽马（Vasco da Gama）、麦哲伦（Ferdinand Magellan）等人的大探险。这些探险活动不仅扩展了人类对于世界的认知，而且也促进了全球范围内的文化交流和物种交换。例如，咖啡豆最初源自非洲，但很快就在美洲广泛种植；番茄和土豆这两种地中海和欧洲菜系中不可或缺的食材，实际上是美洲的原生作物。此外，番茄在最初引入欧洲时被人们视为有毒的植物，但随着时间的推移，它们上了欧洲的餐桌，成了欧洲人离不开的美食材料。这种所谓"哥伦布大交换"的跨洋物种交流，极大地丰富了世界各地的饮食和农业资源。随着新旧世界之间贸易线路的建立，一些原本只存在于特定区域的植物和动物开始在全球范围内流通。

在人类历史上，能够与哥伦布时代的大探险相媲美的，是4 000～6 000年前印欧语系人群的大迁徙。这一波迁徙浪潮不仅历时数千年、横跨亚欧大陆，而且伴随着文化、语言、农业、畜牧业、冶金技术的广泛传播，深刻地影响了整个亚欧大陆文明的发展轨迹。那么，这些印欧语系人群究竟源自何处？他们又迁移到了何方？他们留下的足迹又如何改变了这个世界？要探索这些问题的答案，我们不妨从中国新疆地区发现的干尸谈起。

第一节　新疆干尸与吐火罗人之谜

当我们谈到干尸时，脑海中最先浮现的可能是著名的"楼兰美女"。1980年年初，新疆社会科学院考古研究所的考古队来到了罗布泊，在罗布泊北端的铁板河三角洲发现了两处墓地。他们在Ⅰ号墓地的M1发现了一具女性干尸。这具干尸仰身直肢，其脸部和胸部各盖有外形像簸箕一样的草编扁筐。她的上半身裹着一块粗毛布，下身则裹着一块光板羊皮，脚上穿着翻毛皮的鞋子，头上戴着插有两支雁翎的毡帽。因其出土的墓葬距离楼兰古城遗址较近，所以人们称之为"楼兰美女"。这是新疆出土的最早的一具古尸，属于青铜时代，距今约3 800年。出土时，她的头颈、躯干和四肢均保存完整，面部仍然栩栩如生。

经过科学鉴定，这名美女身高1.52米，体重10.7千克，血型为 O 型，死亡时的年龄为 40～45 岁。

　　我国科学家对楼兰古尸开展了体质人类学研究，发现这位女性的皮肤光滑且富有弹性，肤色呈红褐色；她有一头棕黄色浅波浪形头发、眉毛也是棕黄色的；她的双眼大且深邃，鼻梁高挺而狭窄，下巴尖翘。这些特征说明她具有典型的欧罗巴人种特征，也就是通常说的"白人"特征。

楼兰美女及复原图

说到新疆干尸，大家可能会联想到另一种世界闻名的"干尸"——埃及的木乃伊。那木乃伊和新疆干尸是否存在某种联系？两者又有什么区别呢？

其实新疆干尸与木乃伊存在着天壤之别。塔里木盆地的干尸是在炎热干燥的沙漠环境中自然形成的。古人将死者的尸体直接埋藏在疏松的沙土中，而这种沙土有利于水分蒸发，使得尸体迅速脱水成为干尸，从而避免细菌滋生而导致的腐烂。也有埋在盐碱土中的，土壤中的盐分将尸体保存下来。相对"自然干尸"来说，木乃伊则是一种"人工干尸"。世界许多地区的人们都使用防腐香料来处理尸体，年久干瘪，即形成木乃伊。甚至有一段时间，欧洲人喜欢木乃伊的香味，居然拿来食用，导致木乃伊数量急剧减少。

古埃及人笃信人死后，他们的灵魂会暂时离开尸体，但是通过后续的木乃伊化可以让灵魂识别并返回尸体，使之得到重生。所以，从早王国时期（公元前2575—前2150）起，人们将死者的尸体都制成木乃伊。制作木乃伊是一个复杂而昂贵的过程。一开始它是古埃及宫廷成员的特权，后来逐渐扩散到贵族阶层和他们的宠物。在制作木乃伊时，人们先清洗尸体，然后将钩子伸进鼻孔掏出颅腔里的脑髓；再打开腹腔，取出里面的内脏，目的是防止细菌滋生而使得尸体腐烂。但是要留下心脏，因为古埃及人视之为智慧的中心。人们随后将尸体放入碱水，使其脱水；然后在皮肤上擦拭各种香油、树脂和香料，防止蚊虫叮咬；最后，在埋葬之前，人们还要将尸体裹上亚麻布。整个过程需要70多天。考古学家们在一处木乃伊"防腐工坊"遗址里发现了贴有标签的陶质容器，里面装着用来制作木乃伊的各种材料。经过科学家们的研究，这些材料包括来自黎凡特的各种树脂、来自死海的沥青，以及当地的动物脂肪和蜂蜡。有两种材料来自长途贸易，其中一种叫作榄香脂（elemi）的树脂，可能来自亚洲或非洲雨林中的金丝雀树（Canarium trees）；另一种叫作达玛（dammar）的树脂，来自遥远的印度南部、斯里兰卡和东南亚热带森林中的娑罗树（Shorea trees）。另一份研究同样证明了古代埃及制作木乃伊的香膏中含有蜂蜡、植物油、动物脂肪、沥青及树脂。这些发现揭示了古埃及人在防腐技术方面的精湛技艺与广泛的贸易网络。

提到新疆塔里木盆地的干尸，有一位不可忽视的研究者。他就是美国著名的汉学家梅维恒（Victor H. Mair）。梅维恒是哈佛大学中国文学博士，宾夕法尼亚大学汉学教授。他不是考古学家，也不是古人类学家，而是中国语言文学家，主要研究莫高窟出土文书和中国古代典籍。但是 2000 年，他与英国考古学家马洛里（J.P. Mallory）一同编著出版了《塔里木干尸》（*The Tarim Mummies*）。是什么契机让他对塔里木盆地的干尸感兴趣了呢？

梅维恒第一次见到新疆干尸是在 1988 年。当时他正率领着一支美国史密森国家博物馆的高级访问团参观新疆维吾尔自治区博物馆。进入博物馆后，他就发现了一个新的展览，也就是该馆第一次展出的干尸。当看到这些干尸的时候，梅维恒感到非常震惊。这些看似蜡像的遗体实际上是公元前 1500 至公元 1000 年的古人。他们的皮肤和衣物保存得如此完好，以至于梅维恒被这些干尸深深地吸引了，甚至忘记了访问团的后续行程。

梅维恒教授对其中一具干尸印象非常深刻，因为其容貌与他的二哥惊人地相似，以至于梅教授亲切地叫他"Ur-David"。在德语中，Ur 是非常古老的意思，而他二哥名字叫 David。这具干尸真的非常像他二哥，梅教授特意照了二哥的照片，每次演讲的时候就把两者的照片并列展示出来。他们看起来真的就像一个人，所以大家看到的时候都笑得合不拢嘴。

"Ur-David"发现于且末县的扎滚鲁克墓地。出土时，"Ur-David"仰面朝上躺着，头枕在一个白色枕头上，身穿一件鲜艳的紫红色羊毛上衣，还穿了羊毛裤子，上衣装饰有精致的红色镶边。他的脚上穿着一双长至膝盖的毛织袜子，袜子的颜色像彩虹一样鲜艳，袜子上有火焰红色和金黄色的水平条纹；在袜子之外还有一双白色的长筒皮靴，可能是用鹿皮制作的。金色的头发及欧罗巴人种的面部特征说明他的来历并不简单。

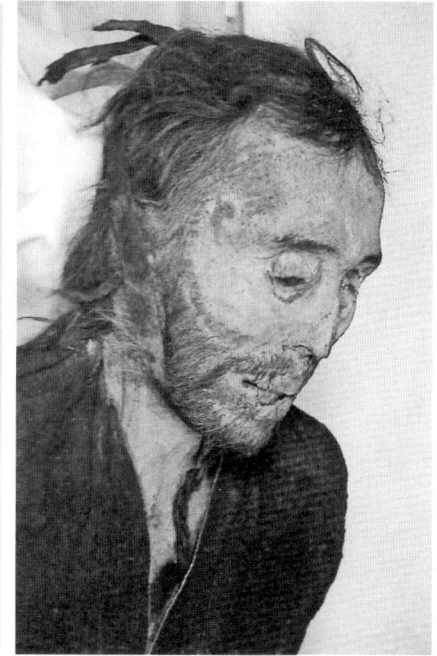

扎滚鲁克墓地出土的 Ur-David

一、新疆干尸

前面笔者介绍了"楼兰美女"和"Ur-David"两具干尸。那么，新疆的干尸是什么人呢？他们来自哪里呢？接下来，让我们一起探索一下新疆这片神秘的土地。

新疆位于东亚大陆、亚欧草原、中亚和南亚之间的十字路口上。在古代历史上，曾有许多民族来到新疆，在这里定居。新疆古代居民的族属，从汉代开始才有明确的记载，当时主要有塞人、月氏、乌孙、羌人、匈奴和汉人。但是关于这些人群的具体情况，历史文献中的记载不仅寥寥无几，而且真伪难辨。例如，司马迁在撰写《史记》中关于匈奴的内容时，并没有亲身前往匈奴居住的地区，其内容主要是根据来到汉朝宫廷的匈奴使者和前往匈奴的汉朝使者的描述编纂而成的，但是这些资料准确与否还值得商榷。那么在更为久远的远古时期，新疆居民究竟是什么人？来自何方？又讲什么语言？这些都是未解之谜。

1. 苏贝希墓地的"美女"

我们先来讲讲吐鲁番苏贝希墓地出土的一具女性干尸，她被誉为"火焰山腹地的苏贝希人"，距今已有超过 2 500 年的历史。在Ⅰ号墓地的 M11 中，考古工作者发现了我们要介绍的这具女性干尸。M11 是一处竖穴土坑墓，在该墓下层有 3 人并排的合葬，分别是一位成年男性、一位成年女性（就是本篇所述的干尸）和一个儿童。他们很可能是一家人。在吐鲁番博物馆的展厅里，观众们可以亲眼看到这具女性干尸的风采。她头上戴着一顶高尖帽，身穿彩色毛织长裙，外披带有毛领装饰的皮大衣，手上戴着皮手套，脚上穿着软底皮靴；其服饰相当华丽，表明了她生前可能是一位贵族女性。

苏贝希墓地出土的女性干尸

2. 营盘墓地的"高富帅"

看完美女，我们再来看一位出土于营盘墓地的"高富帅"。

营盘墓地处在塔里木盆地东部的东西、南北交通线的十字路口，位于孔雀河故道北岸，是汉晋时期"楼兰道"上的重镇，东距楼兰古城 160 千米。这座墓地已发现的墓葬不少于 132 座，其中不少出土了干尸。

1995 年，考古工作者在营盘墓地的 15 号墓葬发现了一位"美男子"。这名男子是谁？为什么称他为"高富帅"呢？这要先从 15 号墓葬的形制说起。

营盘墓地 15 号墓葬是一座长方形的竖穴土坑墓。葬具是一具四足长方形箱式木棺，外壁满绘精美的图案——在白色背景上画了大小一致的圆圈，并以直线相连构成了菱形网格。在菱形格内绘制有各式各样的图案，包括卷草纹、花卉、蔓草、花瓶、树枝和树叶纹，等等。棺外还覆盖着一条色彩斑斓的长方形狮纹栽绒毛毯。这种箱式彩绘木棺非常少见，和这座墓地的其他墓葬相比，它的规格更高。这说明墓主人的身份特殊，可能是一位富商。

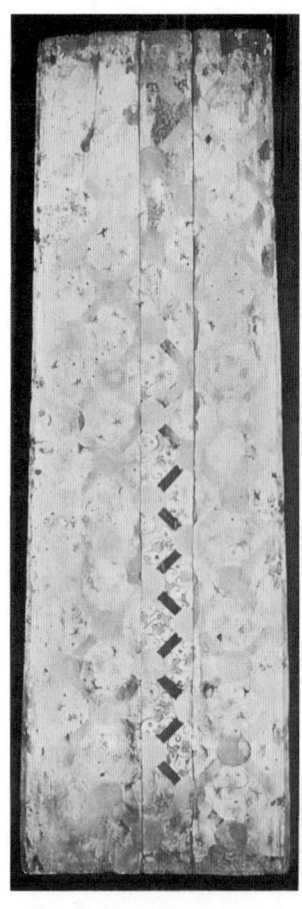

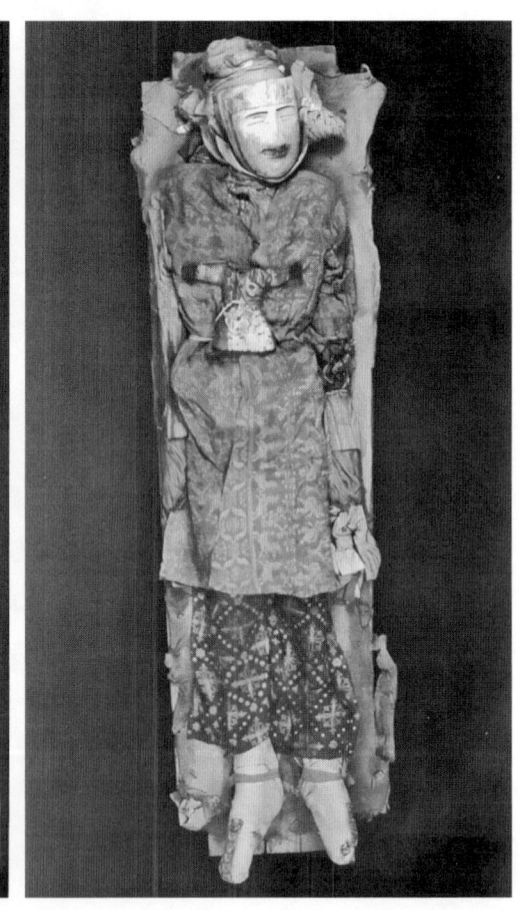

营盘墓地15号墓出土的男性干尸

墓主人的装束同样引人注目。他身披黄色绢衾，头下枕着鸡鸣枕，并且佩戴着麻质面具。身上穿着红地对人兽树纹罽（jì）袍和淡黄色绢内袍，下身则穿着毛织长裤；胸前和左手腕处都摆放着一件冥衣，左臂上还系着一块长方形的刺绣护膊；腰间系着绢质腰带，腰带上垂挂着帛鱼和香囊；脚上穿着贴金的绢面毡袜。这些华丽的穿着足以证明墓主人非富即贵。

根据考古工作者的测量，该男子身高约1.9米，是个大个子。在发现的时候，这位"营盘美男"的面部戴着一副额头上贴着金箔的白色面具，而白色面具上描绘着清晰的人脸特征：高挺的鼻子和两撇小胡子，带有浓厚的西域特征。这也进一步证实了这位"汉代美男"西域人的身份。他的面部和身体都已干缩，留着一头浓密的棕色长发，单髻绾于脑后，属于欧罗巴人种。

3. 小河公主

新疆年代最早的干尸发现于巴音郭楞蒙古自治州若羌县的小河墓地，属于青铜时代，年代为公元前1980至前1540年。这座墓地位于孔雀河南岸60千米处，楼兰古城以西大约102千米。这座墓地最初由瑞典探险家贝格曼（Folke Bergman）发现，但是因为在沙漠里，定位困难，所以后人一直没有找到位置。直到2000年，新疆文物考古研究所的考古工作者终于重新发现了这座墓地。2002至2005年，他们对该墓地展开了正式的调查和发掘工作。

在这期间，新疆文物考古研究所的考古工作者在这里一共发现了167座墓葬。墓地坐落在沙丘上，墓地中央有一道木栅栏将其划分为两个区域。在埋葬死者时，人们先在沙地上挖掘墓坑，然后埋入船形棺，最后在棺上覆盖牛皮。这些墓葬一层层往上堆积，共形成了四层的墓葬群。这座墓地与众不同的地方是，棺前栽埋立木，其中男性死者棺前的立木形似船桨，桨面涂黑，桨柄涂红，象征女性生殖器；而女死者棺前的立木呈柱形，象征男性生殖器。死者头戴毡帽，脚穿皮靴，腰上穿着毛织腰衣，身上裹着毛织斗篷。

考古工作者在第一层的M11中发现了一位女性的遗体，身高152厘米，全身涂抹白色物质。她有着薄嘴唇、高鼻梁、深眼窝，亚麻色长睫毛和头发，身体丰满，生前显然是一位美丽的女子。她的整个身体包裹在一件宽大的白色毛织斗篷中，头上戴着白色圆毡帽，头下枕着一块白色羊皮，腰间系着一件白色短裙式的毛织腰衣，脚上穿着短勒皮靴。此外，她还佩戴着缀着珠饰和羽毛缨的红

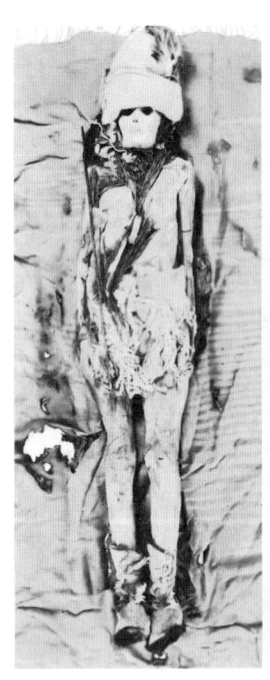

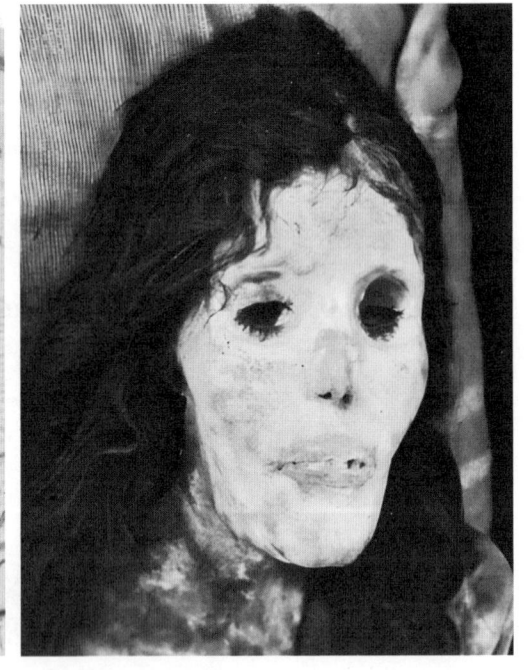

小河公主

毛绳项链及穿缀着管状玉珠的红毛绳手链。发掘者称之为"小河公主"。吉林大学的研究人员从小河墓地采集了一些早期人骨样品，做了体质人类学分析和古 DNA 分析。结果显示，小河人群为欧罗巴人种，但是带有蒙古人种的基因。

前面提到的楼兰美女、"Ur-David"、苏贝希美女、营盘的高富帅和小河公主，这些珍贵的干尸只是新疆塔里木盆地出土的众多干尸中的冰山一角。然而遗憾的是，目前发现的干尸仅能追溯到青铜时代以后，还未发现新石器时代甚至更早的干尸。这说明新疆与周围的河西走廊、南西伯利亚、印度河流域和中亚绿洲不同，在新石器时代可能还是一片没有人烟的蛮荒之地。

这就引发了一系列令人好奇的问题：他们到底属于何种人种？他们来自何方？他们说什么语言？为了回答这些问题，我们需要一些新的线索。

二、体质人类学研究

关于塔里木盆地出土的古代人骨，早在 1949 年之前，英国、德国和苏联的探险家就发现了一些。他们将人骨运到欧洲，然后欧洲的人类学家就开展了初步研究，但是当时他们研究的人骨数量有限。从二十世纪七十年代开始，我国体质人类学家韩康信等人陆续对新疆吐鲁番苏贝希、孔雀河下游、古墓沟等多处墓地出土的数百具古代人类头骨分别做了测量研究。这些墓地出土的人类头骨的年代为公元前二千纪到前一千纪。

通过测量分析古人类头骨，韩康信等人证实新疆古代居民是来自不同方向的欧罗巴人种和蒙古人种。他测量了新疆四个区域的四个重要墓地，即帕米尔高原的香宝宝墓地、南疆洛浦县的山普拉墓葬群、罗布泊的小河墓地和哈密盆地的焉布拉克墓地出土的干尸，研究了四个墓地出土的干尸的人种比例。新疆地区的青铜时代人种以欧罗巴人种为主，包括帕米尔-费尔干纳型（Pamir-Fergana）、原始欧洲型（Proto-European）和地中海型（Mediterranean）三个类型。这些欧罗巴人种自西而东扩散，但是最终止步于新疆东部的哈密盆地，没有进入河西走廊。而蒙古人种在青铜时代从东部的河西走廊进入新疆，与欧罗巴人种混合，此后逐步向西扩散。这个结果也在一定程度上得到了古DNA研究的支持。

三、吐火罗人

新疆古代人群使用的语言是一个复杂而且深奥的话题。理想的情况是我们把这些死去的干尸唤醒，亲耳听他们说话，辨别他们的语言，可惜这种情况不会发生。所以退而求其次，如果找到他们留下的文字，通过释读他们的文字，也可以了解他们所说的语言。遗憾的是，这样的文字资料在新疆有发现，但比较少，我们现在掌握的一些线索主要来自吐火罗文书。

吐火罗文书最早发现于1892年。二十世纪初，欧洲探险家在新疆吐鲁番和库车发现了许多用多种语言文字书写的古代写本，其中包括一些之前未被识别的印欧语。1907年，德国学者缪勒（F. W. K. Müller）在回鹘文书写的剧本《弥勒会见记》中发现了回鹘文词汇"toxri tili"，可知古代回鹘人将该剧本所用的未知语言称为"吐火罗语"。德国曾四次派遣考察队到吐鲁番探险，并将带回的写本保存在了位于柏林的民族学博物馆中。在皮舍尔（Richard Pischel）的带领下，西克（Emil Sieg）和西克灵（Wilhelm

Siegling）等东方学家们开始着手研究这些珍贵的文献。

1908年，西克和西克灵共同发表了题为《吐火罗语：印度斯基泰人的语言——关于一门目前为止还未知的印欧文学语言的初步评注》(Tocharisch,die Sprache der Indoskythen.Vorläufige Bemerkungenüber eine bisher unbekannte indogermanische Literatursprache）的著名论文，破解了吐火罗语，并指出了它是印欧语的一种，同时辨认出了A和B两个分支，即吐火罗语A、吐火罗语B。之后西克和西克灵先后共同完成了《吐火罗语残卷A语言》(Tocharische Sprachreste Sprache A，1921年）和《吐火罗语残卷B语言》(Tocharische Sprachreste Sprache B，第一册，1949年；第二册，1953年）。

除了德国，其他欧洲国家的学者也参与了吐火罗语文书的研究。1935年，英国语言学家伯罗（Thomas Burrow）在《英国皇家亚洲协会》杂志上发表了一篇重要论文，指出"楼兰人使用的是一种印欧语系的语言，即吐火罗语"。除此之外，比利时印欧语言学家谷夫勒（Walter Couvreur）负责整理法国收藏的吐火罗语残卷。他曾与我国著名吐火罗语研究者季羡林一起追随西克学习吐火罗语。季羡林于1935—1946年间在哥廷根大学留学，其间发现了很多吐火罗语文本的中文对应文本，为吐火罗语的研究做出了重大贡献。他和温特（Werner Winter）、皮诺（Geoges-Jean Pinault）等学者合作，完成了《弥勒会见记》文本的整理、编辑和翻译工作，并出版了《吐火罗文〈弥勒会见记〉译释》。我国新一代吐火罗语研究者以曾经留学法国的庆昭蓉为代表，她以《吐火罗语世俗文书》(Secular documents in Tocharian）为题撰写了自己的博士论

婆罗谜文吐火罗语《弥勒会见记》

文。该论文在 2017 年以《吐火罗语世俗文献与古代龟兹历史》为名出版。

至今已经发现的吐火罗文书共有 3 640 片，以及 70 条题记。这些文书大部分位于巴黎、柏林、伦敦、圣彼得堡、乌鲁木齐和北京。已知的吐火罗文字有 4 500~5 000 个，不过它们分属于 A 和 B 两个语支。吐火罗 A 语支分布于吐鲁番和焉耆，而 B 语支分布于库车和吐鲁番。所以有学者认为，吐火罗语 A 应称为古代焉耆语，而吐火罗语 B 为古代龟兹（库车）语。

目前，学界的主流观点认为，吐火罗语是印欧语系中较早分离出来的一个分支。尽管它在地理位置上位于印欧语谱系的最东端，但在语言特征上和凯尔特语（Celt）、赫梯语（Hittite），或者我们熟悉的德语、英语、希腊语等西部印欧语（即 Centum 类）更加相似；而与靠近新疆的印度-伊朗语（即 Satem 类）相差较大。所以吐火罗人可能和现在欧洲人的祖先有比较密切的关系。

吐火罗人的语言离邻近的印度-伊朗语关系远，而离遥远的西欧语言近，让语言学家和考古学家对他们的来源及其迁徙轨迹产生了浓厚的兴趣。美国语言学家亨宁（Walter Bruno Henning）认为吐火罗人为楔形文字中常见的古提人（Guti），而中国史书中记载的"月氏"（Kuci）一词就是来自 Guti。古提人在公元前三千纪一度推翻了美索不达米亚的阿卡德帝国，统治了巴比伦尼亚。他们于公元前三千纪末期离开西亚，长途迁徙来到了中国。国内也有不少学者认同吐火罗与月氏有关的观点。其中林梅村认为，分布于阿尔泰山与天山之间的克尔木齐（又名切木尔切克）文化的居民即吐火罗人，而该文化来源于里海-黑海北岸的颜那亚（即竖穴墓）文化，即印欧语系的发源地；月氏人则是克尔木齐人留守在阿尔泰山南麓的后裔。

总而言之，吐火罗语和印欧语系有着密不可分的关系，吐火罗人是印欧语系人群的一大分支，那么印欧语系人群的故乡在哪里呢？印欧语系人群又是如何迁徙的呢？这又是一个备受国际学术界关注的热门问题。

第二节　印欧语系问题的由来

印欧语系（Indo-European languages）是全世界最大的语系，包含了445种语言和方言。它包含多个语族，即波罗的海-斯拉夫（Balto-Slavic）、凯尔特（Celtic）、日耳曼（Germanic）、希腊（Greek）、意大利（Italic）、阿尔巴尼亚（Albanian）、亚美尼亚（Armenian）、印度-伊朗（Indo-Iranian），以及已经消亡的安纳托利亚和吐火罗。在大航海时代以前，印欧语系广泛分布于亚欧大陆的西部和南部，即大部分欧洲、伊朗高原和南亚次大陆北部。大航海时代以后，欧洲殖民者将印欧语系带到了北美洲、南美洲和大洋洲。今天世界上有将近一半的人口以印欧语系作为第一语言。

印欧语系既是近代欧洲学者的一项重大发现，也是一个重要的研究领域。自发现以来，它一直受到语言学、人类学、考古学及古DNA研究等多个学科的学者们的广泛关注。那么印欧语系是怎么发现的呢？它是十八世纪以来历代学者孜孜不倦接力研究的结果。

一、威廉·琼斯爵士（Sir William Jones，1746—1794）

我们要介绍的第一位学者是琼斯爵士。他是一个语言天才，在牛津大学读书期间，就学习了拉丁语、希腊语、希伯来语、阿拉伯语、波斯语、汉语及东方学。到他去世时，掌握了 13 种语言，还学过其他 28 种语言。大学毕业以后，做了几年翻译，但是由于经济原因，他改学法律，但是没有放弃东方学。1771 年，他出版的《波斯语语法》（Grammar of the Persian Language）在很长时间里都是权威著作。1783 年，他来到印度加尔各答担任高级法院的法官，并受封为爵士。1784 年，他创立了孟加拉亚洲学会（Asiatic Society of Bengal），目的是促进印度学的发展，并长期担任会长直至逝世。该学会积极从事东方学研究，为当时的东方学研究带来了深远的影响。琼斯爵士在印度期间学习了梵语，以便研究印度和穆斯林法律。

1786 年 2 月 2 日，他在亚洲学会发表了题为《亚洲学会三周年致辞》（Third Anniversary Discourse to the Asiatic Society）的演讲，提出梵语、古希腊语和拉丁语有个共同的祖先，并最早正式提出了印欧语假说。这是他脍炙人口的一段话：

"梵语，虽然不知道它有多古老，但是它的结构非常奇妙；它比希腊语更完美，比拉丁语更丰富，比两者都更典雅；然而，无论是在动词的词根上，还是在语法的形式上，两者有强烈的亲近关系，而这种亲近关系不像是偶然产生的；这种亲近关系是如此强烈，以至于没有一个语言学家在研究这 3 种语言时，不相信它们来自某个共同的来源，而这个来源也许已经不复存在了；同样有理由（虽然这理由的说服力不是特别强）认为，哥特语和凯尔特语尽管夹杂了迥异的文法，还是与梵语同源；假如这里有篇幅讨论与波斯的历史有关的问题，或许能把古波斯语加入同一个语系。"

这是一段他对于梵语的描述。他认为梵语不仅与古希腊语和拉丁语有着密切的联系，而且与哥特语、凯尔特语、古波斯语属于同一语系。这一观点不仅描绘了印欧语系的轮廓，也为历史比较语言学奠定了基础。

二、米哈伊尔·罗蒙诺索夫（Mikhail Lomonosov，1711—1765）

与琼斯爵士大约同时期的俄国出现了一位百科全书式的学者、顶尖大脑——罗蒙诺索夫。他出生于一个贫穷的渔民家庭，但从小嗜好读书；当身边仅有的图书无法满足自己的求知欲时，他去了莫斯科，身边只有借来的三卢布。为了能够进入斯拉夫-希腊-拉丁学院，他隐藏了自己的卑微身份。他天资聪颖，用五年时间完成了八年的课程，学习了希腊语、拉丁语等语言。后来他又去了德国，学习哲学、自然科学、冶金、诗歌、德语和法语。他为自然科学做出了巨大贡献，不仅提出了"质量守恒定律"的雏形，而且创立了热量的分子动力学理论。他还重组了圣彼得堡帝国科学院，创办了俄国第一所大学——现今以他的名字命名的顶尖学府——莫斯科国立大学。当然他也成了圣彼得堡科学院的第一位本土院士，俄国的贵族。在研究自然科学的同时，他还致力于俄罗斯语言的研究和改革。他发现了拉丁语、希腊语、德语和俄语之间存在一个共同的古代语言源头，成为俄罗斯第一位伟大的语言学家。很可惜，十八世纪的俄国科学不彰，他的杰出成就当时并没有为世人所知。

三、托马斯·杨（Thomas Young，1773—1829）

在他们之后，英国也出现了一位百科全书式的学者——杨。他从小就在语言和数学方面表现出了出类拔萃的能力。在大学阶段他学习了医学，毕业以后以医生为职业。但是天才的特征之一就是"不务正业"，他开始转而研究物理学，提出了光的波动说，颠覆了牛顿的微粒说。很可惜当时的英国科学界迷信牛顿学说的权威，他的波动说遭到了攻讦。但是他没有停止研究的脚步，进一步测量了七种光的波长，继而发现了三原色原理，即一切色彩都可以按照一定比例混合红、绿和蓝三种原色得到。在医学领域，他发现了人类眼睛的晶状体能够调整曲率来感知不同距离的物体；他还发现了散光。除了光学和人类视觉，他还研究了力学、数学、声学、船舶工程和潮汐理论。后来为他写传的英国作家罗宾逊（Andrew Robinson）称他为"最后一个什么都懂的人（The Last Man Who Knew Everything）"。

在语言学领域，杨自幼就展现出了非凡的语言天赋，在14岁之前就掌握了包括希腊语和意大利语在内的10多种语言；之后还学习了不少东方语言，包括希伯来语、波斯语、阿拉伯语。他在《大英百科全书》的"语言"条目中比较了400种语言的词汇和语法，并于1813年创造了"印欧语系"这个术语。1814年，杨开始着手研究埃及象形文字，并成功释读了罗塞塔石碑中部和下部的86行文字。他还破译了13位王室成员的9个人名，发现了象形文字符号的读法。他的这些工作为古埃及文明的研究开辟了新的道路。

四、弗朗兹·博普（Franz Bopp, 1791—1867）

德国语言学家博普是比较历史语言学的奠基人。他先后在德国、法国和英国学习了阿拉伯语、波斯语和梵语，研究梵语文书。1816 年，他发表了首篇论文《论梵语动词变位系统：与希腊语、拉丁语、波斯语和日耳曼语相比较》(*Über das Konjugationssystem der Sanskritsprache in Vergleichung mit jenem der griechischen, lateinischen, persischen und germanischen Sprache*)。在论文中他创造性地讨论了梵语、波斯语、希腊语、拉丁语和日耳曼语言之间在语法和词形变化方面的共通之处，并追溯它们的共同起源。这是前无古人的工作，也是印欧语系语法的重要突破。1833—1852 年间，他出版了六卷本的《梵语、赞德语、希腊语、拉丁语、立陶宛语、古斯拉夫语、哥特语和德语比较语法》(*Vergleichende Grammatik des Sanskrit, Zend, Griechischen, Lateinischen, Litthauischen, Altslawischen, Gotischen und Deutschen*)，通过比较语言来推导出这些语言的原始语法结构，构建原始语音法则，借此探索语法形式的起源，从而使得印欧语系的研究成为一门严谨的学科。

五、奥古斯特·施莱克尔（August Schleicher, 1821—1868）

另一位重要的语言学家是德国的施莱克尔。他先后在图宾根、波恩大学深造，学习了阿拉伯语、希伯来语、波斯语和梵语。受黑格尔哲学的影响，施莱克尔把语言学视为一门自然科学，并将语言看作一个经历发展、成熟乃至衰落周期的有机体。在布拉格大学工作期间，施莱克尔一方面教授古典语言学，研究希腊语和拉丁语；另一方面又来到立陶宛农民中间，第一次描述并分析了他们的语言——印欧语系中最保守的语言。到了耶拿大学工作以后，他出版了他的成名作《印欧语言比较语法纲要》(*Compendium der vergleichenden Grammatik der indogermanischen Sprachen*)，重构了一种名为"原始印欧语"(proto-Indo-European language)，即印欧语系的共同祖先。他按照印欧语系诸语言的相似性，首次构建了一个印欧语系的谱系树。

下图就是施莱克尔的谱系树。其中原始印欧语是诸语言的共同祖先，由它分化出北支（斯拉夫-日耳曼语支）和南支（雅利安-希腊-意大利-凯尔特语支）。两个语支继续分化，北支分化为斯拉夫-立陶宛语和日耳曼语，而南支分化为希腊-意大利-凯尔特语和雅利安语，如此推进，直到分化为古代和现存的各种印欧语言。由此他提出：位于同一树枝上的语言关系相近，而与其他树枝上的语言关系较远。印欧语言人群的地理位置越往南，其语言保留的原始成分越多；越往北，其语言保留的原始特征越少，而新现象越多。

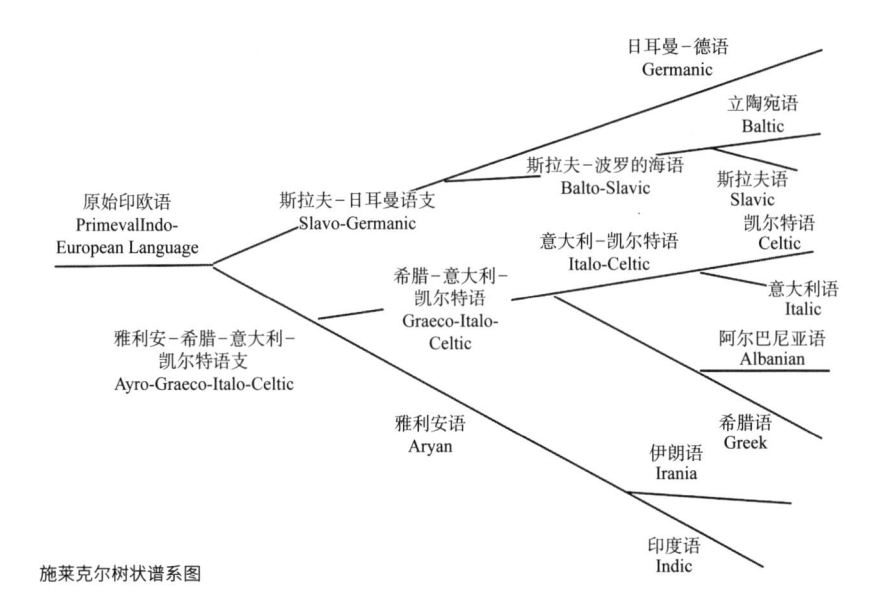

施莱克尔树状谱系图

施莱克尔还很幽默，利用自己重建的原始印欧语言写了一则寓言：

> 羊和马：在一座山上，一只没有毛的羊看见了 3 匹马，一匹拉着一辆沉重的马车，一匹驮着大车，一匹驮着一个人跑得飞快。羊对马说："我看见一个人赶着马，我的心就痛。"马儿们说："听着，羊儿，当我们看到这个时，我们的心更痛：一个主人，把羊的毛做成了自己温暖的衣服，而羊身上却没有羊毛。"羊听了这话，逃进了平原。

这则寓言中出现了"羊"和"马"等与草原游牧文化有关的词语。由此我们推测，印欧语系可能源自游牧人群，其发源地可能在亚欧草原一带。

六、约翰尼斯·施密特（Johannes Schmidt，1843—1901）

施莱克尔的谱系树遭到了当时的一些语言学家的批评。其中一个重要人物是施密特，而他曾师从施莱克尔学习印欧语系，特别是斯拉夫语族。这真是"吾爱吾师，吾更爱真理"。到了十九世纪中叶，不仅施莱克尔的谱系树，而且比较历史语言学本身都遭到了语言学家的怀疑。学者们认为将语言视作谱系本身就有问题：在人类历史上就没有发生过若干新语言诞生于一种母语的事情；不存在母语延续一段时间，没有发生变化，然后消亡这样的情况。此外，比较历史语言学假设的新语言从母语分化出来后，就各自独立发展，再也没有汇合也是错的。事实正好相反，英格兰的方言在快速消亡，在语法和词汇方面则趋于相近。

1872 年，施密特发表了《印欧诸语言之间的关系》（*The Relationships of the Indo-European Languages*）一书，在其中提出了"波纹"理论。该理论认为，印欧语系的各语族在其自身的范围内演变，其变化以波纹的形式从该语族的政治、贸易和文化中心向周围扩散，随着距离的增加，其传播力逐渐减弱；同时，这种扩散只影响部分语族，而不是所有语族。这种模式可以解释不同语言之间出现相似性的原因。不过，它也有其局限性：它虽然解释了印欧语系各语族之间的复杂关系，但仅考虑了地理维度，而没有时间维度，也就是无法揭示这些语族之间的年代关系。所以它后来没有取代施莱克尔的谱系树。

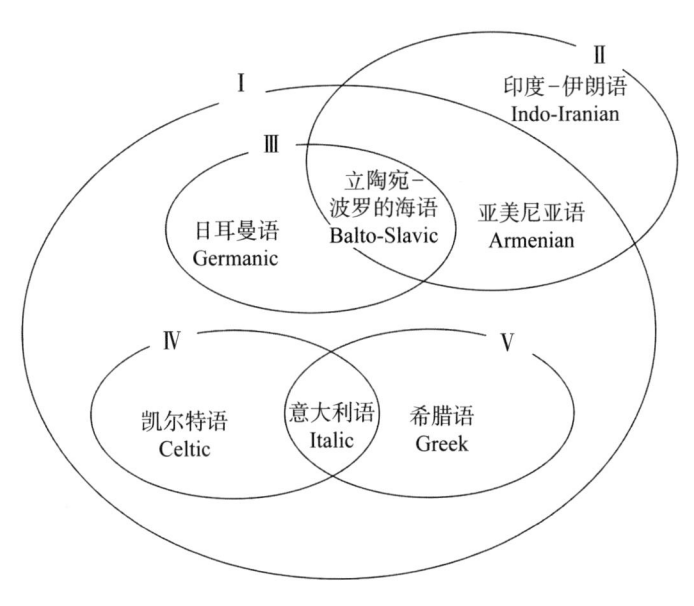

波纹模式

第三节　印欧语系的故乡：三个假说

欧洲的几代语言学家揭示了印欧语系拥有一个共同的源头，也就是原始印欧语，并且重建了这种古老的语言。但是新的问题出现了：使用这种古老语言的人群即原始印欧人原来生活在哪里呢？他们又是如何迁徙到世界各地的？这些问题又成了语言学家和考古学家为之痴迷、为之纠结的难题。

在研究印欧语系语言的过程中，语言学家们依据的主要是欧洲和亚洲各国留下来的历史文献，如印度的《梨俱吠陀》、伊朗的《阿维斯陀》，以及希腊的《荷马史诗》等；考古发掘出来的文字资料比较少。不过，十九世纪，考古学家在土耳其开塞利（Kayseri）附近的库尔土丘（Kültepe）发现了大量的亚述文书。土丘上曾经坐落着一座名为卡内什（Kanesh）的亚述城市，一座建于公元前2000年左右的规模宏大的贸易城市。

由于地处贸易路线的中心位置，来自美索不达米亚的各条商路在此交会并向四周扩散，卡内什由此成为亚述王国在安纳托利亚高原的一个重要贸易中心。在这处遗址中，考古学家发现了一个亚述商人的商号遗址，并从中获得了一批珍贵的亚述泥板文书。这些文书本身记录的是阿卡德语，还提到了若干个属于印欧语系的人名和地名，它们的年代可以追溯至公元前十九世纪。

公元前1650至前1200年，来自安纳托利亚北部的赫梯人在今天的土耳其建立了自己的王国，其首都为哈图沙（Hattusa）。随后，赫梯王国逐渐壮大，并于公元前1740年征服了卡内什，随后在此地长期定居。作为考古发现的早期印欧人，赫梯人留下了25 000块泥板文书。然而他们不是本地人，是外来的，他们的故乡在哪？至今仍不清楚。

自十九世纪以来，学者们一直致力于寻找原始印欧语的发源地，也就是印欧语向外扩散的起点。他们给说这种语言的人群赋予了各种名称，如"印度-赫梯人""印度-日耳曼人""雅利安人"等。最初，他们排除了曾是闪米特文明中心的西亚，而将注意力集中在了印度的七河流域和中亚。但是，不久后，他们把目光投向欧洲，因为那里是当代印欧语言最丰富的区域。按照生物学原理，一个新物种往往诞生于基因丰富的地方。与之相反，一个仅存在单一语言（如伊朗语和梵语）的广大区域，通常说明该语言的传播发生在较晚时期。到了1870年，很多学者认为，原始印欧语人是金发的欧洲人，其故乡位于波罗的海。

自二十世纪以来，考古学家们也加入了寻找原始印欧人故乡的行列。他们的线索就是语言学家们整理出来的原始印欧语词汇，由这些词汇来推断这个人群的生活环境和文化活动，然后再与考古学文化的地理位置和年代范围相对应。

原始印欧语中描述环境的词汇，说明原始印欧人生活在有平原、山脉、河流、湖泊的区域；他们生活的区域有冬季、春季、夏季三个季节；他们周围长着一些植物，如桦树、柳树、榆树、紫杉、松树、橡树；他们周围生活着一些动物，包括杜鹃、鲑鱼、鳗鱼、蛇、蜜蜂。经济方面的词汇反映了原始印欧人从事畜牧业（根据母牛、公牛、奶酪、黄油、肉、骨髓、马等词汇）、农业（根据谷物、播种、犁和镰刀等词汇）、纺织业（根据羊毛、大麻和亚麻的缝纫、纺纱和纺织等词汇），以及冶金业。另外，还有反映他们社会形态的村庄、氏族、房屋、堡垒等词汇，以及反映他们的日常生活用品和武器的腰带、车舆、船、弓、弓弦和箭、斧等词汇。

那么，原始印欧人的故乡到底在哪里？然而，仅凭上述词汇来判断原始印欧人的故乡并非易事。因为这些词汇描述的生活环境和各种活动在亚欧大陆的许多区域都能找到相似之处。因此，国际学术界对于这个问题，存在各种不同的理论，包括"库尔干假说（东欧大草原假说）""安纳托利亚假说""南高加索假说""波罗的海-黑海假说""中欧-巴尔干假说"和"印度七河流域假说"。其中库尔干假说、安纳托利亚假说和南高加索假说是目前国际学术界争论的焦点。原始印欧语的起源问题一直是跨学科研究的重点领域，吸引了来自语言学、考古学、遗传学等多个学科学者的广泛参与。他们也从各自的学科视角，为支持上述假说提供了证据。

一、库尔干假说

库尔干假说源自享有盛誉的澳大利亚裔英国籍考古学家戈登·柴尔德提出的"东欧大草原假说"。1925年，他发表了著名的《欧洲文明的曙光》（*The Dawn of European Civilization*），次年，又推出了这本书的姐妹篇《雅利安人：对印欧语系起源的研究》（*The Aryans: A study of Indo-European Origins*）。这里所说的雅利安人就是现在大家所说的印欧人。他根据印欧语系的动植物及"马匹""车轮"等词汇，构建了一幅原始印欧语人生活环境的图景，提出了一个影响深远的学说，即印欧语系起源于黑海以北的东欧大草原。

柴尔德的"东欧大草原假说"在他的学生玛丽娅·金布塔斯

（Marija Gimbutas，1921—1994）这里得到了发扬光大。金布塔斯出生于立陶宛，先后在立陶宛、奥地利和德国学习民族学、民俗学、语言学和考古学。与柴尔德一样，她通晓多种语言，能够阅读东欧各个国家的考古发掘资料。让她兴奋的是，她的母语立陶宛语是印欧语言中最保守的语言，而且跟梵语存在相似之处。她比柴尔德幸运的是，东欧尤其是苏联境内的考古工作迅速发展，为她研究东欧史前史创造了条件。1956 年，金布塔斯在《史前的东欧》(*The Prehistory of Eastern Europe*)一书中，利用考古学和语言学资料，提出原始印欧语起源于东欧大草原，扩展和丰富了柴尔德的学说。1963 年，金布塔斯提出了著名的"库尔干假说"。库尔干是指东欧大草原上随处可见的铜石并用和青铜时代以冢墓为特点的文化。金布塔斯认为，原始印欧语在公元前 4500 年起源于黑海北岸草原带的库尔干文化，然后在之后的 2 000 多年中向欧洲的多瑙河流域和亚洲的阿尔泰山脉传播。

库尔干人原来居住在伏尔加和顿河之间的草原上，先后拥有赫瓦棱斯克（Khvalynsk）和竖穴墓文化。他们长着长脸，身材高大，住在小村落里，依靠放牧牲畜为生；他们好战，崇拜英勇的男性武士，热衷于短剑和长矛等武器。在人死以后，人们将死者埋在冢墓里，让其下肢蜷曲，然后在死者尸体上撒赭石粉。借助家马和骑马武士，他们先后三次冲击了欧洲和亚洲。在欧洲，库尔干人到来之前，库库特尼-特里波利、温查文化等新石器时代和铜石并用时代的农民过着和平安稳的生活。但是库尔干人来了以后，严重冲击了这些欧洲土著。他们的农业经济、大型村庄和城镇遭到摧毁，璀璨华丽的彩陶连同女神崇拜、泥质塑像和符号消失；库尔干人的小村庄、畜牧经济、埋葬习俗、杀伤武器、粗糙的陶器和男性武士崇拜进入了他们的生活。库尔干人或者与欧洲土著一起生活，或者将他们赶走。现有的考古学和古基因研究成果证实了金布塔斯的部分假说，但是否定了家马的作用：家马在公元前 2200 年左右才出现。

在库尔干假说中，原始印欧人向西共经历了三次大规模扩张：

第一次扩张（约公元前 4500—前 4300）：赫瓦棱斯克文化人群带着石质短剑、长矛和箭来到第聂伯河-顿涅茨河流域的草原（也就是现在的乌克兰南部草原），把他们的埋葬习俗、粗糙陶器和畜牧经济带到了那里，创造了中斯多格（Sredny Stog）文化，进而继续向西进入摩尔多瓦、罗马尼亚、多瑙河流域，以及巴尔干半岛北部，在一些区域导致了一部分文化的瓦解；而在另一些区域与库库特尼-特里波利文化人群共存。他们还翻过了高加索山脉，来到了安纳托利亚高原。

第二次扩张（约公元前 3400—前 3200）：这一波扩张是黑海北岸的迈科普（Maykop）文化人群带来的。在这次扩张中，库尔干人从黑海北岸进入东欧，瓦解了库库特尼-特里波利文化，将他们的冢墓、砷青铜冶炼技术、犁和尖底陶罐带入多瑙河和中欧；同时他们也进入了外高加索。沿途他们可能遇到了第一波库尔干移民的抵抗。

第三次扩张（约公元前 3000—前 2800）：这一波是新兴的竖穴墓文化人群在扩张。他们带来的屈肢葬、撒赫石粉和封堆墓等埋葬习俗出现在罗马尼亚、保加利亚、匈牙利。他们还带来了动物（牛、绵羊/山羊、鹿、野猪等）祭祀。他们冲击了中欧、希腊，将中欧和希腊的土著驱逐到了北欧、西北欧和南欧。

同时，竖穴墓人群也在向东扩张，越过西西伯利亚，来到阿尔泰山脉和米努辛斯克盆地，创造了阿凡纳谢沃文化。在他们到来之前，当地的人们还过着狩猎采集生活，不会冶金，也不会养殖牲畜。竖穴墓人群带来了新的埋葬习俗、畜牧经济和冶金技术。一些学者认为，中国新疆发现的吐火罗人可能也是源于原始印欧人的向东扩张。

继承金布塔斯库尔干假说的是她的学生马劳瑞。马劳瑞现为贝尔法斯特女王大学（Queen's University Belfast）教授。他继承了金布塔斯将语言学和考古学相结合的研究方法，并加以丰富和发展。他认为原始印欧人活跃于第聂伯河和乌拉尔河之间的草原带，其年代为公元前5000至前2000年。在考古学领域，这些人群对应的是黑海和里海北岸的竖穴墓文化。由其衍生的各种文化代表了印欧语系的不同语族。

库尔干假说得到了许多学者的支持。其中一位是美国纽约州哈特威克学院的人类学教授安东尼（David Anthony）。他研究家马和马车的起源，为此创立了"古代马研究所"。他的著作《马、车轮和语言——亚欧草原青铜时代的骑马者如何塑造了现代世界》进一步修正和发展了库尔干假说。他认为亚欧大草原发现的早期马车和驯化马匹是探讨印欧人起源和迁徙的关键。马和马车不仅使亚欧大草原成为连接亚欧大陆东西方的纽带，而且使印欧人实现了长途迁徙和大范围扩散。作为马拉战车的发明者和使用者，印欧人得以迅速扩张，进而促进了印欧语系的广泛传播。

安东尼的观点得到了语言学研究的支持。例如，印欧语系的各语族中与马、马具、马拉战车有关的词汇都非常相似，与"轴（axis）"同源的词也存在于印欧语系的各个语族中。这证明早期印欧民族曾普遍使用马车。另外，印欧语系中存在许多和游牧生活相关的词汇，比如羊毛、畜牧、马、乳制品。这说明原始印欧语言很有可能是起源于畜牧业发达的东欧大草原。

我们在前文中提到了支持库尔干假说的考古学和语言学证据。近些年来，古DNA科学家也加入了原始印欧人起源地问题的研究中。大多数研究表明，库尔干人的基因向外扩散，影响了欧洲人群的基因组。这支持了库尔干假说。另外，库尔干人的一支后裔跨过西西伯利亚，到达了阿尔泰山脉，在那里形成了阿凡纳谢沃文化。古DNA研究进一步证实，阿凡纳谢沃文化和竖穴墓文化的居民在遗传学上难以区分。

2015年，两篇发表于著名期刊《自然》（Nature）上的论文为库尔干假说提供了强有力的证据。艾伦托福特（Allentoft）团队公布了他们检测的101个亚欧大陆古人的低覆盖率基因组。他们的研究结果表明，东欧大草原的竖穴墓文化人群在青铜器时代早期开始向外迁徙，一部分向西迁徙到了欧洲西部，另一部分向东到达阿尔泰山。这和库尔干假说中原始印欧语言的扩散路线相符。哈克（Haak）和他的团队通过比较5 000年前居住于俄罗斯和乌克兰的竖穴墓文化人群与4 500年前德国人群的古基因组，结果发现，他们在遗传学特征上非常相近。由此推测，在这一时期，大量东欧大草原的人群迁徙到了欧洲的核心区域并替换掉了75%的原有人口。这同样为库尔干假说提供了有力的证据。

其他研究则支持库尔干假说的其他看法。2019年，那拉希姆汉（Vagheesh M. Narasimhan）团队检测了中亚和南亚北部 523 个古 DNA 全基因组，探讨了竖穴墓文化居民向东迁移的路线。他们认为竖穴墓文化居民于公元前 3300 年开始分东西两路向外迁移，其中东路到达阿尔泰山。然后在 1 000 年后向中亚迁徙，之后又于公元前 2000 年向南亚传播。

中国学者在这一领域同样做出了重要贡献。2019 年，宁超与王传超团队检测了 2 200 年前的天山北麓石人子沟遗址的 10 个古人的全基因组，发现这些古人类的一部分遗传成分来自东北亚，而另一部分则来自竖穴墓、阿凡纳谢沃文化等亚欧草原的畜牧人群。这说明一部分新疆人群来自东欧大草原。这为原始印欧语言的向东传播提供了依据。2021 年，王传超团队证实了在 5 000 年前竖穴墓文化居民向东扩张进入了蒙古高原，进一步支持了中国境内的吐火罗语人群很有可能源于原始印欧人的假说。

二、安纳托利亚假说

伦福儒男爵（Baron Colin Renfrew，1939—2024）是剑桥大学的教授，英国皇家科学院院士、美国国家科学院院士，也是世界著名的考古学家。他在考古学的多个领域都有卓越的贡献，其中一个就是关于印欧语系的研究，体现在他的《考古与语言》（*Archaeology and Language*）一书中。他在书中提出了著名的"安纳托利亚假说"，即原始印欧人来自安纳托利亚高原。他们在公元前 7000 年掌握了农业技术，然后带着农业技术向欧洲、非洲和中亚传播，形成了希腊、埃及、波斯、印度文明。与安东尼提出的用马拉战车征服的方式扩散不同，伦福儒男爵主张印欧语是通过和平的农业经济扩张传播的。这是在金布塔斯的库尔干假说之外的另一个重要假说。当然，这个假说也受到了不少学者的批评，后来伦福儒男爵调整了自己的假说，把原始印欧语言的老家重新定位在了巴尔干半岛附近。同时，安纳托利亚假说也得到了部分语言学家和遗传学家的支持。

彼得·贝尔伍德（Peter Bellwood）指出，印欧语系的安纳托利亚语族保留了原始印欧语中非常古老的特点，例如喉音、腭音等，这在一定程度上支持了安纳托利亚假说。格雷（R. D. Gray）团队使用贝叶斯系统地理学方法对87种语言的2 449个词汇做了详尽的分析。根据他们的分析结果，原始印欧语系最早的分化时间大概在距今9 800至7 800年，这和安纳托利亚假说中印欧语系从公元前7500至前6000年随着农业的发展开始从安纳托利亚向外迁徙扩散的时间相吻合。包卡特（Remco Bouckaert）团队同样利用贝叶斯系统地理学方法建立了印欧语系扩散的模型，由此发现原始印欧语系在公元前7500至前6000年随着农业扩展，而向东南的伊朗、中亚和南亚及西北的欧洲传播，与安纳托利亚说相吻合。

伊安·马西森（Iain Mathieson）和戴维·赖克（David Reich）团队分析了公元前6500至前300年的230名亚欧大陆西部人群样本，分析了安纳托利亚新石器时代农民的全基因组，结果发现这些安纳托利亚人是最早欧洲农民的来源。彼得·德·巴洛斯·达姆加德（Peter De Barros Damgaard）团队认为，竖穴墓文化人群的迁徙对安纳托利亚、中亚及南亚的影响很小。亚欧大陆西部的人群来到了南亚，但这个人群早于或晚于竖穴墓文化，而不在竖穴墓文化所在的年代。安纳托利亚古人类样品中缺少竖穴墓文化人群的基因，说明这里的印欧语系分支和后者的迁徙没有关系。这就否定了库尔干假说，间接支持了安纳托利亚假说。

三、南高加索假说

维切斯拉夫·伊凡诺夫（Vyacheslav Ivanov，1929—2017）和塔玛兹·V·加姆克列利茨（Tamaz V. Gamkrelidze，1929—2021）都是世界闻名的苏联语言学家，也都是苏联科学院院士。1991年以后，伊凡诺夫在俄罗斯莫斯科国立大学和美国加利福尼亚大学洛杉矶分校工作，而加姆克列利茨成为格鲁吉亚国家科学院院长。二十世纪八十年代，他们提出了另一个假说，即原始印欧人生活在高加索南部的亚美尼亚山地，年代为公元前五千纪至前四千纪。这是因为他们重建了原始印欧语的辅音系统，发现它更加接近亚美尼亚语、日耳曼语和赫梯语，而与梵语较远。同时，该语言词汇中的农作物（大麦、小麦、亚麻）、地貌（高山、湖泊和河流）见于南高加索和安纳托利亚，而不见于伏尔加-顿河草原；橡树不见于东欧，而见于南高加索，后来才传到了东欧。这样一来，他们修改了原始印欧语的分化与扩散路线。在公元前4000年左右，原始印欧语分化为赫梯、希腊-亚美尼亚-印度-伊朗、凯尔特-意大利-吐火罗和波罗的海-斯拉夫-日耳曼语族。大约在公元前3000至前2500年，希腊语向西、印度-伊朗语支向东传播，而凯尔特-意大利-吐火罗和波罗的海-斯拉夫-日耳曼语族往东再沿里海东岸往北传播。大约在公元前2000年，吐火罗语往东迁徙，而凯尔特-意大利语族和波罗的海-斯拉夫-日耳曼语族向西迁徙到黑海北岸。它们在公元前2000至前1000年向西进入欧洲。

南高加索假说也得到了遗传学研究的支持。2019年，王传超团队研究了北高加索史前人类的全基因组，提出高加索山脉是一条重要的通道。通过这条通道，高加索狩猎采集人群向北迁移到了高加索北侧，同时伴随着原始印欧语的传播。随后，原始印欧人随着高加索以北的草原游牧人群迁移，分别向东西两个方向扩散到了欧洲中心地带及南亚。

四、印度-伊朗人的起源

作为印欧语系的一支，印度-伊朗人的起源和扩散也是一个国际学术界非常关注的问题。据公元前十七至前十六世纪的文献，这个人群曾经出现在美索不达米亚北部和叙利亚的米坦尼王国。在公元前十六至前十五世纪的文献中，也有关于这个人群的记载。这些文献表明，印度-伊朗语族从印欧语系分离出来的时间是在公元前十五世纪以前。在此之后，这个语族又分离出了伊朗和印度-雅利安两个语支。伊朗语支可能包括早期铁器时代的基梅尔（Kimmerian）、斯基泰、萨尔玛提亚（Sarmatian）和阿兰（Alans）人。中亚的粟特人及新疆和田的塞人也属于伊朗语支的族群。在文献记载中，最早的伊朗人为建立米底帝国的米底人和建立阿契美尼德帝国的波斯人。现在这个语支有1.5亿～2亿人口，包括波斯语、帕什图语和库尔德语。印度-雅利安语支，包括印度语、孟加拉语、乌尔都语，使用人口有8亿人，分布在印度、孟加拉国、尼泊尔、巴基斯坦和斯里兰卡。

古波斯语是阿契美尼德帝国的官方语言，该帝国留下了不少石刻铭文和泥板文书。印度-雅利安语则是孔雀王朝的官方语言，孔雀王朝也留下了不少石刻铭文。此外，伊朗语族有成书于公元九世纪的琐罗亚斯德教经典《阿维斯陀》，而印度-雅利安语族有成书于公元前1500年左右的印度教经典《梨俱吠陀》及后来的梵语佛经等古代文献。不过，《阿维斯陀》和《梨俱吠陀》这些文献都是在印度-伊朗人离开起源地以后出于对故乡和祖先的回忆，口耳相传流传下来的，其成书本身又经历了几个世纪，内容不断有增减。所以国际学术界不断有学者分析这些文献，对其中的史料加以去伪存真。人们还在印度西北部发现了桦树皮佛教经典，这些文字资料都是学术界研究印度-伊朗语支起源的核心史料。此外，在帕米尔高原、高加索、伊朗、阿富汗和印度西北部都有一些与世隔绝的古老的印度-伊朗部落，二十世纪五十年代不断有学者前往调查他们的语言和文化。这些民族学资料也成为研究印度-伊朗人的起源和迁徙的重要资料。

从《梨俱吠陀》来看，印度-雅利安人群来自南亚次大陆的西北部。那么他们到底来自何方？跟印欧语系的起源地一样，也是充满争议。有学者认为是南亚次大陆西北部的七河流域，有学者认为是中亚的巴克特里亚和帕米尔高原，有学者认为是伊朗西北部和南高加索，还有学者认为是黑海和里海北岸。在二十世纪初，还有学者把印度-伊朗语族的起源地放在欧洲东南部。可谓众说纷纭，莫衷一是。不过目前在学术

E. E. 库兹米娜：《印度-伊朗人的起源》

界接受度比较高的是南乌拉尔起源说。

从二十世纪五十年代以来，就不断有一些学者把印度-伊朗人与安德罗诺沃文化联系起来。其中一位重要的学者是俄罗斯的考古学家库兹米娜（E. E. Kuz'mina，1931—2013）。她在求学阶段就接受了考古学、语言学和民族学的训练，在研究安德罗诺沃文化的同时，思考印度-伊朗人的迁徙问题。她在《印度-伊朗人的起源》（The Origin of the Indo-Iranians）一书中阐述了一个细腻而宏大的理论。安德罗诺沃文化是在辛塔什塔文化的基础上迅速发展起来的，占据了地域广袤的西西伯利亚、哈萨克斯坦，一直扩张到东方的米努辛斯克盆地，以及南方的乌兹别克斯坦和塔吉克斯坦。她提出，安德罗诺沃人群说的就是原始印度-伊朗语。他们掌握的畜牧经济、四轮车、马拉战车、铜冶炼技术和各种武器等都与上述古代文献所描绘的印度-伊朗人的生活相吻合。他们在公元前二十至前十七世纪迁徙到了中亚的泽拉夫善流域；在公元前十六至前十四世纪，他们扩散到了整个中亚；在此过程中，印度-雅利安人形成并向南亚迁徙，将畜牧经济、马匹和马拉战车带到了印度河流域，并与本地的后哈拉帕文化的土著融合。在公元前十三至前九世纪，与安德罗诺沃文化同时的乌拉尔山脉以西的木椁墓文化进入北高加索和中亚，然后分别从西北部的南高加索和东北部的中亚进入伊朗，形成了伊朗人。

上述安德罗诺沃文化起源说得到了古DNA研究的支持。前文提到的那拉希姆汉团队还谈到了南亚和中亚人口的形成。他们认为，中亚的巴克特里亚-马吉亚纳考古综合体（Bactrian-Margiana Archaeological Complex，又称Oxus Civilization）人口的主体并非来自亚欧草原的畜牧人群。只有公元前 2000 年的一些边缘人口为上述人群的后裔。而上述人群在公元前二千纪前半纪出现在了南亚北部的斯瓦特山谷，其后裔占了南亚现代人口的 30%。从亚欧草原迁徙而来的畜牧人群在来到南亚以后，既与本地的印度河文明人群混合，形成"古北印度人（Ancestral North Indians）"，也与东南人群混合，形成了"古南印度人（Ancestral South Indians）"。

五、吐火罗人来源之谜

前文所说的吐火罗人来自何方？这是关注印欧语系和印度-伊朗语支来源问题的语言学家和考古学家回避不了的问题。新疆塔里木盆地发现的吐火罗文书虽然是用婆罗米文字书写的，年代为公元 500 至 840 年，但是语言学家已经确定，吐火罗语言与欧洲的凯尔特语、赫梯语和日耳曼语接近，而与其周围的伊朗-印度语族较远。因此，这支奇特的吐火罗人来自何方，又是怎样来到塔里木盆地的？这些都是建立上述库尔干假说、安纳托利亚假说和南高加索假说的学者们需要回答的。实际上，这些假说也都给予了吐火罗人合理的安排。持库尔干假说的学者提出，竖穴墓文化人群东迁到阿尔泰山和米努辛斯克盆地以后，形成了阿凡纳谢沃文化，而该文化的创建者就是吐火罗人。他们大约在公元前 2000 年南迁到了塔里木盆地。持安纳托利亚假说和南高加索假说的学者则认为，原始印欧人分出了单独的一支，带着农业来到塔里木盆地，然后在此定居下来。无论如何，塔里木盆地的吐火罗人并非与世隔绝。他们吸收了印度-伊朗语族的一些词汇，后来又接受了印度来的婆罗米文字和佛教，并用婆罗米文字书写已经译成吐火罗语的佛经。他们在此安居乐业，在印度-伊朗人的包围中保持自己的语言达数千年之久。一直到公元840年，回鹘人来到塔里木盆地，他们才被迫放弃了吐火罗语。

在上述几种假说中，吐火罗人的阿凡纳谢沃文化来源说受到了大多数学者的支持。二十一世纪以来，一些古DNA研究者从塔里木盆地小河墓地和其他墓地出土的干尸中采集了样本，得到的结果却让人非常困惑。其中，吉林大学周慧教授率领的国际团队从小河墓地采集了12个个体样本，分析了它们的Y染色体，发现其中11个样本的父系祖先为印度-伊朗人。学者们推测，这是印度-伊朗人的男性来到小河墓地，娶了当地的吐火罗人，延续了吐火罗人的血脉。而吉林大学崔银秋率领的国际团队后来又分析了小河墓地人群的线粒体DNA，发现这个人群的母系祖先来源相当复杂，既有阿凡纳谢沃文化人群，又有中亚和南亚的畜牧人群，还有南西伯利亚的成分。后来这个团队又从新疆北部的准噶尔盆地采集了5个个体样本，从小河墓地采集了13个个体样本，分析了它们的基因组，发现准噶尔盆地的5个个体的祖先为阿凡纳谢沃文化人群；而小河墓地的13个个体的祖先既与阿凡纳谢沃文化人群无关，也与重要的巴克特里亚-马吉亚纳考古综合体人群无关，而是一个曾经广泛分布的更新世人群的后裔。这个他们称为古代北欧亚人（Ancient North Eurasian）的后裔。他们在上一个冰河时代末基本消失，只在塔里木盆地保留下来。

六、印欧人的迁徙与文化传播

虽然印欧人的起源和迁徙路线仍然假说纷纭，莫衷一是，但是不可否认的是，印欧人的迁徙在亚欧大陆人类历史上是一个影响深远的事件。在当时人口稀少的亚欧大陆，它不仅促进了广泛的文化传播，还深刻影响了资源开发。在库尔干假说中，他们向欧洲带去了畜牧经济、车辆、武器、冢墓和粗糙陶器；在安纳托利亚假说和南高加索假说中，印欧人为亚洲和欧洲带去了农业。在这里，我想着重举两个例子——阿凡纳谢沃文化和安德罗诺沃文化，看看印欧人如何带动了文化传播和资源开发，改变了亚欧大陆的文化进程。

大约在公元前3000年的青铜时代早期，竖穴墓文化居民从伏尔加-顿河平原出发，长途跋涉，跨越2 000千米的路程，来到了阿尔泰山脉和米努辛斯克盆地，在这里创造了阿凡纳谢沃文化。这里原来生活着蒙古人种的狩猎采集人群，而可能为吐火罗人祖先的人群带来了全新的畜牧经济、冢墓、金属器和比较先进的冶金技术。到目前为止，他们制造的金属器数量不多，装饰品（铜泡、指环、镯和串珠）居多，也有工具（锥、刀、铲）、武器（短剑、横銎斧）和加固木容器的部件（补丁、卡钉）。经科学分析，他们利用了陨铁、铜和黄金来制造这些器物。阿尔泰山脉拥有丰富的黄金、白银和铜等金属资源，阿凡纳谢沃文化的居民显然没有浪费它们。俄罗斯考古工作者发现了他们开采的一处铜矿：弗拉基米罗夫卡（Vladimirovka）。这个采矿遗址是1955年苏联地质学家在寻找钴矿时先发现的。这里地处高寒的山中，出土了牛角（内塞木头）工具、木棒和鹿皮等有机质遗物。据出土石锤的形状，这处铜矿所在的巷道是阿凡纳谢沃文化的，碳十四数据也证实了这个年代。令人意外的是，考古学家一般认为，早期人类利用的铜矿都是氧化矿，但是这里只发现了硫化矿。

时光荏苒，到了公元前2000年左右，安德罗诺沃文化逐渐兴起，其扩散范围涵盖了西至乌拉尔山脉，东到叶尼塞河，北到森林草原带，南至中亚的大片地区，不仅覆盖了广袤的西伯利亚草原和森林草原带，渗入我国新疆，吉尔吉斯斯坦、塔吉克斯坦所在的阿尔泰山脉、天山山脉和帕米尔高原，而且往南抵达中亚的绿洲地区，与乌兹别克斯坦和土库曼斯坦的农业聚居区接壤。安德罗诺沃文化不是阿凡纳谢沃文化的直接延续，而是南乌拉尔的辛塔什塔文化迅速扩散的结果。在扩张过程中，可能为印度-伊朗人的安德罗诺沃人不仅为西西伯利亚、哈萨克斯坦大草原和中亚的绿洲带去了畜牧经济和埋葬习俗，而且带去了家马和马车。他们还带去了先进的锡青铜冶炼技术，以及特色鲜明的武器（直銎斧、横銎斧、矛、短剑）、工具（刀、凿、锥）和装饰品（螺旋头耳环、指环、凹槽手镯、螺旋管）。除了红铜和锡青铜，他们还制作用于包裹铜质装饰品的金箔和金质器物。他们不仅开发了哈萨克斯坦北部的乌什-卡塔（Ush-Katta）铜矿和中部的杰哲卡兹甘（Dzhezkazgan）铜矿区，而且开发了希萨尔（Hissar）山脉塔吉克斯坦的穆锡斯坦（Mushiston）锡矿和乌兹别克斯坦兹拉布拉克（Zirabulak）山脉的卡尔纳布（Karnab）、拉帕斯（Lapas）和长尕里（Changali）锡矿。我在第三章里提到过，锡矿是一种稀缺金属。安德罗诺沃人所开采的锡矿不仅满足了他们自己的需要，而且滋养了巴克特里亚-马吉亚纳考古综合体发达的青铜文明。

§

像印欧语系人群这样大规模的人群迁徙和扩张，在亚欧大陆的历史上不断上演。类似的有尼安德特人从非洲到欧洲再到亚洲的大迁徙，匈奴、鲜卑、突厥和蒙古等游牧民族向欧洲的扩张和俄罗斯向西伯利亚的扩张等。这些人群迁徙和扩张不仅带来了冲突和战争，也带来了文化传播和资源开发，还带来了亚欧大陆科技和文明的快速发展。皮萨罗带到印加帝国的枪炮、钢铁和病菌，正是亚欧大陆上频繁的人群迁徙和扩张带来的结果。本章开头提到的哥伦布开启的"大探险时代"，实际上正是这一过程的延续，只不过它的影响更广、更为深远，改变了近现代世界人类科技和文明的发展进程。

参考文献

[1] 穆舜英. 楼兰古墓地发掘简况[A]. 上海自然博物馆. 考察与研究第七辑[M]. 上海：上海科学技术文献出版社，1987: 76—79.

[2] 陈芝仪，徐永庆. 楼兰古尸研究综合报告[A]. 上海自然博物馆. 考察与研究第七辑[M]. 上海：上海科学技术文献出版社，1987: 72—75.

[3] 杜宇，童光来. 我是怎样复原楼兰美女的[N]. 北京科技报，2004年6月9日A12版；王博. 新疆楼兰铁板河女尸种族人类学研究[J]. 新疆大学学报（哲学社会科学版），1994(04): 68—71.

[4] E. Callaway. The surprising chemicals used to embalm Egyptian mummies[J]. *Nature*, 2023(614, 7947): 203; S. Ikram. Recipes and ingredients for ancient Egyptian mummification[J]. *Nature*, 2023(614, 7947): 229–230; M. Rageot, et al. Biomolecular analyses enable new insights into ancient Egyptian embalming[J]. *Nature*, 2023(614, 7947): 287–293.

[5] B. Huber, et al. Biomolecular characterization of 3500-year-old ancient Egyptian mummification balms from the Valley of the Kings[J]. *Scientific Reports*, 2023(13).

[6] J. P. Mallory, V. H. Mair. *The Tarim Mummies: Ancient China and the Mystery of the Earliest Peoples from the West*[M]. London: Thames & Hudson Ltd., 2000.

[7] 吕恩国，郑渤秋. 新疆鄯善县苏贝希遗址及墓地[J]. 考古，2002(6): 42—57+100—101+2.

[8] 周金玲, 李文瑛, 尼加提, 哈斯也提. 新疆尉犁县营盘墓地15号墓发掘简报[J]. 文物, 1999(1): 4—16+97—102+1—2.

[9] 伊弟利斯·阿不都热苏勒, 李文瑛, 胡兴军. 新疆罗布泊小河墓地2003年发掘简报[J]. 文物, 2007(10): 4—42.

[10] 伊弟利斯·阿不都热苏勒. 小河墓地"小河公主"的真实身份是什么[J]. 西部大开发, 2020(Z1): 174—179.

[11] 李春香, 周慧. 小河墓地出土人类遗骸的母系遗传多样性研究[J]. 西域研究, 2016(01): 50—55; 聂颖, 朱泓, 李文瑛, 伊弟利斯·阿不都热苏勒. 小河墓地古代人群颅骨的人类学特征[J]. 西域研究, 2020(3): 115—125.

[12] 韩康信. 新疆古代居民种族人类学的初步研究[J]. 新疆社会科学, 1955(6): 61—71.

[13] 韩康信. 新疆楼兰城郊古墓人骨人类学特征的研究[J]. 人类学学报, 1986(3): 227—242; 韩康信. 新疆孔雀河古墓沟墓地人骨研究[J]. 考古学报, 1986(3): 361—384; 韩康信, 潘其风. 新疆昭苏土墩墓古人类学材料的研究[J]. 考古学报, 1987(04): 503—523; 韩康信. 新疆洛浦山普拉古墓人骨的种系问题[J]. 人类学学报, 1988(3): 239—248; 韩康信. 新疆哈密焉不拉克古墓人骨种系成分研究[J]. 考古学报, 1990(3): 371—390.

[14] 韩康信. 丝绸之路古代居民种族人类学研究[M]. 乌鲁木齐: 新疆人民出版社, 1993.

[15] 崔银秋. 新疆古代居民线粒体DNA研究——吐鲁番与罗布泊[M]. 长春: 吉林大学出版社, 2003.

[16] 耿世民. 吐火罗人及其语言[J]. 民族语文, 2004(0):

29—31；徐文堪. 吐火罗语文献释读[J]. 西北民族大学学报（哲学社会科学版），2009(02): 25—30.

[17] 潘涛. 吐火罗学的创立和学术史[J]. 丝路文化研究，2020(00): 137—162.

[18] 徐文堪. 关于W·B·亨宁及吐火罗人起源问题的研究[J]. 西北民族研究，1992(2): 17—22.

[19] 林梅村. 吐火罗人与龙部落[J]. 西域研究，1997(1): 11—20；姚大力. 大月氏与吐火罗的关系：一个新假设[J]. 复旦学报（社会科学版），2019(2): 65—76.

[20] 林梅村. 吐火罗人的起源与迁徙[J]. 西域研究，2003(3): 9—23.

[21] J. P. Mallory. *In Search of the Indo-Europeans: Language, Archaeology and Myth*[M]. London: Thames & Hudson, 1989.

[22] J. P. Mallory, D. Q. Adams. *Encyclopedia of Indo-European Culture*[M]. London: Fitzroy Dearborn Publishers, 1997.

[23] V. G. Childe. *The Aryans: A Study of Indo-European Origins*[M]. London: K. Paul, Trench, Trubner & Co., Ltd. 1926.

[24] M. Gimbutas. *The Prehistory of Eastern Europe*[M]. City of New Haven: The Peabody Museum, 1956.

[25] M. R. Dexter, K. Jones-Bley. *The Kurgan Culture and the Indo-Europeanization of Europe: A Collection of Papers by Marija Gimbutas*[M]. Washington D. C.: Institute for the Study of Man Inc., 1997.

[26] 〔美〕大卫·安东尼著，张礼艳等译. 马、车轮和语言

[M]. 北京：中国社会科学出版社, 2016.

[27] M. E. Allentoft, M. Sikora, K. G. Sjögren, et al. Population genomics of Bronze Age Eurasia[J]. *Nature*, 2015(522, 7555): 167–172.

[28] W. Haak, I. Lazaridis, N. Patterson, et al. Massive migration from the steppe was a source for Indo-European languages in Europe[J]. *Nature*, 2015(522, 7555): 207–211.

[29] V. M. Narasimhan, N. Patterson, P. Moorjani, et al. The formation of human populations in South and Central Asia[J]. *Science*, 2019(365, 6457): 74–87.

[30] C. Ning, et al. Ancient Genomes Reveal Yamnaya-Related Ancestry and a Potential Source of Indo-European Speakers in Iron Age Tianshan[J]. *Current Biology*, 2019(29, 15): 2526–2532.

[31] Chuan-Chao Wang, et al. Genomic insights into the formation of human populations in East Asia[J]. *Nature*, 2021(591, 7850): 413–419.

[32] I. Mathieson, et al. Genome-wide patterns of selection in 230 ancient Eurasians[J]. *Nature*, 2015(528): 499–503.

[33] Peter de Barros Damgaard, Martiniano R. Kamm, et al. The first horse herders and the impact of early Bronze Age steppe expansions into Asia[J]. *Science*, 2018(360).

[34] T. V. Gamkrelidze, V. V. Ivanov. The Early History of Indo-European Languages[J]. *Scientific American*, 1990(262, 3): 110–117.

[35] T. V. Gamkrelidze, V. V. Ivanov. *Indo-European and the Indo-Europeans: A Reconstruction and Historical Analysis of a Proto-Language and Proto-Culture*[M]. Berlin: De Gruyter Mouton, 1995.

[36] C. Renfrew. *Archaeology and Language: The Puzzle of Indo-European Origins*[M]. Cambridge: Cambridge University Press, 1990.

[37] R. D. Gray, Q. D. Atkinson. Language-tree divergence times support the Anatolian theory of Indo-European origin[J]. *Nature*, 2003(426, 6965): 435–439.

[38] R. Bouckaert, P. Lemey, M. Dunn, et al. Mapping the Origins and Expansion of the Indo-European Language Family[J]. *Science*, 2012(337, 6097): 957–960.

[39] C. C. Wang, S. Reinhold, A. Kalmykov, et al. Ancient human genome-wide data from a 3000-year interval in the Caucasus corresponds with eco-geographic regions[J]. *Nature*, 2019(10, 590).

[40] C. Ning, C. Wang, S. Gao, et al. Ancient Genomes Reveal Yamnaya-Related Ancestry and a Potential Source of Indo-European Speakers in Iron Age Tianshan[J]. *Current Biology*, 2019(29, 15): 2526–2532.

[41] A. Gavashelishvili, M. Chukhua, K. Sakhltkhutsishvili, et al. The time and place of origin of South Caucasian languages: insights into past human societies, ecosystems and human population genetics[J]. *Scientific Reports*, 2023(13, 21133).

[42]〔俄〕爱莱娜·库兹米娜，J. P. 马劳瑞英译，邵会秋汉译，杨建华校. 印度-伊朗人的起源 [M]. 上海：上海古籍出版社，2020.

[43] Chunxiang Li, et al. Evidence that a West-East admixed population lived in the Tarim Basin as early as the early Bronze Age[J]. *BMC Biology*, 2010(8, 15).

[44] Chunxiang Li, et al. Analysis of ancient human mitochondrial DNA from the Xiaohe cemetery: insights into prehistoric population movements in the Tarim Basin, China[J]. *BMC Genetics*, 2015(16, 78).

[45] F. Zhang, et al. Analysis of ancient human mitochondrial DNA from the Xiaohe cemetery[J]. *Nature*, 2021(599): 256–261.

图片来源

[1] 楼兰美女及复原图：新疆维吾尔自治区文物事业管理局等. 新疆文物古迹大观 [M]. 乌鲁木齐：新疆美术摄影出版社，1999: 29.

[2] 扎滚鲁克墓地出土的 Ur-David：左，祁小山、王博. 丝绸之路·新疆古代文化 [M]. 乌鲁木齐：新疆人民出版社，2008: 46. 右，新疆维吾尔自治区文物事业管理局等. 新疆文物古迹大观 [M]. 乌鲁木齐：新疆美术摄影出版社，1999: 42.

[3] 苏贝希墓地出土的女性干尸：吕恩国供图。

[4] 营盘墓地 15 号墓出土的男性干尸：周金玲等. 新疆尉犁县营盘墓地 15 号墓发掘简报 [J]. 文物，1999(1)：彩版四，3，封底.

[5] 小河公主：伊弟利斯·阿不都热苏勒等. 新疆罗布泊小河墓地 2003 年发掘简报 [J]. 文物，2007(10).

[6]　婆罗谜文吐火罗语《弥勒会见记》：祁小山、王博．丝绸之路·新疆古代文化（续）[M]．乌鲁木齐：新疆人民出版社，2016：136—137．

[7]　施莱克尔树状谱系图：J. P. Mallory. *IN Search of the Indo-Europeans: Language, Archaeology and Myth*[M]. London: Thames&Hudson, 1989: 18. 作者改绘翻译。

[8]　波纹模式：J. P. Mallory. *IN Search of the Indo-Europeans: Language, Archaeology and Myth*[M]. London: Thames&Hudson, 1989: 19. 作者改绘翻译。

[9]　E. E. 库兹米娜：《印度–伊朗人的起源》：作者摄。

第六章
帝国的终结

1997年7月1日，随着大不列颠及北爱尔兰联合王国国旗的降下，中华人民共和国国旗和香港特别行政区区旗的升起，香港这片离开了156年的土地回到了祖国的怀抱。1842年，腐败无能的清政府在第一次鸦片战争失败后，签订了《南京条约》，将香港岛割让给了英国；1860年，在第二次鸦片战争失败后，又在《北京条约》中将九龙割让给了英国；此后于1898年签订《展拓香港界址专条》将新界租借给了英国，为期99年。在156年里，香港背靠内地，借助自由港口的优势，发展成了一个繁荣的东方明珠——世界金融中心和贸易港口。1997年，中国对香港（包括新界、香港岛、九龙）恢复行使主权。

查尔斯王子参加了交接仪式以后，在日记中写道，他心中"充满了汹涌澎湃的惆怅"。英国人从十六世纪开始到国外殖民，在十七至十八世纪迅速扩张，先后在北美、印度、东南亚、大洋洲和非洲建立殖民地。虽然1783年美国的独立让英国损失了一块殖民地，但是十九世纪它在大洋洲和非洲又获得了大片的殖民地，在十九世纪末成了拥有全球四分之一人口和土地的"日不落帝国"。不过，从十九世纪开始，英国开始给欧洲人较多的加拿大、澳大利亚和新西兰殖民地一些自治权。到了1907年，这些殖民地已经完全自治，成了自治领；而到了1931年，根据新颁布的《威斯敏斯特法》(Statute of Westminster)，它们就成了独立国家，而大英帝国也逐步转型成了英联邦（British Commonwealth of Nations）。

进入二十世纪，随着两次世界大战的爆发，非殖民化运动风起云涌，亚欧大陆上仅存的奥斯曼、奥匈、德意志、日本和英国等帝国也走到了尽头。虽然"一战"后，英国从战败的德国和奥斯曼帝国获得了不少殖民地，但是很快就丧失殖民地了。1919年，圣雄甘地成为国民大会党领导人以后，开展非暴力不合作运动，印度于1947年获得了独立地位。1948年、1949年、1956年、1957年，缅甸、巴勒斯坦、爱尔兰自由邦、埃及和马来西亚相继脱离英国。1960年，联合国大会通过了1514号决议，即《给予殖民地国家和人民独立宣言》，要求欧美殖民国家"立即无条件地结束一切形式和表现的殖民主义"，进一步加速了大英帝国的解体。虽然这个决议没有法律约束力，但是让欧美殖民国家失去了保持殖民地的合法性，也为被殖民国家和人民取得独立和人民自决提供了道义支持。同年，英国首相麦克米伦（Harold Macmillan）发表"改变之风"（Wind of Change）的讲话，表示英国不再阻止殖民地独立。从此，南非、肯尼亚和文莱相继独立。

第一节　帝国的形成

大英帝国的落幕也象征着几千年来人类帝国史的落幕。今天世界上只有日本保留了世袭的皇帝——"天皇"，但他是个没有帝国的皇帝。人类历史上从最早的阿卡德帝国到阿契美尼德帝国，从罗马帝国到奥斯曼帝国，从匈奴帝国到俄罗斯帝国，一个帝国崩溃，另一个帝国兴起，它们既带来了野蛮的征服、血腥的战争和肆意的

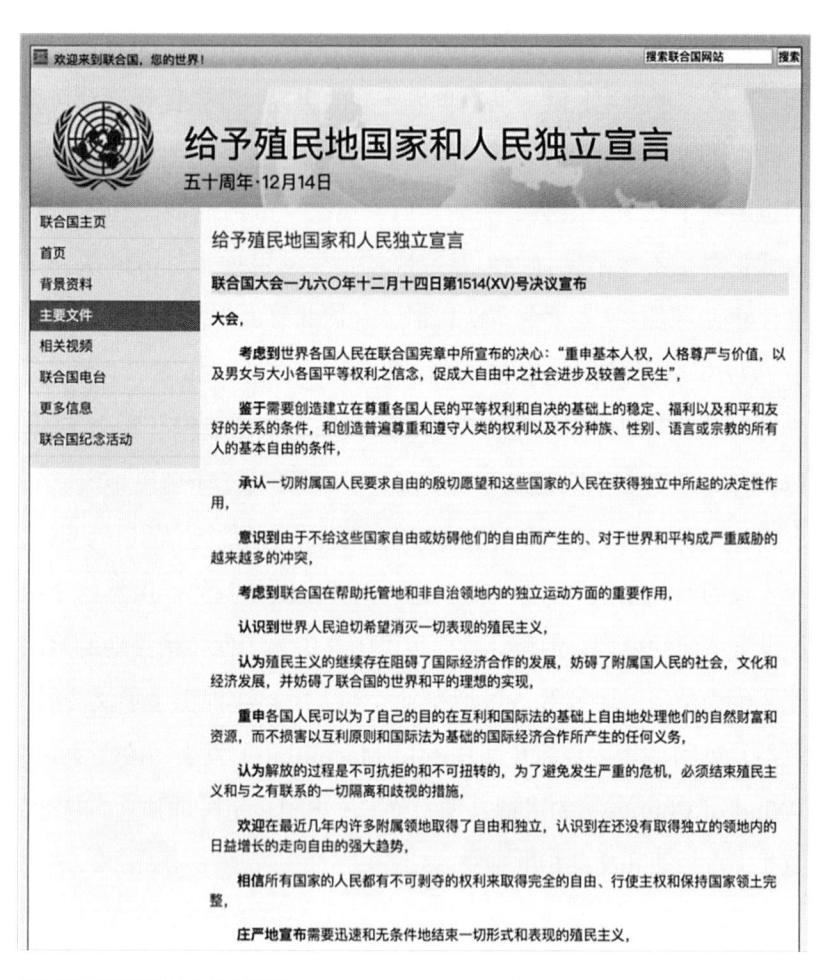

《给予殖民地国家和人民独立宣言》

掠夺，也带来了经济的繁荣、科技的进步和文明的发展。可以说，一部人类史，半部是帝国。那么什么是帝国？

一、什么是帝国？

在中文里，"帝国"同"科学"一样，是个外来词语。虽然帝国一词曾经出现在隋代文献《文中子》的"强国战兵，霸国战智，王国战义，帝国战德"中，但是从未出现在中国历代王朝的名称中。秦帝国、汉帝国、唐帝国和大明帝国都是近现代学者赋予的称呼。1536年，欧洲传教士传西栾那（Maximillianus Transiluanus）最早将明朝的中国称为"帝国"；门多萨（Juan Gonzalez de Mendoza）提出，中国从黄帝开始就一直是帝国；后来德庇时（John Francis Davis）将公元前221年秦始皇登基定为帝国的开端，成为后来欧洲学者的共识。十九世纪，一些学者将英文"empire"翻成帝国，此词语才进入中文。著名翻译家严复曾经翻译为"英拜尔"，但他说"近人译帝国"。清政府原来自称"大清"，但是后来接受了这个名称，在跟日本签订的《马关条约》中自称"大清帝国"，以便与自称"大日本帝国"的日本平起平坐。

英文的"empire"来源于拉丁文imperium。后者的意思是"指挥"和"命令"，指的是军事指挥官或文官拥有的无上军权或

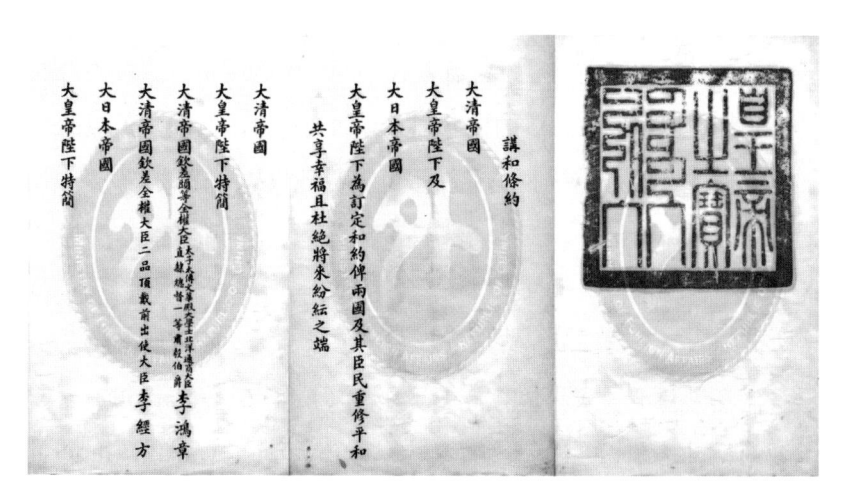

《马关条约》

行政权，以及罗马人统治世界、保护世界的权力和责任。这种权力和责任类似于中国的法统，由巴比伦、亚述、亚历山大大帝传承而来，是全天下的、合法的和最高的；在基督教时代，这种权力则来自神授。在罗马帝国分裂以后，其衣钵由东罗马帝国和西罗马帝国继承。在十五世纪欧洲人寻求亚洲航线的过程中，把他们的统治权力和责任延伸到了欧洲以外。虽然我们今天谴责他们征服、屠杀和掠夺，但是在他们心目中，他们是把文明、秩序与和平带到了蛮夷之地。

欧洲学者在研究欧洲以外的政治体时，也把欧洲的一些概念运用到了它们身上，把亚洲的奥斯曼、亚述、中国和日本，非洲的阿尚提（Ashanti）和美洲的阿兹特克（Aztec）等政治体称作帝国。世界各国学者在接受欧洲的学术体系时，也接受了这些概念，使之成了近现代政治学和历史学的通用概念，指通过占有或影响控制一大片领土或许多领土或许多民族的大型政治体。帝国有两种，一种是由君主或皇帝统治的帝制国家，疆域辽阔，往往统治着多民族、多宗教、多文化，而与城邦国家或较小的王国相区别。这样的帝国就是古代历史上逐渐形成的地域国家，如亚述帝国、阿契美尼德帝国和奥斯曼帝国。另一种是存在于世界近现代历史上的殖民帝国，比如葡萄牙、西班牙、英国、法国等建立殖民地的帝国。本书提到的"帝国"就包含这两种。

帝国的一大特征就是征服和扩张。但是为什么要征服和扩张？学者们意见并不一致。1980年，巴罗尔（Martin A. Barroll）发表了一篇论文，题目是《帝国主义的一般理论》（Toward a General Theory of Imperialism），提出帝国的扩张是为了缓解国内社会和经济矛盾。无论是古代还是现代，扩张可以带来土地和战利品，一个国家的过剩人口和贫困人口便可以获得土地和财富，成为新的贵族，而土著人口在这个过程中付出代价，成为贫困人口。

罗马帝国是一个典型的例子。它建立于公元前27年，通过一系列征服战争，到图拉真（Trajan）统治时期（98—117）占领了500万平方千米（今天的40个国家），统治了5 500万～6 000万人口。其版图从西方的英格兰到东方的叙利亚，从北方的多瑙河到南方的北非。从公元320年起，罗马帝国还大力推行基督教，但是其境内还存在波斯的拜火教、各地的自然神教等。

二、帝国之前的社会形态

罗马不是一天建成的，人类社会也不是自诞生起就是帝国。人类社会是怎么发展的？这个问题从十九世纪就有欧美学者开始研究了，不过要研究这个问题，就要利用希腊、罗马时期的历史文献，尤其是民族学调查资料。那个年代民族学刚刚兴起，资料并不丰富，所以最初建立的人类社会发展史在二十世纪初遭到了学术界的唾弃。不过在二十世纪上半叶，大量人类学家到南北美洲、大洋洲、非洲和东南亚开展民族学调查，这样积累下来的民族学资料可谓"车载斗量"了。因此，到了二十世纪六十年代，在著名文化人类学家怀特（Lesley White）和斯图亚特（Julian Steward）的影响下，美国人类学家塞维斯（Elman R. Service）与其同侪萨林斯（Marshall D. Sahlins）和弗里德（Morton Fried）等学者建立了新进化论的理论与方法。塞维斯在其代表作《国家与文明的起源》阐述的游团、部落、酋邦和国家四阶段的社会进化论，在人类学界影响尤为深远。

塞维斯等人的理论扭转了二十世纪上半叶西方人类学界排斥社会进化理论的风气。当时以美国人类学家博厄斯（Franz Boas）为首的历史特殊论（Particularism）者完全否认了十九世纪的单线进化论。相反，他们提倡研究单个文化，认为它们都是独特的，拥有自己的历史。以英国人类学家马林诺夫斯基（Bronislaw Malinowski）、拉德克利夫－布朗（A. R. Radcliffe-Brown）和埃文思－普里查德（E. E. Evans-Pritchard）为首的功能主义（Functionalism）者同样回避了进化论，只关注单个社会。功能主义者认为，社会是一个有机的整体，他们看到的是社会团结与和谐。

历史特殊论者和功能主义者花费了大量的精力做民族学调查，并且不断改进调查方法。其中一个重要人物是马林诺夫斯基。他1914年来到了西太平洋的特罗布里恩德群岛（Trobriand Islands）。他本来只想在特罗布里恩德附近地区生活"不超过6个星期"，但最终他在土著社会里断断续续居住了"41个星期"。他克服了土著生活的艰苦、土著语言的障碍、自己身心的压力等种种困难，每天参加土著的活动，尽可能地像土著社会成员一样行动，学会他们的语言、融入他们的社会，和他们打成一片，前后历时四年。这就是他开创的"民族志"方法，为后来人类学树立了一个新的田野工作范式。最终他根据自己多年采集的民族学资料，写下了名著《西太平洋的航海者》（*Argonauts of the Western Pacific*），着重描述了土著交换各类物品的"库拉"（kula）贸易圈，为后人建立各种经济人类学理论奠定了基础。正是有了像马林诺夫斯基一样的人类学家的辛勤工作，优质的民族学资料在二十世纪上半叶迅速增长，为二十世纪六十年代的社会进化理论的复活创造了条件，也为我修订塞维斯理论提供了大量的民族学资料。

二十世纪九十年代以来，西方社会进化理论，尤其是塞维斯的"游团—部落—酋邦—国家"四阶段论，逐渐进入我国，为我国文明与国家起源提供了新的研究思路。不过，我国学者大多只是引介或者使用理论，对于理论本身鲜有批判。在西方，大多数社会进化论学者延续二十世纪初以来的功能主义思想，抛弃马克思主义的生产关系学说，因而只看到了亲属关系和社会和谐，而没有看到早期社会存在的经济剥削和社会矛盾。同时，在讨论社会进化的行为主体时，过于看重个人（即部落首领、酋长和国王等）的作用，而忽略集体（即村落）的作用，因而他们的社会进化理论存在一些重要缺陷。因此，在本节中，我将结合马克思主义的生产关系学说和村落学说，来重新诠释塞维斯的四阶段论。

为了准确地认识人类社会各个阶段的特征，我全面分析了各个阶段的土地所有制和政治景观。在这方面，塞维斯引用的民族学材料严重不足，无法体现上述特征。为此我梳理了二十世纪上半叶的西方民族学调查资料，做了补充。基于现有民族学资料，我将着重研究部落和酋邦阶段，因为它们体现了平等社会向阶级社会过渡的转变过程；同时我们将着重研究政治和经济方面，不涉及宗教信仰方面。需要强调的是，这个阶段论并不意味着一个社会一定从一个阶段走向另一个阶段；一个社会可能瓦解，或停滞，或跳过中间阶段而直接进入更高阶段。与塞维斯一样，我尊重每个社会特殊的发展道路，阶段论指的是人类社会的一般发展方向。

1. 游团

属于游团阶段的只有狩猎采集社会，但是狩猎采集社会并不都属于游团阶段。亲属关系是游团社会的核心纽带，其中大多为父系。斯图亚特提出一类父系和母系混杂的亲属关系。他引用的北阿尔冈昆（Algonkians，北美）、阿萨巴斯卡（Athabaskans，北美）、安达曼尼斯（Andamanese，南亚）游团，虽然由若干没有血缘关系的家庭组成，但根本上还是父系，而不是混杂的游团。达马斯（David Damas）、李（Richard B. Lee）和德沃尔（Irven Devore）列举了一些混合游团的例子，其中一对夫妇加入兄弟姐妹和父母的游团，亲属关系是双方的而不是父系或母系一方。

著名美国人类学家摩尔根（Henry L. Morgan）曾用"原始共产主义"来描述易洛魁（Iroquois）部落，不过这个术语也可用来描述狩猎采集社会的情况。这个术语并不是说每个成员都能分享游团的财物，而是说所有家庭都能获得基本生产资料，可以自给自足，因此既没有经济剥削，也没有政治压迫；土地的所有权属于游团。李这么描述非洲的部落昆（Kung）："土地没有私有权……生产是为了使用，而不是为了交换……当人们交换东西的时候，也是为了分享和互利。人们非常好客，反对财富积累。领导人是存在的，但是他们是财富的重新分配者，不是积累者。"也就是说，这些社会并不看重积累财富，他们的首领也并不拥有更多的财富；首领既不是世袭的，也不是很有权力。一个人因为有能力而成为首领，死亡以后，他的影响就消失了；游团就重新选举首领。同时，首领需要说服而不是强迫人们服从他。

狩猎采集游团分布稀疏而且居无定所，因为缺少民族学资料（渔业资源丰富的美国西北海岸印第安人属于部落阶段），目前还无法详细分析这个阶段的政治景观，所以我们只能谈一些基本的想法。有些游团比其他的大些，经济和政治力量强些，因为它们的生态条件好些，但是它们都是自主的个体。在一个生态区域内所有的游团可能享有某些共同的文化特点，以应对共同的生态条件和生活方式，但是它们出于各自独特的政治、经济和文化条件而进行活动，拥有一些独特的文化习惯。

2. 部落

部落指的主要是农业和畜牧人群组成的社会，但是也包括一些特别的狩猎采集社会。其中就有我在第一章提到的日本绳纹社会，也有美国西北海岸的印第安部落。后者因为地处渔业资源丰富的区域，所以过着定居而富裕的生活。由于生产力显著增长，部落比游团拥有更多的人口。它实际上是"游团的集合"，但是超越了游团社会，成为一个组织起来的社会。

部落可以萎缩，也可以扩张，但是它们依赖于牢固的亲属纽带把村落维系在一起。人类学家发现，部落是一个亲属集体，他们可追溯到一个传说的祖先或真实的祖先，因而形成了氏族或宗族。一般来说，部落亲属制度的血统既不久远也不复杂；其中最为复杂的是非洲尼日利亚的提夫（Tiv）人的宗族，其分支对应于领土的划分。不过我们不应该让亲属关系蒙蔽了眼睛，从某种意义上来说，它是村落维系集体和扩大政治与经济利益的工具。

亲属制度如何影响部落社会的经济？亲属集体内土地如何分配？现有的研究文献没有很好地回答这些问题，大多数文献甚至没有触及这些问题。只有弗思（Raymond Firth）在研究波利尼西亚的蒂科皮亚（Tikopia）人时曾回答了这个问题。蒂科皮亚人生活在大洋洲，四个氏族分别由若干村落组成。每个氏族的酋长是"神的代表，代表他的人民祈求农作物的丰收"。他是土地的主人，有权分配氏族的土地，保护人民的共同利益。他甚至有权没收土地，但不能滥用权力。这种氏族首领土地所有制恐怕是部落社会的正常形态。

关于部落社会的经济形态，萨林斯提出了"家庭生产方式"说。他认为部落社会的经济生产是以单个家庭为单位进行的。每个家庭都会得到一块土地，自己耕种，因此其经济根本上是独立的。财富的积累也会因家庭而异，但是这种差异是随时变化而不是固定的。家庭生产方式本身会限制生产，因为家庭不生产超出自身需要的产品，它也没有动机生产剩余产品。但是亲属关系会鼓励剩余产品的生产，首领会要求家庭提高产量以满足整个村落的需要。

部落内部的村落之间是否存在贫富差别？过去的研究文献同样没有很好地回答这个问题。一些学者谈到了，但是没有深入。约翰逊（Allen Johnson）和厄尔（Timothy Earle）提到，在美国西北海岸的印第安人部落里，没有哪个村落的酋长凌驾于其他村落之上，但是"有些村落会强于其他村落，因为他们的资源条件、政治、军事和管理技能有所差异"。这种村落之间差异的重要性需要引起我们的重视。这是后来成长为酋邦和国家阶段阶级差别的种子。

实际上，部落内部村落之间的政治不平等在民族学资料中有很好的体现。委内瑞拉的亚诺麻莫（Yanomamo）部落和新几内亚的参巴加（Tsembaga）部落，其村落间的战争就是很好的例子。由于资源的匮乏，冲突和战争在亚诺麻莫部落非常普遍。村落内部个人之间的矛盾还可用血缘关系来平息，而村落间争夺土地的矛盾更容易引发暴力，即使这些村落属于同一个部落。举例来说，亚诺麻莫部落的诺莫特日（Namoeteri）村分为四个以后，其中一个子村落把母村落赶走，抢占了后者的土地。参巴加村是一个由分散的但是有亲属关系家庭组成的村落，也用武力取代了另一个村落。这些例子充分显示，亲属关系本质上只是部落社会的意识形态：它既没有绑住一个部落，也没有保障村落之间的和平。因此，部落社会的成员就是政治经济独立但又存在差别的村落；不过其政治景观是平等的，因为没有任何村落凌驾于其他村落之上。

3. 酋邦

酋邦的经典例子见于波利尼西亚群岛，但是这类社会形态广泛发现于北美洲、南美洲、欧洲和非洲。酋邦在许多方面超越了部落。首先，它拥有更多的人口，更大的领土，可称为"区域政治体"；实际上，它是一个统一的政治体，管辖许多村落。其次，部落是个松散的村落集合体，而酋邦是高度统一的组织；部落首领是个需要用能力争取的、随时变化的位置，而酋邦的大酋长是个世袭的、永久的位置。最后，部落的村落享有完整的自主权，而酋邦的村落丧失了部分自主权，服从大酋长的统治；与此同时，村落首领与大酋长构成了藩属-宗主关系，前者向后者提供贡赋和劳役，而后者为前者提供保护和安全。

学术界一般把酋邦描绘成等级社会。几乎所有的学者都认为，等级制度来自部落阶段宗族的分解结构；这恐怕就是弗里德（Morton Fried）把部落和酋邦都归入等级社会的原因。亲属关系是两个阶段的共同特征，不过两者存在显著的差异：部落的村落之间是平等的，而酋邦的村落之间是有等级差别的。酋邦的宗族结构呈金字塔形，包含了大宗和若干小宗，小宗离祖先距离越近，地位越高；离祖先越远，地位越低。我们或可设想，酋邦内存在远近不同而高低错落的小宗。但是在现实中，大宗和小宗都是同代的，他们是"兄弟"。在这个制度里，长子继承制发挥了重要作用。它规定长子的大宗地位最高，其他小宗的地位随排行而依次降低。不过实际上，这种差别只见于大宗和小宗之间，并不见于小宗之间。这种制度是把双刃剑：一方面，它为酋邦建立了一个等级秩序；另一方面，当小宗不满于自己低下的地位又有足够的实力时，可以离开大宗建立自己的酋邦。因此，酋邦中的等级不全是血统决定的，政治力量也是一个决定因素。

上文描绘的是一个纯粹血缘社会的画面，但现实情况不完全是这样。在部落阶段，战争是为了"土地和其他资源，要么杀掉敌人，要么赶走敌人"，而到了酋邦阶段，战争"是为了扩大政治经济，掠夺土地和劳动力"。因此，酋邦可以占领一个大区域，统治许多原本没有血缘关系的村落。现有的民族学资料没有告诉我们一个酋邦是如何起源的，我们推测真实的情况是，一个领头的村落及其联盟控制了一些被征服的村落，并且把它们纳入自己的宗族系统，其首领也成了大酋长，领头村落和联盟成了大宗和亲近的小宗；而被征服村落成了小宗。与此同时，被征服村落的土地为领头村落占有，也为大酋长所有；被征服村落仍然拥有使用权，但它们与征服村落和联盟形成了藩属-宗族关系。血统因此成为一个有用的意识形态，可以将这个秩序合法化。

如此说来，我们不能简单地视酋邦为等级社会，它实际上是一个阶级社会。大酋长是酋邦的最高领导人，他是祖先的直系后代，因此是权力的合法继承人。他不仅仅是政治首领，而且是酋邦所有土地的所有者。但是跟部落首领不同，他是一个神圣的人物，不从事体力劳动。相反，他依赖平民缴纳的剩余产品生活。此外，他的家庭和宗族成员成为村落首领或者武士和各种专职工作者，也依赖剩余产品生存。大酋长还从平民那里征劳役和兵役。在这个意义上，酋邦是一个阶级社会，因为它包含了一个剥削阶级和一个被剥削阶级。

与游团和部落相比，酋邦阶段村落的形态发生了很大的变化。政治景观不再平等，因为出现了最高中心。最高中心是大酋长居住的地方，也是最大的村落，血缘关系最为混杂，因为该村落从下级村落中征召了一些工匠、侍从和武士，因此它成为一个大型村落。在夏威夷这样的复杂酋邦里，在高级中心下面还有一些二级中心，因为大酋长委派他的盟友或亲属去管理领土。这样的二级酋长可以完全控制他们的领土，但是在地位上低于大酋长，并且必须满足大酋长的各种需求。这些中心与最高中心结构相似，但规模要小些。在这个政治金字塔的底层是平民的村落。这些村落保留了部落阶段的许多特征，它们仍然是居住和亲属集体，但丧失了部分政治、经济和文化自主权，受到高级中心和二级中心的控制。这些村落的首领或为植入（外来）或为提拔（内部），但都承担一些义务，如向最高中心和二级中心提供劳动力、士兵和贡赋。他们还需要接受酋邦统一的文化习俗和行为规范。

4. 国家

酋邦之后就是国家。这个阶段可以按照复杂程度分为若干类型，但是与本节相关的是古老型，也就是最简单的形态。这种国家延续了酋邦的政治、经济和意识形态。国王是土地的所有者，并且把部分所有权分给各个级别的贵族。亲属制度（类似于我国周朝的宗法制）仍然决定着贵族的地位和政治经济特权。国王和贵族把土地的使用权交给原来的村落，作为交换，后者向前者提供劳役和剩余产品。国王和贵族不再从事农业生产，只负责维持国内秩序和国家安全，因此构成了统治阶级。他们利用宗教和礼仪将自己的特权和地位神圣化和合法化，与平民区分开来。

国家超越了酋邦，不仅领土更大，人口更多，人口数以万计或数百万计，而且人口来源复杂，所面临的管理难度更大。因此，国家建立了复杂的官僚制度来征收赋税和管理政府事务。统治阶级凌驾于村落之上，可以与其没有血缘关系。它利用军队来维持内部秩序、发动战争，获得新的土地和人口。它还可以利用宗教来神化国家和统治阶级。在政治景观上，国家延续了酋邦阶段的趋势，并加以发展。由于领土和人口有所扩大，等级制度更为森严和复杂。在最高权力中心和平民村落之间，出现了多级管理中心。国家机器也开始打破村落的亲属组织。国家能够迁徙人口或者调动村落来建立新的居住集体，来满足经济（作坊）或军事（边塞）需要。此外，国家可以从传统的村落抽调士兵或技术工人，从而打破了它们的居住和亲属纽带。

第二节　三个帝国

上述的游团、部落、酋邦和国家的社会形态，与帝国一样，都是近现代学术发展的产物，也都是来自部分区域的民族学材料，然后作为普世概念应用到世界上其他区域。帝国毫无疑问属于国家，是国家的一种形态。在人类历史上，帝国存在于一定的历史阶段和一定的地理区域，是一定的经济、科技和思想发展的结果。在本节中，我将描述阿契美尼德帝国、萨珊帝国和西班牙帝国的兴衰，方便读者了解帝国的特征。

一、阿契美尼德帝国

阿契美尼德帝国是伊朗历史上的一个伟大帝国，其统治时期也是伊朗历史上的一个辉煌时期。阿契美尼德帝国不是最早的伊朗帝国；在此之前，另一支伊朗人曾建立寿命不长的米底帝国。米底帝国在公元前七世纪末脱离了两河流域亚述帝国的统治，吞并了波斯部落。在米底帝国的西侧，还存在强大的巴比伦帝国、吕底亚王国和埃及新王国。

建立帝国需要伟大的领袖，组织强大的军队，打败敌人，并有效地进行统治，否则就无法实施改革。阿契美尼德帝国的创建者居鲁士大帝就是这样的领袖。公元前558年，居鲁士继承王位。他拥有一支训练有素的骑兵，能够在马上射箭，同时还有一支车兵。他的军队号称"不死之军"。几年以后，他统一了波斯部落，然后起兵。在一位米底将军的帮助下，他于公元前550年推翻了米底帝国，拿下了其都城埃克巴塔那（Ecbatana）。然后一路征服了吕底亚帝国和新巴比伦帝国、中亚和高加索。在征服了吕底亚以后，居鲁士大帝又去征服中亚。可惜在与马萨加特（Massagetae）人作战时，死于锡尔河。他称自己为"伟大的国王，波斯之王，安山之王，米底之王，巴比伦之王，苏美尔和阿卡德之王，世界四角之王"。

居鲁士大帝在帕萨尔加德修建了他的都城。在都城的门道中，考古工作者发现了一块石刻浮雕。这是一块刻有四翼羽人的浮雕，雕刻在非当地石材的浅色石灰石门道上，高约3米，宽约2米。上面表现的是一位长着四翼、留着波斯风格胡子的人物。由于浮雕上面刻有铭文，上面写着"我是国王居鲁士，一个阿契美尼德人"，因此这位四翼羽人被认为就是居鲁士大帝。

这块四翼人物浮雕是一件很有意思的艺术品。四翼羽人的王冠插着两个羊角，承托着三个"保龄球"形的装饰。这类王冠不见于新巴比伦帝国的羽人浮雕，而见于埃及的青铜小雕像。在埃及，这种王冠就是所谓的吼冠（Hemhem）或三羽冠（Triple Atef-crown）。王冠象征着王权，在雕刻画面中比例巨大，是为了强调王冠所代表的王权。虽然两者并不完全相同，但是它们都巨大无比。因此，帕萨尔加德的四翼人物王冠造型来自埃及。四翼羽人穿着长及脚踝的埃兰式长袍；它巨大的四翼舒展，两翼向上展开超过头顶，两翼向下展开几乎与脚背同高。这种四翼人物形象的来源可能是两河流域的一组神灵——阿普卡鲁（Apkallu），一共有7位保护神，常以带翼人的形象出现。更早的例子见于埃及新王国时期（公元前1553—前1085）图坦卡蒙（Tutankhamun）手镯上的四翼羽人形象。由此可知，居鲁士大帝时期的工匠吸收了埃及和新巴比伦的图像元素；他们这么做是有目的的，就是试图利用这些外来的图像元素证明居鲁士大帝王权的合法性。

居鲁士大帝去世以后，埋在了帕萨尔加德城南部的陵墓。亚历山大大帝在洗劫波斯波利斯的时候，"访问"了居鲁士陵。他的同伴称之为"天堂"。亚历山大让一位武士进入陵墓，武士看见了一张金床、一张桌（上面摆着饮器）、一具金棺。陵墓上面还有铭文，现已遗失。希腊历史学家斯特拉伯（Strabo）记载，铭文说："路

居鲁士浮雕

第六章　帝国的终结

过的人，我是居鲁士，我建立了波斯帝国，是亚洲之王。"人们认为，墓葬为两河流域或埃兰风格的金字塔，但是墓室为南高加索的乌拉尔图（Urartu）风格。总的来说，帕萨尔加德的建筑和装饰体现了波斯广泛吸收埃兰、巴比伦、亚述和埃及的因素。居鲁士大帝是萨珊帝国和当代伊朗的国父，每年10月29日，也就是居鲁士进入巴比伦的那一天，已经成为非官方节日，全国很多人来到这里纪念他。在新年，伊朗人也会来这里庆祝。

居鲁士大帝以睿智、勇敢、正直和宽容闻名于古今世界。虽然是征服者，但他让米底国王过着体面的生活，给予米底贵族以高官。当然他也有残酷的一面，杀了对他权力有威胁的米底国王的女婿和孙子。在吕底亚投降以后，居鲁士大帝保留了当地的文化、宗教和法律，从而赢得了吕底亚人的忠诚。当然，当吕底亚贵族造反时，他也毫不客气把他们处死或降为奴隶。他的伟大事迹还见于居鲁士泥柱的铭文中。这件器物发现于巴比伦的马杜克（Marduk）神庙的地基中。铭文指责巴比伦国王那波尼德斯（Nabonidus）对马杜克神不虔诚，而居鲁士得到了马杜克神的欢心。居鲁士在攻占巴比伦城以后，改善了巴比伦居民的生活，修缮神庙，遣送犹太人到耶路撒冷。1970年，巴列维国王宣布这件泥柱为人类历史上的第一部人权宣言，联合国也宣布它为"人权的古代宣言"。泥柱因此成了伊朗的文化象征。

下一位伟大的领袖就是大流士大帝。他是帕提亚（Parthia）都督的儿子，不是王位的合法继承人，但是他设法从居鲁士的儿子手里夺过了王位。从此他征服了巴尔干半岛、东欧、北非、北高加索、中亚、印度河流域，将阿契美尼德帝国的疆域扩张到了亚非欧三大洲。与居鲁士大帝一样，大流士大帝也毫不吝啬语言与艺术，在帝国的很多地方都留下了歌颂自己丰功伟绩的浮雕和铭文，贝希斯敦（Behiston）遗址就是其中之一。贝希斯敦遗址位于伊朗西部克尔曼沙省，埃克巴坦那与巴比伦之间的王家大道上。贝希斯敦崖面陡峭，高达 100 米，浮雕和铭文就雕刻在崖面的顶部，常人难以攀登到达此地。贝希斯敦巨幅崖面整体长 18 米，高 7.8 米，由浮雕和其左右及下方的铭文组成。浮雕本身长 5.48 米，高 3 米。位于浮雕左侧的人物就是大流士大帝，高 1.72 米。他左手握弓，右手展开微举于前胸，做祈祷姿势，左脚下踩着叛乱的敌人。国王身后站着一位持弓背箭和一位双手握长矛的士兵，士兵高约 1.5 米；国王身前是 9 个由一根绳索锁着脖子、双手束缚在身后的俘虏，高约 1.2 米。最后一位戴着尖尖帽子的俘虏是大流士与斯基泰交战胜利后添刻的人物。我在第四章提到大流士曾率领大军进攻黑海北岸的斯基泰，结果无功而返，但这并不妨碍他歌颂自己战胜了斯基泰。

说起大流士大帝，就不能不提一下几乎改变欧洲命运的希波战争。公元前 499 年，塞浦路斯和小亚细亚的希腊城邦不满波斯的统治，起兵造反。大流士起初镇压了这些起义者，收回了小亚细亚；但是他还想惩罚支持起义者的雅典和埃雷特里亚（Eretria），于是决定发兵试图征服整个希腊。公元前 490 年，大流士大帝率领 600 艘船和五万名士兵，分海陆两路进入希腊，遭到了雅典和斯巴达联军的抵抗。希腊联军虽然只有一万多名士兵，但是拥有坚实的盾牌和长矛；大流士大帝在马拉松战役中遭遇大败。虽然如此，他夺回了巴尔干半岛、重新征服了马其顿（Macedonia）和色雷斯（Thracia），而这次征服马其顿为后来的亚历山大大帝的报复埋下了伏笔，为阿契美尼德帝国培养了掘墓人。在他统治期间，阿契美尼德帝国达到了鼎盛阶段。

为了巩固阿契美尼德帝国的统治，大流士大帝实施了一系列改革。他把帝国进一步分为行省，一开始分了23个，后来又增加了几个。每个行省他都任命一个总督（satrap）管理。为了避免总督权力过大，他又任命了一位文官，直接向他汇报行省的情况；同时任命一位将军指挥军队；一位税官负责征收贡赋。这些总督缴纳规定的税收，包括港口税、商贸税和土地税，用的是大流士大帝发行的金币货币和银币达力克（daric）。各地总督还向国王奉献礼物，这些礼物放在一起就是一个国际珍宝展览会，里面有埃塞俄比亚的象牙和檀木、阿拉伯的乳香、印度的猎犬、米底与卡帕多西亚（Cappadocia）的骡马。他还修建了包括国王之路在内的道路网络，统一了语言和度量衡，进一步集权化。

大流士大帝修建的国王之路，目的是为了方便通信。这条路从小亚细亚的萨迪斯（Sardis）出发，沿路经过两河流域的尼尼微（今摩苏尔）和巴比伦（今巴格达）。它在巴比伦分出两条支线，一条通往埃克巴塔那（Ecbatana），与丝绸之路相连；一条通往苏萨和波斯波利斯。这是一条遥远的道路，商人和旅行者需要走几个月，因此沿路修了驿站；通过不断换人换马，骑马的使者可以在7天内走2 699千米，1天可走近400千米。希罗多德说，"世界上再没有比波斯使者更快的旅行者了""无论雨雪，无论炎热还是黑夜，都无法阻止这些使者快速完成自己的使命"。后者被纽约市邮局刻在了墙上，也成了美国邮政的非官方信条。

大流士时期的阿契美尼德帝国有四座都城，这是因为大流士大帝为了控制全国而定期巡游。其中之一就是埃克巴坦那,位于扎格罗斯山脉的一个河谷内,海拔达 1 877 米,夏天凉爽,适合避暑。它原来为米底帝国的都城,后来成为阿契美尼德帝国的夏都。

第二座是帕萨尔加德。公元前 546 年前后,居鲁士大帝开始建造这座都城,但是他自己死于公元前 530 年,未能完成这项工程。它在其子冈比西斯二世(Cambyses Ⅱ)迁都到苏萨之前一直都是宫城所在地。在阿契美尼德帝国以前,伊朗没有石构建筑的传统,帕萨尔加德的建筑清楚地体现了受到吕底亚和爱奥尼亚(Ionia)城市的影响。居鲁士显然从小亚细亚的希腊城邦带回了建筑师、采石匠和石匠。在宫城南侧的核心区域,中间是一座长方形花园,里面有一条石砌的水渠,长 250 米,宽 165 米。这是伊朗典型的四方式花园的滥觞。其两侧是宫殿 S 和 P,都是以方形的大厅为中心,周围为石柱柱廊的格局,表明它们都是朝觐大厅。1999 至 2008 年,有学者做了地球物理勘探,发现花园以南属于"天堂",也就是一座大型花园;上述的水渠构成一座梯形的水池,长 250 米、宽 100 米。这样,水渠、水池和周围成排的树木和植物构成了西亚典型的花园式王宫。

第三座都城是苏萨。苏萨是一座历史悠久的城市,历经乌鲁克、埃兰、阿契美尼德、帕提亚和萨珊时期。居鲁士大帝在打败埃兰帝国以后,得到了它的都城苏萨。冈比西斯二世将此城定为冬都。苏萨地处美索不达米亚平原,气候干燥炎热,适合过冬。这里黏土材料丰富,所以其建筑主要由土坯建造。土坯是美索不达米亚传统的建筑材料,原材料可以就近获得、大量生产并用来建造大型建筑,具有良好的保温性能。

苏萨是大流士大帝最喜欢的都城。他在这里修建了阿帕达纳宫，但是工程是后来几位波斯国王完成的。苏萨地处平原，缺少石材，但是这里的阿帕达纳宫仍然使用了不少石材。苏萨的泥板文书提到："这里使用的石柱是从乌贾的一个叫作阿比拉杜什（Abiradush）的地方运来的。加工石头的石头雕刻者都来自爱奥尼亚和萨迪斯。"根据发掘到的碎块，人们推测该宫殿原本使用大量绘有人物、动物、怪兽和植物图案的釉砖装饰，如带翼的公牛、行走的狮子、玫瑰花等图案，还有带翼日盘标志、对坐的狮身人面、带角的格里芬等，但它们所属的时代无法确定。可惜的是，关于阿帕达纳宫，希腊文献没有记载，宫殿中也没有出土大量的泥板文书，只有建筑上的铭文可以提供一些信息。这些铭文用古波斯文、埃兰文和巴比伦文，其中大流士大帝的题记表明，他在修建苏萨城时，调集了整个帝国的工匠和材料：

  巴比伦人做了土坯；黎巴嫩山的雪杉，亚述人把它们运到巴比伦，再由巴比伦卡里安人（Karian）和爱奥尼亚人运到苏萨；金柚檀木来自犍陀罗（Ghandara）和卡马里亚（Kamaria）；黄金来自萨迪斯（土耳其）和巴克特里亚（阿富汗和乌兹别克斯坦）；青金石和肉红石髓来自粟特；绿松石来自花剌子模；黄金和黑檀来自埃及；墙面装饰来自爱奥尼亚；象牙来自埃塞俄比亚、信德（印度）和阿拉霍西亚（Arachosia）；石柱来自埃兰的阿比拉杜什；石匠为爱奥尼亚和萨迪斯人；金匠为米底人和埃及人；木匠为萨迪斯人和埃及人；烧砖的来自巴比伦；装饰墙面的为米底人和埃及人。

可惜的是，公元前330年，亚历山大大帝洗劫了这座宫殿，给后人留下了一片废墟。

希腊历史学家记载了苏萨，但是只字未提第四座都城波斯波利斯（Persepolis）。这显得很奇怪，因为爱奥尼亚工匠参与了工程，后来希腊城邦使团来过这里，一个希腊医生还在这里住了15年，但是他们都没提波斯波利斯。波斯波利斯修建在一个13.5万平方米的台地上。这个台地东面靠慈悲山（Rahmet），其他三面起墙。台地本体部分由人工堆成，部分深入山体。1920年以来的发掘表明，这里最早的建筑为公元前515年。最早参加发掘的法国考古学家认为是居鲁士大帝选择了这个地方，大流士大帝建造了台地和宫殿。由于此城位于高山上，作为宫殿并不方便，所以真正的都城是苏萨、巴比伦和埃克巴塔那。

波斯波利斯的建造是与苏萨的宫殿同时进行的。有观点认为，苏萨宫殿是波斯波利斯的模型。大流士大帝下令修了大台阶、阿帕达纳宫和藏宝区。这些工程都是在他儿子薛西斯一世在位期间完成的；其余的建筑陆续修建，一直到阿契美尼德帝国灭亡时结束。其中有名的建筑有大台阶、万国之门、阿帕达纳（Apadana）、百柱宫等。公元前330年，亚历山大大帝攻入波斯后，还派了一支军队到波斯波利斯，洗劫并放火烧了宫殿，以报复波斯人烧毁雅典的行为。幸运的是，这场大火没有烧毁档案里的泥板文书，倒塌的墙体盖住了它们，一直等到二十世纪考古学家的到来。

阿帕达纳意为柱廊大厅或宫殿。它的三面为柱廊，在波斯波利斯的建筑中颇为独特，规模也最大。它的面积为3 600平方米，由72根石柱支撑，每根石柱高19.26米，柱头为牛或狮子形，现在只有13根留下来。它可能是波斯国王的大厅，波斯国王在这里接受来自各个王国或行省的贡品。

阿帕达纳宫东侧及北侧台阶上的浮雕最为引人瞩目。上面表现了23个被征服国家的使者向大流士大帝贡献礼物的场景。浮雕非常细致地表现了使者的民族服装和打扮，以便让观众识别出它们来自哪个部落。东侧台阶南翼为阿契美尼德帝国统治下的各部落代表的觐见图。每个部落都由国王的引导员带领，他们与部落的长老手牵着手，向东前进。第一行最右侧的是米底人，他们向国王奉上了一个水罐、两个水杯、一把短剑、两对手镯和三件衣服。在他们后面的是手捧两把弓箭、两把短剑的苏萨人，以及一只成年狮子和两只小狮子。这个场景中的小狮子让人想起巴黎卢浮宫收藏的一件公元前720年男人与幼狮的石雕。接下来是帕提亚人，他们给国王带来了一对碗、一头双峰骆驼和一张兽皮。后面跟着阿里亚人（Arian），他们的礼物与帕提亚人的非常相似。之后是埃及人，但是这里的浮雕并没有保存下来。埃及人后面跟着巴克特里亚人和穿着游牧民族服装的沙加迪亚人（Sagartian）。

波斯波利斯的规模远远大于帕萨尔加德。在宫殿区的西侧3~4千米处，松散地分布着国王的宫廷及贵族的房屋。关于贵族的房屋，现存有柱础、门道和门板。这座城市应该还有军营、衙署，工匠、商人的居住区。在城市的外面，还有农田、河堤、水渠和村落。波斯波利斯宫殿区以北的城堡档案也提到了纺织品、食品和家畜的生产和流通地点。这些档案用阿契美尼德楔形文字书写，年代为公元前509—前494年，也就是大流士大帝在位期间。其中记载了货物和家畜的接收、征税、储藏、运输和分配（给皇家成员）。

波斯波利斯城

在波斯波利斯周围，有两处墓地：一处在宫殿区后面，那里有三座开凿在岩石里的墓葬；另一处在西北方向13千米以外的普勒瓦尔（Pulvar）河的悬崖上，那里有四座开凿在悬崖里的墓葬。墓葬离地面很高，需要用绳子攀登上去。当代伊朗人称后者为纳赫什·儒斯坦（Naqsh-e Rustam）。里面的墓主人可能是波斯国王，其中一处铭文告诉我们，墓葬里面埋的是大流士大帝；其他三人可能是薛西斯一世、阿尔塔西斯一世（Artaxerxes Ⅰ）和大流士二世（Darius Ⅱ）。

在纳赫什·儒斯坦，大流士大帝彻底改变了墓葬的形制。他选择了60米高的悬崖，在里面开凿了三个墓室，里面放置了三副石棺；又在崖面凿出了一块平面，在平面上雕刻了大流士一世的浮雕和铭文。浮雕为国王面对着火坛，面向右侧火坛上空中部的法拉瓦哈（Faravahar）标志。这一场景被认为是阿胡拉·马兹达（Ahura

纳赫什·儒斯坦坦波斯王陵

Mazda）授命大流士成为国王。

国王身后刻有古波斯文和埃兰文铭文，陵墓左侧刻有阿卡德文。铭文大部分与贝希斯敦铭文相似，说阿胡拉·马兹达创造万物，把王权授予了大流士大帝。但大流士大帝陵的铭文在结尾的"是阿契美尼德人"后增加了一段话："一个波斯人，波斯人的儿子，一个雅利安人，拥有雅利安世系。"在铭文中，大流士宣称他在阿胡拉·马兹达的庇佑下，统治了各地："靠阿胡拉·马兹达之佑，我占领了从波斯湾到遥远的地区……我们统治他们，他们向我交纳贡赋。凡我对他们所下的命令，他们都执行；凡我制定的法律，他们都遵守。"

早在希波战争之后，波斯帝国就开始衰落了，再也没有扩张。它的危机出现在公元前355年。当时的国王阿尔塔薛西斯三世

（Artaxerxes Ⅲ）命令小亚细亚省解除军队，因为担心他们可能造反。但是小亚细亚省没有执行，反而与雅典联合造反。两年以后，阿尔塔薛西斯三世打败了叛军。叛军首领逃到希腊的马其顿王宫避难。此后几年，小亚细亚和埃及的叛乱此起彼伏，最后阿尔塔薛西斯三世被手下毒死，大流士三世（Darius Ⅲ）上台。而在阿契美尼德帝国曾经征服的小国马其顿，国王菲利普二世（Philip Ⅱ）训练了一支勇猛无比的军队，交给了他的儿子、军事天才亚历山大大帝。在征服了希腊半岛上的雅典等城邦之后，亚历山大大帝知道，他不能靠武力统治希腊。于是他打着报复100多年前波斯侵略希腊的旗号，收拢希腊城邦的人心，带着五万军队，踏上了征服阿契美尼德帝国的道路。

亚历山大大帝知道敌强我弱，于是采取避其锋芒、攻其不备的策略。公元前333年，他们在伊苏斯（Issus）直插大流士三世大军的心脏，吓得后者跳上战马立即逃跑。两年以后，亚历山大大帝打完埃及，回来继续进攻阿契美尼德帝国。此时，大流士三世重新集结了25万军队，在高加米拉（Gaugamela）平原上迎战马其顿军队。亚历山大大帝先派出"敢死队"进攻大流士三世的左翼。等大流士三世发起进攻、露出空档之际，他带领军队冲进空档，直奔大流士三世，后者见状再次逃亡。公元前330年，在逃亡途中，大流士三世被手下杀死，其头颅被交给了亚历山大大帝。阿契美尼德帝国至此灭亡。

二、萨珊帝国

萨珊波斯人，就像750多年前波斯帝国推翻米底帝国一样，推翻宗主国帕提亚帝国，建立了自己的帝国。萨珊兴起于今伊朗法尔斯省的一个小地方，原为帕提亚帝国的地方诸侯。趁帕提亚帝国分裂，萨珊起兵叛乱，占领了法尔斯省和周围的几个省。公元224年，阿尔达希尔一世（Ardashir Ⅰ）在泰西封（Ctesiphon）自封为波斯的唯一统治者，"诸王之王"，然后继续扩张。其子沙普尔一世（Shapur Ⅰ）继续扩张到巴克特里亚，并侵入罗马帝国境内的美索不达米亚，俘虏了罗马皇帝瓦莱里安（Valerian）。在全盛时期，萨珊帝国统治了今伊朗、伊拉克、阿拉伯半岛东部、黎凡特、亚美尼亚、外高加索、土耳其、中亚和巴基斯坦的领土。萨珊帝国前后存在了400多年，从224年延续到651年，一直与罗马拜占庭帝国对抗，争夺小亚细亚和美索不达米亚。614年和619年，萨珊帝国从拜占庭帝国手里抢过了耶路撒冷和亚历山大城，几乎恢复了阿契美尼德帝国的版图；626年，萨珊围攻君士坦丁堡，但是没有攻下，从此之后，萨珊帝国走上了下坡路。

因为阿尔达希尔一世实际上篡夺了帕提亚国王的王位，因此需要解决王位的合法性问题，也就是法统问题。一位拜火教祭司坦萨尔（Tansar）帮助他给各地的小国王和小诸侯写信，劝他们接受阿尔达希尔为新王。他说帕提亚时期的拜火教不是正统的拜火教，而是异端，阿尔达希尔一世的造反是合理合法的。与此同时，阿尔达希尔一世认阿契美尼德帝国为祖先和榜样，最终获得了认可。阿契美尼德帝国国王墓地纳赫什·儒斯坦的萨珊时期浮雕、阿纳希塔拜火庙的铭文可资证明。中古波斯和阿拉伯波斯时期的文字记载表明，萨珊帝国之所以与罗马帝国对抗，就是想恢复阿契美尼德帝国的辉煌。

后来阿尔达希尔一世推行统一的拜火教，颁布统一的《阿维斯陀经》。因此，拜火教得以在波斯以较为纯洁的面貌保存下来。阿尔达希尔一世自称"马兹达的信仰者"。在他的命令下，祭司编纂了《阿维斯陀经》；今天我们见到的《阿维斯陀经》就是其中的一部分。因为祭司帮助国王解决了法统问题，因此祭司在萨珊帝国是个极有权势的群体，地位仅次于国王。

萨珊王朝也有多座都城。其中一座是菲鲁扎巴德（Firuzabad）。它位于法尔斯省设拉子以南110千米。这里四面环绕着陡峭的山峰，易守难攻，一条同名的河流为它提供水源。由历史文献可知，阿尔达希尔一世起兵时，为了抵抗帕提亚帝国而修建了这座堡垒，名为"阿尔达希尔的荣耀"（Glory of Ardashir）。这座都城的设计非常独特，呈圆形，直径1950米，20条放射形街道将其分割成20个板块。外城墙和护城壕构成了该城的防御设施；在该城中心，还有一座内城墙围成的内城。该城的一座重要建筑可能是中央的阿尔达希尔宫，正方形，中央为直径14米的穹窿顶，四面墙向外突出一个门道。在内城中央是一座石构方塔，边长9米，30多米高。据推测，这是一座阶梯塔的核心，阶梯和外围的四面墙都已经毁坏，原来的边长达20米。这座高塔既可以象征神权和王权，也可以作为瞭望哨，观察远方进入山谷的道路。在入口处的山梁上，还有一座阿尔达希尔一世修建的宫殿，名为少女堡垒（Qal'a-i Doktar）。

第二座都城泰西封坐落在底格里斯河和支流迪亚拉（Diyala）河的汇合处，巴格达以南32千米。帕提亚在这里建了西都，用来过冬。因其优越的地理位置，它成了一个重要的国际商贸中心。不过在公元二世纪，罗马帝国多次攻占泰西封，掠走了大量的黄金和白银，解救了罗马帝国的经济危机。公元226年，阿尔达希

菲鲁扎巴德城的阿尔达希尔宫

尔一世占领了这座城市，后来罗马帝国又几度攻占。霍斯鲁一世（Khosrow Ⅰ）在这里修建了一座举世闻名的大券顶建筑塔克·卡斯拉（Taq-e Kasra）。这是一座伊万建筑，即三面围墙、一面开放的建筑。其券顶是用砖砌成的，35米高，26米宽，44米深，内部没有支撑。在其内侧，霍斯鲁一世为了纪念攻占罗马城市安条克（Antioch），让工匠镶嵌了大理石和玻璃块，并且覆盖了丝绸挂毯。在公元五世纪，泰西封成为景教（Nestorianism）的重要中心，景教从这里沿丝绸之路向东传播，在635年到了唐长安；100多年后，景教徒留下了《大秦景教流行中国碑》。637年，阿拉伯人攻占并洗劫了泰西封，后来又修建了巴格达城。这座城市从此衰落，退出了历史舞台。

第三座都城贡德沙普尔（Gunde Shapur）位于美索不达米亚平原的东边，苏萨附近；沙普尔一世打败了罗马皇帝瓦莱里安，抓了7 000名俘虏，让他们模仿安条克修建了贡德沙普尔，成为萨珊帝国的都城。在这里，他们建立了最早的大学，修建了图书馆；后来萨珊国王从希腊引进了哲学，使之成为哲学中心；再后来音乐家也来到这里。九世纪，因为地震，阿拔斯帝国（Abbasid Empire）把所有的图书、器物转移到了巴格达。萨珊时期的建筑在现在地表的8～10米以下；到目前为止，人们发现的只有一道过河输水涵洞。

这道过河输水涵洞位于一条季节河的河床下方。这条河离城址最近，约5千米，但是水流很小，不能提供稳定的水源；城里的水需要从20千米以外的德兹（Dez）河引入。沿途引水时水流经地面以下的水渠，过河时就需要涵洞。所以这是一个庞大的工程。前几年季节河河床下方的一段输水管暴露了出来。输水管是用烧砖垒砌的，截面呈半圆形，高2米，底径1.8米，墙厚0.7米；顶部还铺

贡德沙普尔城的输水涵洞

了鹅卵石。输水管槽挖在宽阔的河床里，但是一些地段，上面厚重的砂砾层把输水管的墙壁压塌了。其下游还有一道拦水坝和桥墩，用石灰和鹅卵石一层层垫起来，宽3.4米。这样的输水管在这条河上还有两条。

萨珊帝国像过河输水涵洞这样精彩绝伦的水利工程还有不少。其中一处就是舒什塔尔（Shushtar）水利枢纽，2009年列入世界文化遗产。它位于伊朗境内的卡伦河（Karun River）之上。这条河发源于扎格罗斯山脉，流淌在两河平原东部，水量很大。这条河边有一座叫舒什塔尔的小镇。伊朗人从阿契美尼德帝国时期开始就在这里开凿运河，沙普尔一世利用俘虏来的罗马工匠和军队将它扩大成了一个工程复杂、功能齐全的水利工程。萨珊时期的工匠在这里开凿了一条加加尔（Gargar）运河，将卡伦河的水流分为两部分。

舒什塔尔磨坊群

加加尔河分走了三分之一的水流，用来为舒什塔尔城供水，同时灌溉其下游"天堂"（Mianiab）的四万公顷良田，而另一部分舒泰特河（Shoteit）保留了三分之二的水流。

萨珊工匠在加加尔运河的河口处，用巨石修了几座石墩，在石墩中间挖了水阀，以控制水流，这就是米赞（Mizan）拦水坝。在这条拦水坝的不远处，他们在加加尔运河上又修了一座拦水坝，形成了 20 多米的落差和一个宽阔的峡谷。令人惊奇的是，古人利用这个落差修了 46 座水磨。他们在水坝上开了一些水闸和深井，把水引导到水磨中。这里的水磨是卧式的，从大坝下来的水流带来的势能正好能够驱动齿轮，从而带动磨盘用来磨面。也就是说，萨珊工匠利用这座拦水坝修建了一座大型磨坊。他们在两侧的岩石中挖了一些隧道，一方面排水，另一方面修了一系列引水渠、深井，与

众多水磨相连。所有这些设施的设计和施工都需要过人的想象力和精确的计算，可谓巧夺天工，让人叹为观止。

比沙普尔（Bishapur）城在法尔斯省的一个河谷里，现在到处是果园。这是个宜居的地方，但是河谷面积不大。公元260年，沙普尔一世用罗马战俘修建了这座城市，城市布局是罗马风格的方形棋盘格局。阿拉伯人打进来后，原来的居民逃跑，新的居民进来，这座城址的历史遭到了遗忘。一直到二十世纪三十年代考古发掘后，才确认这是比沙普尔。城墙和城内建筑都已经发掘，并且修建了露天博物馆，可供观众欣赏。

该城最为壮观的建筑是阿娜希塔（Anahita）水神庙。水神庙修在半地下，中央是个水池，四边有水口与外围的水渠相通；水池的四周修有狭窄而高大的水渠，其设计和施工也很精密巧妙。整座建筑的墙壁是用切割整齐的长方形石块垒起来的，非常壮观。宫殿反而显得朴素，墙壁用碎石块垒砌，不甚高大。居中的是一座十字形建筑，有人认为是火神庙，但是这座建筑的墙壁上放了很多壁龛，里面放置人像，所以也有人认为是觐见的地方。十字形建筑两侧是分隔成许多房间的建筑，墙壁上原来抹泥，上面绘裸女像，但是壁画全被法国发掘者割走了，现收藏在卢浮宫。该城的其他大部分区域尚没有发掘。

与阿契美尼德帝国的国王们一样，阿尔达希尔一世和他的后代也毫不吝啬用文字和艺术来歌颂自己的丰功伟绩。塔克·博斯坦（Taq-e Bostan）石窟位于扎格罗斯山脉西侧的克尔曼沙市。这里有一股泉水，水流充沛，周围是草地，在萨珊时期成为王室的猎场。在山崖上，工匠们开凿了一个洞穴，在三面墙壁上雕刻了三组高浮

比沙普尔城的阿娜希塔水神庙

雕。其中的一组浮雕上刻了阿尔达希尔一世从阿胡拉·马兹达手里接过了王环。

沙普尔一世也留下了很多展现自己文治武功的浮雕和雕像。在比沙普尔旁边的河谷崖面上，他让工匠刻了一些浮雕，表现了他战胜、俘虏罗马皇帝及罗马皇帝俯首纳贡的故事。雕刻风格是罗马式的，衣服边缘做成精致的褶皱。山顶有一处洞穴，洞穴非常大，洞口足有20米宽，离洞口不远，就是沙普尔一世本人的雕像。雕像是利用一根硕大的自然钟乳石刻成的，雕像头戴王冠，一手叉腰，一手扶剑。很可惜在一次地震中它倒在了地上，碎成了几块。现在人们重新将它立了起来，但是有些碎块（胳膊、皇冠）没有复原。

经过与罗马帝国长达400年的战争，萨珊帝国在七世纪变得虚弱不堪。帕提亚帝国与罗马帝国的关系，既有战争也有贸易和外交；而萨珊帝国完全采取敌对的政策，与罗马帝国反复争夺美索不达米亚、亚美尼亚和丝绸之路。萨珊帝国的军队组织严密，训练有素。其重装骑兵既能搭弓射箭，又能挥舞长矛，所向披靡，让罗马军队闻风丧胆。除此之外，他们还拥有轻装骑兵、象兵和攻城机械。尽管如此，两个帝国始终无法消灭对方，但是严重削弱了对方。626年的君士坦丁堡之战更是让双方大伤元气。632年，霍斯鲁二世去世，引发继位之争，萨珊帝国陷入了内战。

所谓"鹬蚌相争，渔翁得利"，在罗马帝国与萨珊帝国打得难解难分之时，阿拉伯人悄然兴起。当阿拉伯人入侵的时候，两个昔日的死敌一度结盟抵抗，组成大军，但是仍然大败。636年，罗马帝国在亚穆克（Yarmuk）之战中大败，失去了东部诸省、埃及和整个非洲，但它没有灭亡。而萨珊帝国在卡迪西亚（Qadisiyyah）大败后，末代国王伊嗣俟三世（Yazdegerd Ⅲ）逃亡东部。与此相反，632年，先知穆罕默德的继承人第一代哈里发阿布·伯克尔（Abu Bakr）统一了阿拉伯各部落，派了1.8万军队，攻占了萨珊帝国的沃土美索不达米亚。637年，泰西封陷落。此后萨珊帝国几次想夺回美索不达米亚，但是屡战屡败。最后，伊嗣俟三世举全国之力，聚集了10万军队。阿拉伯帝国以3万军队迎战，他们经过精心的准备，采取灵活的埋伏、佯败等战术，在纳哈万德（Nahavand）打败了萨珊军队。萨珊帝国从此一蹶不振，再也无法抵挡阿拉伯军队的进攻。651年，伊嗣俟三世去世后，萨珊帝国也就走向了灭亡。

三、西班牙帝国

在一些学者看来，西班牙成为"日不落帝国"实在是一个"不可能的"奇迹。西班牙帝国与前面的阿契美尼德、萨珊帝国一样，是近现代学者赋予的名称。西班牙自称为"君主国"。虽然查理五世曾经当过神圣罗马帝国的皇帝，但是他的帝位是选举的，不是世袭的。西班牙位于欧洲西端的伊比利亚半岛，罗马世界的尽头。这里经济落后、人口稀少，而且四分五裂、王国林立。八世纪初，北非的穆斯林摩尔人攻入伊比利亚半岛，占领了半岛的三分之二。从此，这里的穆斯林成了神圣罗马帝国和基督教的心腹大患。从八世纪开始，西班牙的众多天主教王国一方面走向统一，另一方面在欧洲基督教王国的支持下发动光复运动，将穆斯林一步步驱逐出伊比利亚半岛。到1492年，西班牙征服了最后一个穆斯林王国格拉纳达（Granada）。就是在这样的背景下，哥伦布开始了他的"印度之行"，西班牙开始了它的扩张之旅。

走上扩张之路的西班牙不是一个统一的中央集权国家，而是类似于我国春秋战国时期的周王朝。1469年，尚为公主的伊莎贝拉和尚为王子的费尔南多联姻，后来两位各自在本国登基，成为卡斯蒂利亚女王（Isabella of Castile，1474—1504在位）和阿拉贡国王（Ferdinand of Aragon，1479—1516在位），即伊莎贝拉一世和费尔南多二世。1479年，两国通过协议合并成为一个国家，但此时两个王国相对独立，两位国王共同执政。实际上，他们各自拥有的王国也都是由一些拥有自治权的领地构成的；这些领地拥有自己的法律、税收和议会。要领导这样的国家，他们只有不辞辛苦，巡回往返于各个城镇，熟悉贵族、教会和王室。当时的英格兰、法国和葡萄牙已经有了固定的首都，而他们没有固定的王庭。他们坐在鞍具上，随着驮着档案和登记册的骡子，走到哪里，就在哪里办公。

伊莎贝拉和费尔南多双王之墓

伊萨贝拉一世给予哥伦布资助的雕像(塞维利亚市中心市场,玛丽亚诺·本利尔作品)

第六章 帝国的终结

他们统一了国家，平定了叛乱，为各个领地带来了政治和平与经济繁荣，从而赢得了民众的拥护；他们发动了征服穆斯林王国格拉纳达的"十字军战争"，将摩尔人赶出了伊比利亚半岛，从而赢得了欧洲众多基督教王国和罗马教皇的支持。

西班牙还有一个特殊之处，就是它没有常备军。军队都是为战争临时招募的，由来自王室、领地和教会的军团组成，战争结束后就解散。这里需要特别说明的是，西班牙作为天主教王国，其事业与欧洲众多的基督教王国和教皇紧密地联系在一起。1478年，西班牙经教皇同意，设立了宗教裁判所，惩罚那些改宗基督教但是又秘密保持异教习俗的犹太人和穆斯林。1479年，教皇发布谕旨，要求西班牙征服欧洲最后一个穆斯林王国格拉纳达。于是，伊莎贝拉一世和费尔南多二世从1484年开始备战。在这次战争中，伊莎贝拉一世和费尔南多二世招募了西班牙各个领地的士兵，以及教会的骑士团、王室的护卫团；他们还雇用了当时名震欧洲的瑞士步兵。此外，他们得到了意大利、德意志和荷兰银行家的金融支持，以及罗马教皇的祝福，也得到了很多外国的志愿兵，如英格兰弓箭手、意大利和佛兰德斯（Flanders）的重型火炮手。最终，格拉纳达于1492年不战而降。此后，在哥伦布等人发现美洲之后，西班牙也按照罗马教皇的要求，派出神父前往美洲传教，使美洲土著成为基督教的子民。1496年，教皇授予伊莎贝拉一世和费尔南多二世"天主教双王"（Catholic Monarchs）。

西班牙走上海外扩张的道路也与阿契美尼德和萨珊帝国不同，不是国家行为，而是个人行为。早在1483年，西班牙的探险家就开始远征大西洋，占领了加纳利群岛。不过使西班牙成为"日不落帝国"的则是哥伦布、科尔特斯（Hernán Cortés）、皮萨罗远征美洲之后事。1519年，葡萄牙探险家麦哲伦在西班牙的支持下，开启了环游地球的大航行。此后，西班牙又派出几批探险家，最后于1542年占领了菲律宾的马尼拉，因此成了"日不落帝国"。不过，西班牙政府并没有直接参与征服美洲的事业，没有派出军队，也不提供资金，更不组建殖民地政府；征服美洲靠的是一个个国王授权的探险家，他们自己寻找资金，组建探险队。这些探险家到了美洲以后，一面扩张，一面建立殖民地。西班牙采用委托监护制，也就是西班牙国王任命探险家为新大陆的总督。总督在征服新大陆以后，即宣布新大陆为西班牙的领地，并在新大陆传播天主教。各领地的总督并不向西班牙缴纳土地税和商业税，但是他们获得黄金和白银以后，需要向王室缴纳三分之一；在从事新大陆和西班牙之间的货物贸易时，需要缴纳十分之一的贸易税。西班牙为海外殖民地制定了法律，如禁止奴役土著，禁止把土著当作奴隶运回西班牙买卖，禁止外国人前往美洲。但是王室鞭长莫及，这些法律实际上不起什么作用。

在征服和掠夺美洲的过程中，西班牙殖民者虽然人数不多，但是给当地的印第安人带来了巨大的灾难和痛苦。殖民者大多为西班牙和欧洲其他国家的中下层人士，前往美洲探险的目的是逃离西班牙这个"极度贫困、痛苦、没有未来"的地方，寻求财富。他们在征服和殖民过程中，残酷地杀害了大量印第安人。他们利用印第安人在被征服地区建立城市，修建教堂，开采金矿和银矿，耕作农田。虽然伊莎贝拉一世和费尔南多二世发布法令，将印第安人定义为"自由民，而非被奴役者"，但是根本不起作用。

科尔特斯攻陷特诺奇提特兰（西班牙学院十六世纪油画，大不列颠联合王国驻墨西哥领事馆藏）

同时，西班牙人从美洲攫取了大量的财富，1540—1700 年，他们从美洲大陆运出了 5 万吨白银，其中一部分就进入了西班牙王室的国库。最为严重的是，西班牙人还从欧洲大陆带去了一系列致命的传染病：天花、麻疹、白喉和梅毒。关于西班牙人直接杀害和被病毒夺去生命的印第安人人数，没有准确的数据，据估计达 2 000 万人。

西班牙帝国的国力在腓力二世（Felipe II）在位期间（1556—1598）达到了顶峰，此时其版图覆盖了新大陆、菲律宾、西班牙，还有荷兰、奥地利和匈牙利。但是从此以后，它就走上了没落之路。在新大陆，由于西班牙殖民者人数很少，他们并没有征服整个新大陆。虽然 1493 年教皇亚历山大六世（Alexander VI）发布的《划界训谕》(Bull Inter Caetera)，将新大陆都划给了西班牙，但是荷兰、法国和英国殖民者不予理会，先后来到了美洲，逐渐蚕食了西班牙的领地。在欧洲，1516年，费尔南多二世去世以后，查理五世继位，1520年，他就被选为神圣罗马帝国皇帝，从此承担起了保护神圣罗马帝国的重任。不巧的是，十六世纪奥斯曼帝国和欧洲新教国家兴起，与西班牙帝国针锋相对，争夺北非等地中海沿岸的殖民地。1535年，西班牙与奥斯曼帝国的舰队大战于突尼斯。与此同时，一些信奉新教的领地开始寻求独立。1566年，信奉新教的尼德兰诸省要求宗教自由，发起暴动，西班牙将其镇压；数十年以后，尼德兰诸省成功脱离西班牙帝国而独立。1588年，西班牙派出130艘船组成的"无敌舰队"，企图讨伐觊觎美洲大陆的英格兰，但是大败而归，损失了大部分船只。十六世纪末，荷兰在太平洋上崛起，拦截西班牙的宝藏船队，同时占领锡兰和马六甲。1659年，法国和西班牙签订《比利牛斯和约》，终结了西班牙的欧洲强国地位。不过，西班牙仍然是一个庞大的殖民帝国，一直到二十世纪。

第三节　帝国的兴起与灭亡

前面我们介绍了三个历史上强大的帝国，结合历史上其他强大的帝国，我们可以看到帝国兴起和衰落的一些原因。

一、帝国的兴起

帝国的领袖是其崛起的重要原因之一。历史上的帝国往往由一系列具有远见卓识的皇帝所创立。这些皇帝不仅具备出色的政治智慧和战略眼光，而且能够通过强有力的领导将国家引向繁荣。居鲁士大帝和大流士大帝，奠定了波斯帝国的基础；伊莎贝拉一世和费尔南多二世统一了西班牙，然后联合神圣罗马帝国的力量，发动十字军战争，派遣探险队征服新大陆，建立了西班牙帝国。这些统治者的决策和行为，对帝国的崛起和扩张起到了关键作用。

强大的军队是帝国扩张和维护国家安全的关键。历史上的帝国往往拥有训练有素、装备精良的军队，这些军队在战场上展现出无与伦比的战斗力。比如，蒙古帝国的骑兵以其快速机动和精湛的战术闻名于世；罗马军团则以其严格的纪律和战术组织著称；西班牙帝国借助意大利的造船技术、葡萄牙的航海技术、瑞士步兵和意大利枪炮所向披靡。这些军队不仅是帝国军事力量的象征，也是帝国文化和科技水平的体现。

经济是国家实力的根本。历史上的帝国往往在经济上达到了空前的高度，这不仅体现在国家财政的充裕，也体现在人民生活的富裕和社会的全面发展。阿契美尼德帝国能够从境内各地征收税收，调集材料和工匠。萨珊帝国垄断了丝绸之路，从来往的贸易中获得财富。而西班牙帝国虽然战争不断，但是依靠神圣罗马帝国和欧洲银行家族提供的财力支持和从美洲殖民地攫取的黄金及白银，保持了军队强大的战斗力。这些经济措施为帝国的长期稳定和对外扩张提供了坚实的物质基础。

强有力的法律和制度是帝国治理的基石。古罗马帝国的法律，即罗马法，是历史上最著名和最持久的法律体系之一。它不仅在当时规范了公民生活、商业交易和国家治理，而且对后来的欧洲大陆法系产生了深远的影响。罗马法的基本原则，如"不诉不理"（无诉讼即无法官）和"法律面前人人平等"，至今仍被现代法律体系所采纳。稳定的制度也能够为帝国的长期繁荣提供保障。西班牙国王也制定法律，将美洲土著定义为"自由民"。虽然未能禁止西班牙殖民者奴役美洲土著，但是得到了教皇的认可。

上述帝国在对外扩张中，占领他国土地，无论是纳入版图还是作为殖民地，都伴随着一种强烈的使命感——认为自己是先进文明，有责任拯救那些所谓"野蛮落后"地区的人民。西班牙国王和殖民者一手持剑，一手持《圣经》，既赢得了神圣罗马帝国的支持，也得到了正当性和合法性，使其在征服地中海沿岸区域和美洲的过程中占据了道德的制高点。

二、帝国的灭亡

帝国的本质在于征服和扩张，而其中最重要的原因就是获取更多的生产资料，包括土地、水源、矿产、劳动力等，让更多的人进行生产，从而扩大生产活动的规模，提高整个社会的生产力。然而，随着帝国的发展，内部的各种问题逐渐浮现。在许多帝国中，生产资料逐渐集中在少数贵族和富有阶层的手中，导致社会贫富分化加剧。这种不平等的资源分配使得广大民众失去了提升自身经济状况的机会，再加上赋税沉重、官僚腐败、天灾人祸等，就造成了社会的动荡和政治不稳定。例如，爱琴海沿岸的希腊城邦不满阿契美尼德帝国的压迫，起兵反抗，给它的覆灭埋下了祸根。法国大革命前的波旁王朝，贵族和教会占有大量土地，而普通农民生活贫困，最终引发了革命。

帝国由于疆域辽阔，长距离的通信和交通限制了帝国对边境的控制能力；而多民族、多文化的边境区域往往是帝国管理的薄弱环节。为供养驻守边境的军队，帝国要承受庞大的财政负担。一旦帝国显示出软弱的迹象，那些曾经被征服的民族，便会伺机而动，开始造反。比如奥斯曼帝国占领的埃及、匈牙利、希腊，民族主义和地方势力的抬头导致了频繁的叛乱和独立运动。而面对边缘地区的动荡，帝国通常需要投入大量的军事和财政资源来镇压叛乱，不仅消耗了帝国的国力，也加剧了中央与地方的矛盾。

帝国也往往面临着周围强敌的威胁。奥斯曼帝国在其强盛时期，可以说是中东地区的霸主。然而随着工业革命的到来，欧洲列强如葡萄牙、西班牙、英国和俄国开始崛起，通过技术创新和工业化迅速增强了自己的军事和经济实力。未能及时跟上这一变革步伐的奥斯曼帝国，逐渐在军事和经济上落后。而面对外部的压力，奥斯曼帝国试图通过改革来加强自身的国力。十九世纪的"坦齐马特"（Tanzimat）改革就是一系列现代化的尝试，旨在学习西方的法律、教育和行政体系。然而，这些改革受到了守旧势力的强烈反对。帝国一旦呈现出颓势，内部民族矛盾加剧，加上外部列强虎视眈眈，最终就会衰落灭亡。

除了上述的内忧与外患之外，帝国还有一个根本缺陷，就是继承制度。如果不采取世袭制度，皇权的争夺会更加激烈。有能力的人，野心比较大，但是道德水平未必高；道德水平高的适合当君主的，他能力又未必行，十全十美的君主十分少见。如果采取世袭制度，后代不一定有能力，难以应付国内外的各种挑战。奥斯曼帝国的继承制度比较血腥。奥斯曼皇帝将所有儿子派到全国的各个地方担任行政大员，看哪个儿子治理得好，比较优秀，就选他为继承人，然后把其他儿子都杀了，以减少他们之间的掣肘。后来改为不杀掉其他的皇子，而是把他们囚禁起来。

印加帝国，如前言中介绍的，是一个崛起快、衰亡也快的帝国。其继承制度天然带有分裂的基因。国王死亡以后，长子继承王位，但是不继承财产，其财产交给了其他兄弟照管。新国王需要自己去征服和掠夺，获得自己的财产。但是在占领安第斯高原以后，印加帝国就没有土地可以扩张了。而其他兄弟既照管死去国王的财产，也拥有自己的财产，因此形成了一个个小王国。在发生冲突的时候，他们忠于死去的国王，而不是忠于现任的国王。西班牙殖民者在征服印加帝国的过程中，就利用了他们之间的矛盾，采取了拉拢一帮人、攻击另一帮人的策略，很快就击垮了印加帝国。

§

皮萨罗在卡哈马卡抓获并杀死印加帝国皇帝阿塔瓦尔帕之后，西班牙又花了近40年时间来巩固自己的统治。总督托莱多（Francisco de Toledo）在其任职期间（1569—1581）建立了秘鲁总督区。由于西班牙人很少，而秘鲁疆域又非常广袤，他让印第安酋长按照本地习俗管理本地事务，同时负责为西班牙人征收贡品和提供劳役；西班牙人则负责保护西班牙和本地人群双方的利益。1545年和1563年，波托西（Potosí）银矿和万卡韦利卡（Huancavelica）水银矿的发现为秘鲁带来了经济繁荣。皮萨罗在秘鲁太平洋沿岸建立的利马城成了秘鲁总督区的政治、宗教、文化和商业中心。到了1780年，随着欧洲启蒙思想的传入，印加皇帝的后代一度起兵反抗西班牙人的沉重税收和劳役，但很快被镇压下去。1821年，在阿根廷独立力量等的帮助下，秘鲁获得了独立。

十七至十八世纪的欧洲，正处于资本主义经济快速发展的时期。这种新型经济不仅仅鼓励个人创业和经济自由，而且推动市场经济和自由贸易，在此种情形下，一批思想家高举理性的旗帜，从反对宗教神学开始，强烈批判愚昧主义、封建专制和宗教迷信，开展了一场轰轰烈烈的启蒙运动。英国的培根、霍布斯、休谟、洛克，荷兰的斯宾诺莎，法国的笛卡尔、伏尔泰、孟德斯鸠、卢梭、狄德罗，德国的康德、赫尔德，等等，都是启蒙运动重要的领军人物。他们倡导人权、自由、平等和博爱，质疑君主专制的权威，对传统帝制形成了巨大的冲击，对帝制的合法性构成了挑战。这种思想的进步对于之后的北美独立战争和法国大革命等都产生了重要的影响。

随着帝制逐渐失去其合法性，人们开始探索新的政治制度，共和制度应运而生。虽然形式多样，有联邦制、总统制、议会制、半总统制等，但其核心都是民主选举和权力制衡。它强调人民是国家的主人，政府的权力来源于人民的授权。从十八世纪以来，推翻帝制，建立共和制的运动在世界范围内如同星火，渐成燎原之势。美国的独立战争和法国的大革命，都是共和制发展的重要里程碑。这些事件不仅结束了长期的帝国统治，也为现代民主政治的建立奠定了基础。美国独立后，建立了联邦制共和国，实现了权力的分散和制衡；法国大革命则彻底推翻了君主制，建立了共和政体，尽管其过程充满曲折，但最终确立了民主政治的基础。

在历史的长河中，帝国的兴衰如同潮起潮落，不断上演着权力的更迭与文明的交替。通过探讨阿契美尼德、萨珊和西班牙帝国的兴衰历程，我们重现了那些帝国波澜壮阔的崛起史诗。帝国的消亡并非历史的终结，而是新时代的开端。在这一过程中，我们见证了人类思想的觉醒，民主和自由的追求，以及民族国家的形成。这些变革不仅重塑了世界的政治版图，也为人类社会的发展开辟了新的道路。让我们以史为鉴，珍惜当下，共创未来。

参考文献

[1] Jack Basu-Mellish. UN Resolution 1514: the creation of a new post-colonial sovereignty[J]. *Third World Quarterly*, 2023(44, 6): 1306—1323.

[2] Richard A. Webster, Charles E. Nowell, Harry Magdoff. Decolonization from 1945. (Britannica)

[3] 联合国大会一九六〇年十二月十四日第1514（XV）号决议《给予殖民地国家和人民独立宣言》。

[4] 〔美〕欧立德. 传统中国是一个帝国吗？[J]. 读书, 2014(1): 29—40.

[5] 陈波. 西方"中华帝国"概念的起源（1516—1688）[J]. 四川大学学报（哲学社会科学版）, 2017(5): 78—88.

[6] Russell Foster. The Concept of Empire[A]. William Outhwaite and Stephen Turner eds. *SAGE Handbook of Political Sociology*[M]. Oxford: Sage Publishing, 2017.

[7] Martin A. Barroll. Toward a general theory of imperialism [J], *Journal of Anthropological Research*, 1980(36, 2): 174-195.

[8] 周芬, 张顺洪. 帝国和帝国主义概念辨析[J]. 史学理论研究, 2021(2).

[9] 〔苏〕列宁. 帝国主义是资本主义的最高阶段[A]. 列宁专题文集·论资本主义[M]. 北京：人民出版社, 2009.

[10] Elman R. Service. *Origins of the State and Civilization: The Process of Cultural Evolution*[M]. New York: W. W. Norton, 1975.

[11] 陈淳. 文明与国家起源研究的理论问题 [J]. 东南文化, 2002(3).

[12] 陈星灿等. 中国文明腹地的社会复杂化进程——伊洛河地区的聚落形态研究 [J]. 考古学报, 2003(2): 161—218.

[13] 乔玉. 伊洛地区裴李岗至二里头文化时期复杂社会的演变——地理信息系统基础上的人口和农业可耕地分析 [J]. 考古学报, 2010(4): 423—454.

[14] 郑建明. 史前社会复杂化进程的理论探索 [J]. 华夏考古, 2011(2): 114—126+47.

[15] Bronislaw Malinowski. *Argonauts of the Western Pacific*[M]. Prospect Heights, Illinois: Waveland Press, Inc., 1984[1922].

[16] 〔澳〕迈克尔·扬著, 宋栾等译. 马林诺夫斯基: 一位人类学家的奥德赛, 1884—1920[M]. 北京: 北京大学出版社, 2013.

[17] Bronislaw Malinowski. *Coral Gardens and Their Magic*[M]. London: Alien & Unwin, 1935.

[18] 张良仁. 村落与社会进化 [J]. 考古, 2017(2): 85—96.

[19] Julian H. Steward. *Theory of Culture Change: The Methodology of Multilinear Evolution*[M]. Urbana: University of Illinois Press, 1955.

[20] Marshall D Sahlins. Evolution: Specific and General[A]. *Evolution and Culture*[M]. Ann Arbor: University of Michigan Press, 1960.

[21] Elman R Service. *Primitive Social Organization: An Evolutionary Perspective*[M]. New York: Random House, 1962.

[22] David Damas. The Diversity of Eskimo Societies[A]. *Man the Hunter*[M]. Chicago: Aldine Publishing Company, 1968; B. Lee Richard, Irven Devore. Problems in the Study of Hunters and Gatherers[A]. *Man the Hunter*[M]. Chicago: Aldine Publishing Company, 1968.

[23] Richard B. Lee. Reflections on Primitive Communism[A]. *Hunters and Gatherers, Volume 1: History, Evolution and Social Change*[M]. Oxford, New York, Hamburg: BERG, 1988.

[24] Bronislaw Malinowski. *The Ethnography of Malinowski: The Trobriand Islands, 1915-18*[M]. London, Boston: Routledge & Kegan Paul, 1979.

[25] Elman R. Service. *Origins of the State and Civilization: The Process of Cultural Evolution*[M]. New York: W. W. Norton, 1975.

[26] Marshall D. Sahlins. The Segmentary Lineage: An Organization of Predatory Expansion[A]. *Comparative Political Systems*[M]. New York: Natural History Press, 1967.

[27] Morton H. Fried. *The Evolution of Political Society: An Essay in Political Anthropology*[M]. New York: Random House, 1967: 52-191.

[28] 〔美〕路易斯·亨利·摩尔根著，杨东莼等译. 古代社会[M]. 北京：生活·读书·新知三联书店, 1957.

[29] A. R. Radcliffe-Brown. *The Social Organization of Australian Tribes*[M]. Melbourne: Macmillan & Co. Limited, 1931.

[30] Raymond Firth. *We, The Tikopia: A Sociological Study*

of Kinship in Primitive Polynesia (Second edition)[M]. London: George Allen& Unwin LTD, 1957.

[31] Marshall D. Sahlins. *Tribesmen*[M]. Englewood Cliffs, New Jersey: Prentice-Hall, 1968.

[32] Marshall D. Sahlins. *Stone Age Economics*[M]. Chicago: Aldine Publishing Company, 1972.

[33] Jonathan H. Turner. *Human Institutions: A Theory of Societal Evolution*[M]. Lanham et al: Rowman & Littlefield Publishers, Inc, 2003.

[34] Allen W. Johnson, Timothy Earle. *The Evolution of Human Societies: From Foraging Group to Agrarian State*[M]. Stanford: Stanford University Press, 2000.

[35] Robert L. Carneiro. The Chiefdom: Precursor of the State[A]. *The Transition to Statehood in the New World*[M]. Cambridge: Cambridge University Press, 1981.

[36] Kalervo Oberg. Types of Social Structure among the Lowland Tribes of South and Central America[J]. *American Anthropologist*, 1955(57): 472-487.

[37] Marshall D. Sahlins. *Social Stratification in Polynesia*[M]. Seattle: University of Washington Press, 1958.

[38] 〔古希腊〕希罗多德著，王以铸译.历史：希腊波斯战争史 [M]. 北京：商务印书馆, 2005.

[39] 〔英〕亨利·卡门著，罗慧玲译.西班牙帝国——走向全球霸权之路，1492—1763[M]. 北京：中信出版集团, 2023.

[40]〔古希腊〕色诺芬著,沈默译.居鲁士的教育:色诺芬注疏集[M].北京:华夏出版社,2007.

[41]〔美〕A. T. 奥姆斯特德著,李铁匠等译.波斯帝国史[M].上海:上海三联书店,2017.

[42]〔英〕帕特里克·贝尔福著,栾力夫译.奥斯曼帝国六百年:土耳其帝国的兴衰[M].北京:中信出版集团,2018.

[43]〔美〕斯坦福·肖著,许序雅等译.奥斯曼帝国[M].西宁:青海人民出版社,2006.

[44]〔美〕金·麦夸里著,冯璇译.印加帝国的末日[M].北京:社会科学文献出版社,2017.

[45]〔英〕休·托马斯著,李崇华、梁辰译.黄金之河——西班牙帝国的崛起,从哥伦布到麦哲伦[M].上海:上海教育出版社,2024.

[46]〔英〕雷蒙德·卡尔著,潘诚译.不可能的帝国——西班牙史[M].上海:东方出版中心,2019.

图片来源

[1] 给予殖民地国家和人民独立宣言:联合国官网。

[2] 马关条约:台北故宫博物院。

[3] 居鲁士浮雕:作者摄。

[4] 波斯波利斯城:作者摄。

[5] 纳赫什·儒斯坦波斯王陵:作者摄。

[6] 菲鲁扎巴德城的阿尔达希尔宫:作者摄。

[7]　贡德沙普尔城的输水涵洞：李梅田供图。

[8]　舒什塔尔磨坊群：作者摄。

[9]　比沙普尔城的阿娜希塔水神庙：作者摄。

[10]　伊莎贝拉和费尔南多双王之墓：杨丹供图。

[11]　伊莎贝拉一世给予哥伦布资助的雕像：杨丹供图。

[12]　科尔特斯攻陷特诺奇提特兰：乌戈·巴克罗斯蒂、桑德罗·马蒂尼著，彭靖夫等译. 冷兵器大百科 [M]. 北京：电子工业出版社, 2008: 171.

后记

写到这里，这本小书就算结束了。正如前言所说，本书的目的就是回答《枪炮、病菌与钢铁：人类社会的命运》作者戴蒙德提出的问题："为什么不是印第安人、非洲人和澳大利亚土著杀害、征服或消灭欧洲人和亚洲人？"正如这位作者所说，这个问题的答案就在于旧石器时代以后世界各地的人群走上了不同的发展道路。亚欧大陆的古代人群最早驯化了农作物和家畜，从狩猎采集经济转向农业经济和畜牧经济。虽然农业给他们带来了疾病和营养不良，但也给他们带来了剩余食物、人口增长和城市化。文字和地图的诞生将亚欧大陆人群送进了文明时代，既促进了知识的积累和传播，也加速了人类探索世界的步伐。冶金技术和骑兵的出现为他们提供了更为优越的武器，使得战争更为频繁，更为剧烈，而亚欧大陆人群也积累了更为丰富的战争智慧。随着农业的发展和人口的增长，亚欧大陆上的大规模人群迁徙不时发生，带动了文化和技术的传播。而上述文化和技术的发展，尤其是冶金技术的发展和武器的不断更新，使亚欧大陆上的征服战争不绝如缕，帝国此起彼伏，不断扩大；到了十六世纪以后，亚欧大陆上的帝国最后扩张到了美洲大陆和大洋洲，催生出了"日不落帝国"。

看到这里，读者可能会产生"落后必然挨打""强权即真理"的想法。的确，在人类历史的大部分时间里，像"欧洲人"杀害、征服或消灭"印第安人、非洲人和澳大利亚土著"这样的故事层出不穷，俯拾皆是。时至今日，仍然发生着俄乌冲突、巴以冲突的事情。不过，在人类历史上，被侵略、被征服、被压迫、被剥削民族也从来没有停止过反抗，因此就发生了突厥推翻柔然帝国，又建了突厥帝国；俄罗斯砸掉了金帐汗国的枷锁，建立了俄罗斯帝国。这种征服和反征服、压迫和反压迫、野蛮和反野蛮让人类历史乍看起来像一种不断循环轮回的过程。但是人类作为一种高级动物，不断反思自己，不断改变自己，从野蛮逐渐走向文明；近代以来更是反思征服、屠杀、殖民和掠夺行为，反对专制主义和帝国主义。第一次世界大战（1914—1918）以后，人类通过建立和完善国际联盟和联合国等国际组织，走上了平等共处、和平稳定的可持续发展道路。

1920年1月16日，英、法、美和意大利等协约国结束了巴黎和会。由于现代武器坦克、大炮、机枪、飞机、化学武器的使用，也由于卷入的国家众多，第一次世界大战带来了约800万人的战死，2 100万人的受伤，以及1 300万人的死于饥饿、疾病，整个欧洲城市、经济和文化受到严重摧残，让人看了触目惊心，也让人深刻反思。在巴黎和会上，赢得战争的协约国除了向战败的德国等同盟国索取高额的战争赔款和土地赔偿，也寻求一种机制来解决国际争端，防止类似的大规模战争再次爆发。在美国总统威尔逊（Woodrow Wilson）的倡导下，他们创立了国际联盟。

早在1648年，在经历了30年的天主教国家与新教国家之间的大规模战争之后，欧洲国家就创立了政治独立和领土完整的国际关系原则，开创了用国际会议解决国际争端的先例。到了拿破仑战争（1799—1815）之后出现了国际和平组织的雏形，也就是欧洲协同

(Concert of Europe)。1815年，为了防止大规模战争，英国、俄罗斯、奥地利、普鲁士和法国在维也纳召开会议，一方面维持大国之间的势力均衡，另一方面采取谈判来解决争端。这个机制运行了近100年，可惜未能阻止第一次世界大战的爆发，它自己在1914年也走到了尽头。

比起欧洲协同，国际联盟有了很多进步。它提出，所有国家无论大小，地位平等；强调用和平手段而不是战争解决国际争端。它还成立了常设的国际公正法院，调解国家之间的领土争端；采集并发布健康、交通、金融和经济数据，促进国际合作和发展；为成员国提供紧急救济。应当说，国际联盟发挥了一些重要作用，但是它只有42个创始国，美国没有加入，而苏联只加入了几年，所以它发挥的作用有限。英法等国出于国家利益，在巴黎和会上向德国索取了高昂的战争赔款和土地割让，让德国人心怀不满，为希特勒上台埋下了伏笔。同时，国际联盟缺少经费，也缺乏决策权和执行手段，在紧张的国际局势及大规模战争面前，显得软弱无力。1931年，日本帝国主义发动"九一八事变"，侵占了中国东北。国联予以批评但是毫无效果，而日本干脆退出了国联。德国在1926年加入国际联盟，但是在1933年就退出了，国际联盟对它也就无可奈何了。第二次世界大战爆发以后，国际联盟不可避免地走向了失败，它的使命就由战后成立的联合国承担了。

第二次世界大战造成的灾难更为恐怖。战场从欧洲蔓延到了亚洲和非洲，卷入战争的除了亚欧大陆的众多国家，还有美国、加拿大和澳大利亚等国，伤亡人数高达3 600万～6 000万人，财产损失高达约1万亿美元。战后人类的反思也更为深刻。1945年，"二战"结束以后，50个国家在旧金山开会，签署《联合国宪章》，标志着联合国正式成立。它们为了维护和平，避免战争，大大扩大了联合国的功能，提升了联合国的执行力。其中最为重要的机构是安全理事会。它由5个常任理事国和10个非常任理事国组成，负责调解国际争端、防止战争，必要时可以采取制裁和武力干涉的手段，也可以派遣维和部队。例如，1956年它化解了埃及总统纳赛尔（Gamal Abdel Nasser）将英国和法国拥有的苏伊士运河公司国有化而引发的国际危机。1990至1991年，它授权美国等34国采取军事措施从伊拉克手上解放了科威特。不过，安理会也有它的弱点，就是它只能实施有限的外部干预，因而无法阻止1991年开始的索马里内战、1996年开始的刚果内战；同时，5个常任理事国都有一票否决权，涉及这些国家利益的国际争端就很难解决了。

尽管如此，因为有了联合国，从1946年到今天，世界有了前所未有的和平环境。不仅如此，1960年，联合国大会通过1514号决议，反对殖民主义，给予殖民地国家和人民以独立地位，其成员国也从成立时的50个增长到了今天的193个。因民族矛盾、宗教矛盾、领土纠纷和贫富差距而导致的战争在世界范围内大为减少。在其他国际事务上，联合国也扮演了非常重要的作用：打击恐怖主义、遏制毒品贸易、阻击海盗等跨国组织犯罪；召开气候变化峰会，通过有法律效力的《巴黎协定》（The Paris Agreement），削减碳排放，保护地球；世界银行、国际发展基金和国际开发计划署帮助发展中国家发展经济，减少贫困，促进可持续发展。今天我们已经很难想象一个没有联合国的世界：它的影响已经渗入了世界各国和人民生活的方方面面了。

身为一个考古人，我最为熟悉的是联合国教科文组织（UNESCO）对世界文化遗产的保护。它成立于1945年，总部设在巴黎，它的一项重要使命就是保护世界文化和自然遗产。在埃及，1952年，埃及总统纳赛尔决定在尼罗河上游的阿斯旺（Aswan）修建大坝，而淹没区聚集了从旧王国（公元前2543—前2120）到伊斯兰教时期（642—1798）的神庙和墓葬，其中最为有名的是阿布·辛拜勒（Abu Simbel）的拉美西斯二世（Ramesses Ⅱ）神庙和菲莱（Philae）的伊西斯（Isis）神庙。1960年，为了拯救这些文化遗产，联合国教科文组织组织各国的人力和物力，耗时20年，耗资4 000万美元，将上述重要文化遗产分割搬迁到高处，把它们保护下来。1972年，联合国教科文组织通过《保护世界文化和自然遗产公约》，动员国际力量保护"具有突出和普遍价值的文化和

联合国重建阿布·辛贝神庙，1966年

自然遗产"。我国于 1985 年加入该公约。截至 2024 年，已有敦煌莫高窟、殷墟、良渚古城遗址、北京中轴线和新疆天山、泰山、武夷山、中国黄（渤）海候鸟栖息地等 59 项文化和自然遗产列入世界遗产名录。通过认定世界遗产，该公约在过去的 50 多年里，有效地调动了国际力量，保护世界各国，尤其是那些缺乏资金、技术和研究力量的发展中国家的文化和自然遗产。

考古学作为广义历史学的一部分，关注的是人类认识自然、认识自己的过程。由本书可以看到，人类从古代热衷于野蛮的征服、扩张和掠夺，到今天战胜了自己，开始追求平等共处、和平稳定的可持续发展道路，让我们对人类的未来充满了信心。而我们作为考古人，既不能沉湎于过去，只看到人类过去的战争和杀戮，而看不到和平安详的未来；也不能局限于国内，只关注中华文明，而无视丰富多彩的世界文明。在我的论文集《东学西问》的序言中，我提出了一个口号："认识世界，认识自己；走进世界，走出自己。""认识世界，认识自己"就是通过认识世界各国的古代文明，更为深入地认识中华文明的特质；而"走进世界，走出自己"就是通过学习世界各国的古代文明，打开视野，破除自己的信息茧房。在这里，我希望读者朋友们在读到这则后记以后，睁开眼睛，关注世界，提升自己，用自己的力量改变这个世界，让世界变得更好。

这本小书来自我给南京大学历史学院开设的"世界考古"课程讲义。开设这门课程的初衷，就是在学生的挤满各类中国考古的课程表上，打开一扇认识外国考古的窗口。在此，感谢历年来上这门课的各位同学，他们的期望促使我不断修改讲义；他们撰写的课程论文，也给我提供了很多思路。感谢李泽群、云晓旭、汪娟等年轻同仁，他们为本书收集了不少材料，提供了很多中肯的意见，优化了本书的框架。感谢吕恩国、李梅田、蒋乐平、王宁远、黄歆等考古界同行热心提供图片。感谢本书的责任编辑王晴女史，若是没有她为本书的辛勤付出，本书也不会这么顺利地付梓。

感谢我的家人给予我生活上的支持。多年来，我一直忙于上课、做研究、写论文、带学生、做发掘，为家人付出的精力不够。希望以后在学术之余能够腾出时间多陪陪她们。

愿人类文明常新，世界和平。

祁良仁

2024 年 12 月 31 日于南大和园